I0643734

EDITORIAL

Ξ Jöran Klatt / Michael Lühmann / Matthias Micus

Der Jahreswechsel des 31. Dezember 1999 zum 1. Januar 2000 – in die sogenannten Nullerjahre – verlief verblüffend gewöhnlich angesichts allerlei apokalyptischer Szenarien, die im Vorfeld beschworen worden waren. Sprach die Medienöffentlichkeit noch zuvor von den katastrophalen Folgen der Jahrtausendwende, so wachten die Menschen am ersten Januar doch in einer auffallend gleichen Welt auf, mit den gleichen Problemen und der gleichen Alltäglichkeit wie in den Jahren zuvor.

Dennoch: Es war ein neues Jahrtausend angebrochen. Bis von den Nullerjahren als einer möglichen Zäsur gesprochen wurde, sollte es allerdings noch beinahe zwei Jahre dauern. Mit den Anschlägen vom 11. September 2001 wurden gewohnte Sicherheiten erschüttert. Hatte man in den 1990er Jahren noch gedacht, man sei in einer nun endgültig von Amerika dominierten – und das hieß zugleich: in einer entlang universal gültiger Werte sich in demokratischen Staatswesen organisierenden – Weltordnung angekommen, die Francis Fukuyama etwas leichthändig mit dem »Ende der Geschichte« gleichsetzte, so schienen alle derartigen Diagnosen und Thesen mit dem Einsturz der beiden Türme des World Trade Center obsolet.

Waren die Nullerjahre also im Wesentlichen ein Jahrzehnt neuartiger Verunsicherung oder, noch pointierter: der *Ent*sicherung? So lautet jedenfalls die Bilanz, die der emeritierte Bielefelder Wilhelm Heitmeyer aus einem die Zäsuren übergreifenden Forscherleben zieht. Die Globalisierung, so Heitmeyer, habe zu Kontrollverlusten von Politik und Nationalstaat sowie Kontrollgewinnen des seine Interessen rücksichtslos und autoritär durchsetzenden globalisierten Kapitals geführt – mit der Folge zahlreicher Kontrollverluste und tiefgehender Desintegrationsprozesse aufseiten der Bevölkerung.

Ökonomisch rahmen Finanzkrisen das Jahrzehnt, beginnend mit der Dotcom-Blase des Jahres 2000 und endend mit den bis heute unabgeschlossenen Folgewirkungen der als Bankenkrise startenden weitreichenden Erschütterungen in den Jahren 2007 und folgende, welche die Privatvermögen ebenso wie die Staatshaushalte und die europäische Gemeinschaftswährung betrafen. Ökologisch reichten die Nullerjahre von der Entdeckung des *Anthropozän* im Jahr 2000 bis zur explodierten Ölplattform Deep Water Horizon und den Waldbränden um Tschernobyl 2010. Und nachdem den Grünen die Ökologie als Thema zunächst verloren gegangen schien, wurde es ab 2005 in intensiv geführten Debatten über die Grenzen des Wachstums wiederentdeckt, halb gipfelnd, halb die Debatte abbrechend in Forderungen nach einem ökomodernistischen Green-New-Deal.

Schließlich die Bürgergesellschaft: Nicht zuletzt aufgrund des unter neuliberalen Auspizien sich vollziehenden Rückbaus staatlicher Regelungsleistungen sowie infolge der fortschreitenden Erosion der Volksparteien als den zentralen Transmissionsriemen zwischen der Gesellschaft und dem Staat verbanden sich in den Nullerjahren denkbar kühne Erwartungen mit der nun in Fest- und Sonntagsreden beständig hoffnungsfroh angerufenen Bürger- bzw. Zivilgesellschaft. Insbesondere auch im Rückblick und vor dem Hintergrund fremdenfeindlicher Bürgerpartizipation etwa bei den »PEGIDA«-Demonstrationen stellt sich diesbezüglich freilich die Frage, was von der süßen Utopie der Bürgergesellschaft geblieben ist? Ist sie tatsächlich der neue Ort zeitgemäßer politischer Beteiligung? Fundamentiert sie im Unterschied zu repräsentativen Institutionenordnungen eine unmittelbarere, unverfälschte Form der Demokratie? Oder impliziert der positiv konnotierte Begriff des Bürgers zugleich die Abwertung alles Nicht-Bürgerlichen – und verschärft auch dadurch die ohnehin gewachsene Ungleichheit, etwa indem sie »nach unten« noch weniger offen ist als die ob ihrer vermeintlich hermetischen Strukturen beständig kritisierten Parteien?

Letztere waren in der auf den Jahrtausendwechsel folgenden Dekade mit einer neuen Qualität des Vertrauensentzugs konfrontiert. Kritik, Ablehnung und Verdrossenheit: In diesen Schlagworten bündeln sich weitverbreitete Haltungen gegenüber den Parteien und dem von ihnen rekrutierten politischen Personal. Gleichzeitig gewann die Parole der Authentizität, schon ein Jahrhundertwechsel zuvor in der Lebensreformbewegung unter dem Begriff der Echtheit popularisiert, eine gesteigerte Zugkraft. Vielleicht mehr denn je war im frühen 21. Jahrhundert Authentizität eine Schlüsselerwartung an individuelles Verhalten, dies allgemein, insbesondere aber mit Blick auf die Inhaber von Führungsämtern und vielleicht noch einmal im Speziellen an Spitzenpolitiker. Doch auch im Fall der Authentizität ist die Verheißung nicht ohne Ambivalenzen. So liegt etwa der Einwand auf der Hand, die Realität der einen sei mitnichten zwangsläufig auch jene der anderen – und was jene als authentisch empfänden, das könne diesen unecht erscheinen. Abgesehen davon, dass durchaus fraglich ist, ob authentisch sein kann, wer sich mit der Ausstellung seiner vermeintlichen Authentizität den Imperativen einer Gesellschaft fügt, die den Echtheitskult zur Norm erhoben hat.

Und noch grundlegender ließe sich einwenden, dass die Nullerjahre insgesamt, so einschneidend der 11. September und seine geopolitischen Folgen auch gewesen sein mögen, so neuartig selbst danach auch wieder nicht waren. Das Leben ging weiter. Das galt zumal auf der strukturellen Ebene – auch im neuen Jahrtausend bestanden die vertrauten Institutionen fort, rekrutierten die Parteien das politische Personal, blieben Wahlen das zentrale Instrument zur Artikulation des Volkswillens. Aber auch die politischen, sozialen, kulturellen Phänomene und Trends richteten sich – wie stets – nicht nach den Jahreszahlen und Dekadenwechseln. Zwar kamen in den Nullerjahren die Smartphones auf – doch ein Thema war die aufkommende Digitalisierung schon in den 1980er und 1990er Jahren in Politik und Gesellschaft gewesen. Insofern dominieren vielfach Kontinuitäten, Traditionsüberhänge, Fortsetzungen von Entwicklungen, die bereits vorangegangene Jahre und Jahrzehnte kennzeichneten.

Die vorliegende Ausgabe von *INDES* möchte sich angesichts dessen mit dem Jahrzehnt der Nullerjahre befassen, sie will zurückblicken und dabei, noch ganz nah dran, eintauchen in die politisch-sozialen Ereignisse, Strukturen, Mentalitäten dieser Zeit. Kurzum: Es soll ein früher und noch längst nicht archivalisch abgesicherter Blick auf die Frage geworfen werden, was die Nullerjahre kennzeichnet, was sie charakterisiert. Wir wünschen viel Vergnügen bei der Lektüre.

INHALT

1 **Editorial**
Ξ Jöran Klatt/Michael Lühmann/Matthias Micus

>> INTERVIEW 7 **»Was als normal gilt, kann nicht mehr problematisiert werden«**
Ξ Gespräch mit Prof. Dr. Wilhelm Heitmeyer über Deutsche Zustände, Parallelgesellschaften und die Lockungen des Linkspopulismus

>> ANALYSE 21 **Zwischen Hoffnung, Depression und gelassenem Fatalismus**
Deutsche Gefühlswelten in den *Nullern*
Ξ Franz Walter

37 **Volksparteienerosion und schwarz-blaue *Wende***
Die Nullerjahre in Österreich
Ξ Peter Filzmaier

46 **Tragen Beschäftigte wieder ihre Haut zu Markte?**
Arbeit und Gesundheit in den Nullerjahren
Ξ Karina Becker

54 **Sporadische Durchbrüche und plötzliche Gewissheiten**
Ein Jahrzehnt mit vergessenen Weckreizen
Ξ Helmut Lethen

59 **Zur urbanen Ökonomie des Teilens**
Airbnbs Einfluss auf den städtischen Raum
Ξ Luise Stoltenberg

66 **Zweierlei Ausstieg**
Über die Virtualisierung der ökologischen Debatte
Ξ Frank Uekötter

74 **Von Spider-Man bis Wolverine**
Das Superheldenkino ab dem Jahr 2000
Ξ Jöran Klatt

83 **Ein deutsches Jahrzehnt?**
Der deutsche Identitätsdiskurs als ein *Happy End* unter Vorbehalt
Ξ Eunike Piwoni

93 **Medien- und/oder Geschichtszeit**
Vom Ende der Erzählbarkeit
Ξ Wolfgang Ernst

>> ESSAY 101 **Why Does My Heart Feel So Bad?**
Ein Essay über die Nullerjahre
Ξ Alexa Hennig von Lange

PERSPEKTIVEN

>> DEBATTE 107 **»Mehr als das Leiden an Beschäftigungsbedingungen«**
Zur Lage deutscher Universitäten
Ξ Katia H. Backhaus

>> ANALYSE 121 **Kehrseite des Technokratismus**
Vergleichende Notizen zum neueren westlichen Rechtspopulismus
Ξ Detlef Lehnert

>> ESSAY 133 **Wenn das Zeremoniell zu Politik wird**
Honeckers Besuch in der Bundesrepublik im September 1987
Ξ Jürgen Hartmann

SCHWERPUNKT:
NULLERJAHRE

»WAS ALS NORMAL GILT, KANN NICHT MEHR PROBLEMATISIERT WERDEN«

Ξ Gespräch mit Prof. Dr. Wilhelm Heitmeyer über Deutsche Zustände, Parallelgesellschaften und die Lockungen des Linkspopulismus

Sie haben sich in Ihrer Langzeitstudie »Deutsche Zustände« über die Jahre hinweg intensiv mit der bundesrepublikanischen Gesellschaft beschäftigt, haben diese beobachtet und analysiert und konnten dadurch deren Entwicklungen sichtbar nachvollziehen. Wie würden Sie den Unterschied zwischen der gesellschaftlichen Atmosphäre in den 1990er und den 2000er bzw. den Nullerjahren beschreiben? Was für einen Umbruch hat es da gegeben?

Um Ihre Frage zu beantworten, möchte ich gern etwas weiter ausholen, weil auch der Fundus, auf dem unsere Untersuchungen beruhen, breiter ist, als die Langzeitstudien suggerieren. Bereits vor der Jahrtausendwende haben wir uns mit globalisierungsbedingten Herausforderungen beschäftigt, der daraus entstandene Band trägt den Titel »Schattenseiten der Globalisierung«[1]. Schon damals ging es um Rechtsradikalismus, Rechtspopulismus und separatistischen Regionalismus in westlichen Demokratien – dies zu einem Zeitpunkt, als das noch nicht die große Frage war, aber es erschien uns notwendig. Der Antrieb war schon zu diesem Zeitpunkt, ein Gespür dafür zu entwickeln, was sich außerhalb des Mainstreams beobachten lässt. So haben wir Mitte der 1980er Jahre auch die ersten Untersuchungen zu Fußballfans durchgeführt, zu Gewalt in den Stadien, als es noch gar keine Fanprojekte und dergleichen gab. Später, Mitte der 1990er Jahre, haben wir dann bereits eine Untersuchung zum verlockenden Fundamentalismus, also vor allem zu islamistischen Einstellungen bei türkischstämmigen Jugendlichen, durchgeführt – eine Untersuchung, die mir gar nicht gut bekommen ist, die intensiv bekämpft wurde.

Der Hintergrund oder die Rahmung der Zehnjahresstudie zu den Deutschen Zuständen wird eigentlich gelegt im Aufsatz »Autoritärer Kapitalismus, Demokratieentleerung und Rechtspopulismus«[2]. Ab 2001 durfte man

1 Dietmar Loch u. Wilhelm Heitmeyer (Hg.), Schattenseiten der Globalisierung. Rechtsradikalismus, Rechtspopulismus und separatistischer Regionalismus in westlichen Demokratien, Frankfurt a. M. 2001.

2 Wilhelm Heitmeyer, Autoritärer Kapitalismus, Demokratieentleerung und Rechtspopulismus. Eine Analyse von Entwicklungstendenzen, in: Dietmar Loch u. Wilhelm Heitmeyer (Hg.), Schattenseiten der Globalisierung. Rechtsradikalismus, Rechtspopulismus und separatistischer Regionalismus in westlichen Demokratien, Frankfurt a. M. 2001, S. 497–530.

den Begriff des Kapitalismus eigentlich gar nicht mehr verwenden – es war schließlich die Hochzeit des Neoliberalismus und da war der Kapitalismusbegriff natürlich verpönt. Die tragende These für diesen Ansatz war da bereits, dass sich ein Kapitalismus herausgebildet hatte, der in der Lage schien, seine Maxime ungehindert zu verwirklichen. Das heißt, dass sich im Zuge der Globalisierung ein Kontrollverlust des Nationalstaates, auch des demokratischen Nationalstaates, zugunsten eines Kontrollgewinnes des globalisierten Kapitals ergeben hat, das seine Forderungen nun rigide durchzusetzen vermochte. Vor diesem Hintergrund sind im Hinblick auf die Bevölkerung zahlreiche Kontrollverluste bzw. Desintegrationsprozesse entstanden, also politische Kontrollverluste, individuelle Kontrollverluste, die dann – so die weitere Argumentation – mit dem zusammenhängen, was ich Demokratieentleerung genannt habe. Später ist von Colin Crouch die Postdemokratie ausgerufen worden. Wir waren da ein bisschen früher dran mit der Demokratieentleerung. Das heißt, formal funktioniert das System natürlich weiter. Aber es ist auch ein Teil des Problems. Die heutigen Vertrauensverluste deuteten sich damals schon an. Diese Kombination aus sozialer Desintegrationsbefürchtung – und wir haben ja unsere Theorie sozialer Desintegration immer mal wieder ausgebaut und versucht, sie in empirischen Untersuchungen umzusetzen – und Vertrauensverlusten führte zu der damals zentralen These: Der Gewinner dieser Entwicklung des autoritären Kapitalismus, der Desintegration, der Demokratieentleerung, wird der rabiate Rechtspopulismus sein. Das war die These im Jahr 2001. Die Frage, die mich heute umtreibt, ist die nach Veränderungen vor dem Hintergrund dieser Ausgangslage. Was ist eingetroffen? Aber auch: Wo waren die Einschätzungen falsch und worauf muss man zukünftig achten?

Was hat sich geändert, wenn man die Nullerjahre mit dem Jahrzehnt davor vergleicht?

Ich habe in einem summarischen Kapitel am Anfang von Band 10 versucht, eine Charakterisierung vorzunehmen mit dem Begriff des »entsicherten Jahrzehnts« – dies im Gegensatz zu den 1990er Jahren. Das Schlüsselereignis für diese Entsicherung sehe ich vor allem im 11. September 2001. Denken Sie nur daran, dass die Gruppenzugehörigkeiten von Migranten vorher immer nach ethnischen Kategorien aufgestellt wurden und sie seither, im Zuge dieses Ereignisses, entlang religiöser Glaubensbekenntnisse klassifiziert werden. Dabei mündet Entsicherung keineswegs zwangsläufig in Terrorismus. Entsicherung zeigt sich überhaupt in vielerlei Formen, die zum einen Teil intensiv thematisiert worden sind, die es als schleichende Prozesse zum anderen Teil aber nicht auf die öffentliche Agenda geschafft haben und auf die wir mit unseren Forschungen hinweisen wollten. Weitergeholfen hat hier, trotz aller daran anschließenden Kritik, vor allem das Konzept der Gruppenbezogenen Menschenfeindlichkeit, mit dem wir die gesellschaftlichen Befindlichkeiten in unserer Langzeitstudie abgebildet haben. Dieses Konzept rührt daher, dass ich nicht damit einverstanden war, gesellschaftliche Ausgrenzung, wie es üblich war, allein auf den Rassismusbegriff zu reduzieren. Denn durch diesen Begriff und seine allgegenwärtige Verwendung wurden sozusagen Opfer erster und zweiter Klasse entwickelt und benannt. Schließlich hatte der Rechtsextremismus selbstverständlich auch andere Gruppen im Visier – denken Sie an Wohnungslose oder Menschen mit Behinderung. Uns ging es also darum, den Blick zu weiten, die ganze Bandbreite der Ideologien von Ungleichwertigkeit – das ist ja der Kern des Konzeptes und hält die verschiedenen Facetten zusammen – abzubilden, um auf diesem breiteren Fundament ein genaueres Gesellschaftsbild zeichnen zu können. Soviel zur Vorgeschichte, zur Rahmung des Unterfangens.

Worauf haben Sie sich konzentriert?

Wir haben 2002 in Band 1 versucht, den Rechtspopulismus zu vermessen, unsere Kriterien waren: autoritäre Aggressionen, Fremdenfeindlichkeit und Antisemitismus. Damals – wir haben die Kriterien hoch angelegt, alle Items mussten auf der höchsten Ebene beantwortet bzw. bejaht werden – gab es unserer Analyse zufolge ein rechtspopulistisches Potenzial von zwanzig Prozent in der Bevölkerung. Wir haben diese durchaus explosive Analyse dann natürlich veröffentlicht. Niemand hat darauf reagiert, schon gar nicht die politischen Parteien, die sich diesbezüglich über die Jahre hinweg in einem ausgeprägten Autismus befunden haben, mit ganz wenigen Ausnahmen.

Wenn Sie von Entsicherung, Desintegrationsprozessen, Demokratieentleerung sprechen und darauf hinweisen, dass deren Ursprünge früher liegen: Ist dann das vergangene Jahrzehnt, sind die Nullerjahre nur eine Art von Zwischenjahrzehnt ohne wirklich eigenes Gepräge, in dem vieles weiterwirkt, sich zuspitzt und vielleicht erst jetzt handfest greifbar wird, dessen Ursprünge aber noch im alten Jahrtausend liegen? Oder könnte man sagen, in den Nullerjahren beobachten wir mit der Verschiebung vom Ethnischen aufs Religiöse, mit dem endgültigen Durchbruch des Kapitalismus und der Entsicherung im Zuge eines international agierenden Terrorismus etwas qualitativ völlig anderes?

Jedenfalls ist die Religion durch 9/11 in besonderer Weise auf die politische Agenda zurückgekehrt, gerade in der Formulierung von Gruppenzugehörigkeiten und Gruppengrenzen. Auf der einen Seite kamen Bedrohungsgefühle auf, ganz besonders in den USA. Das ist aber nur die eine Seite. Die andere Seite ist die tiefe Verunsicherung, die sich damals auszubreiten begann, die zentral mit den Schattenseiten der Globalisierung, die sich damals andeuteten, und den daraus resultierenden Kontrollverlusten zusammenhängt. Diese Verunsicherung betrifft alle drei Dimensionen der Desintegrationstheorie: die Frage des Zugangs zu den Funktionssystemen Arbeit, Wohnung etc. und den damit verbundenen Anerkennungen über den Beruf, den Job und das Wohnviertel; dann die Verunsicherungen in der institutionellen Dimension: Habe ich oder hat meine Gruppe eine Stimme in der Öffentlichkeit? Werde ich gehört oder wahrgenommen von den politischen Eliten? Mittels des Vertrauensverlustes oder dessen, was wir Demokratieentleerung nennen, wurde diese Verunsicherung immer deutlicher. Die dritte Dimension ist die Frage von Zugehörigkeiten zu stabilen Milieus und dem Aufgehobensein in diesen. Das alles wurde nach unserer Wahrnehmung brüchiger. Insofern sind die Nullerjahre für mich, vor dem Hintergrund der sich ungeheuer beschleunigenden Schattenseiten der Globalisierung, so etwas wie der Impulsgeber oder Resonanzboden für das, was wir heute breit diskutieren.

Bereits 2002 haben wir individuelle rechtspopulistische Einstellungen gemessen, die sich noch nicht im Öffentlichen artikulierten, sondern gewissermaßen hinter den Gardinen verblieben. Das hat sich geändert, indem sich neue Bewegungen und Parteien wie »PEGIDA« und die AfD formiert haben. Der Ursprung dieser Entwicklung liegt in den Nullerjahren, den Jahren der Krise: Finanzkrise, Wirtschaftskrise und Demokratiekrise. Wir können von Glück sagen, dass es keine kumulativen Krisen waren, sondern dass sie nacheinander entstanden und so immer in unterschiedlicher Weise, bei allen weiterbestehenden Unsicherheiten, auf verschiedene Art verarbeitet werden konnten: von Verdrängung bis hin eben zu Ängsten oder Zweifeln, ob man schwache Gruppen in der Gesellschaft noch mitnehmen könne.

Was waren die Folgen der geballten Krisenerfahrungen und Unsicherheitsgefühle?

Auf der einen Seite zeigt sich hier die Entwicklung zu einer »rohen Bürgerlichkeit« hinter einer noch weitgehend glatten Fassade mit geschliffenen, aber doch massiven Worten im Lodenmantel, wenn man so will. Und auf der anderen Seite stehen diejenigen aus den unteren sozialen Gruppen, die sich lautstark beteiligen. Nach der Finanzkrise ist die Bedeutung rechtspopulistischer Einstellungen jedenfalls deutlich angestiegen. Und das war noch vor »PEGIDA« und auch vor der AfD in ihrer jetzigen Verfassung! Das heißt, das Potenzial war bereits durch die Demokratieentleerung samt gefühlter

Einflusslosigkeit im Rahmen von Vertrauensverlusten da. Diese Empfindung von Einflusslosigkeit ist zwischen 2009 und 2011 – immer noch auf der individuellen Ebene, bis dato ohne verbindende politische Formation – dann deutlich gestiegen. Einflusslosigkeit ist immer eine wichtige Voraussetzung für Wut, ebenso für individuelle Gewaltbereitschaft. Ein drittes Moment ist die Bereitschaft zur Teilnahme an Demonstrationen. Die ist in dieser Zeit merklich angestiegen. Und dann ist es offensichtlich den rabiaten Mobilisierungsexperten von »PEGIDA« gelungen, aus diesen individuellen Ohnmachtsgefühlen kollektive Machtfantasien zu entwickeln, wie das bei den Demonstrationen insbesondere in Dresden und dann bei den verschiedenen Ablegern deutlich geworden ist. Hinzu kam noch die AfD. Angesichts dieser Prozesse haben wir frühzeitig versucht, deutlich zu machen, dass die tiefe Verunsicherung individueller Art und die Entsicherung schützender Strukturen zusammengewirkt und sich zu einem explosiven Dauerzustand verfestigt haben. Es ist eine Nervosität und auch an vielen Stellen Bitterkeit sichtbar geworden, die ich so in den 1990er Jahren eigentlich nie gespürt habe: ein Wandel des politischen Klimas, der von der politischen Seite, von den politischen Eliten, kaum wahrgenommen wurde. Da gab es ganz eindeutig eine selektive Unaufmerksamkeit. Die Politik hat ja erst auf diese schleichenden Prozesse reagiert, als sich das parteiförmig verbunden hat und sichtbar geworden ist; aber auf soziale Bewegungen reagierte sie zunächst nicht.

Wie erklären Sie sich das?

Das Problem der schleichenden Prozesse, die dann eskalieren, kann man auch auf andere Phänomene wie den Rechtsextremismus beziehen. Wir haben dazu ein Eskalationsmodell ausgehend von den Einstellungsmustern, also der Gruppenbezogenen Menschenfeindlichkeit, aufgestellt. Das kann man sich bildhaft wie eine Zwiebel vorstellen: Die Gruppenbezogene Menschenfeindlichkeit ist dabei die äußere Schale; die nächste Schale sind dann rechtspopulistische Bewegungen und die AfD, die solche Einstellungsmuster aufsaugen, ohne dass in diesen Bewegungen mit Gewalt operiert wird. Aber sie liefern gleichzeitig Begründungen für die nächste, kleinere Schale, nämlich systemfeindliche Milieus, die sich herausbilden und sehr wohl mit Gewalt operieren. Ob es die Partei »Die Rechte« ist, die sich jetzt zu formieren versucht, oder auch die NPD: Man hätte sich viel mehr um diesen bewegungsförmigen Rechtsextremismus kümmern müssen, der sehr agil ist und sich offensichtlich mit juristischen Mitteln nicht unterbinden lässt, weil die Akteure hinzugelernt haben in dem Sinne, dass sie unter dem juristischen Radar verschwinden. Das Eskalationsmodell geht dann weiter bis in die

Kameradschaften, die hochgradig gewaltaffin sind, bis hinein in die Unterstützungsgruppen des Terrors. Zwar gab es in der Tat 1992 vor dem Hintergrund der Asylbewegung die berüchtigten Angriffe und brennenden Häuser. Aber das war so ein *Peak,* der sich später zwar, was Straftaten in diesem Bereich angeht, auf höherem Niveau eingependelt hat – aber nicht in der Breite und mit den Mentalitäten wie derzeit. Diese sind ein Kennzeichen der Nullerjahre, das Ralf Dahrendorf in die Debatte eingebracht hat mit der Formel: Wir stehen am Anfang eines autoritären Jahrhunderts. Und da versuche ich jetzt in der Fortschreibung von 2001, vor dem diagnostizierten Hintergrund des riskanten Verhältnisses von autoritärem Kapitalismus und liberaler Demokratie, die autoritären Versuchungen zu verdeutlichen. Und man muss ja nur nach Ungarn oder Polen, nach Österreich und anderswo schauen, um festzustellen, dass immer stärkere autoritäre Angebotsstrukturen existieren, die in der Bevölkerung mit neuer Unterwürfigkeit und Folgebereitschaft verbunden sind.

Sehen wir nicht aber andererseits auch das genaue Gegenteil von Folgebereitschaft in Form einer neuartigen Schärfe der Elitenkritik? Und ist nicht in etlichen Organisationen und Institutionen eine Tendenz zur stärkeren Mitbestimmung der Basis erkennbar? Steht das nicht im Widerspruch zu der Diagnose vom autoritären Jahrzehnt?

Dieses Postulat von Dahrendorf zielte natürlich sehr auf die systemische Frage. Die Debatten im Feuilleton sind voll seit einiger Zeit: Woher kommt die Stärke des Autoritären? Beispielsweise wird in Russland unter Putin die Rechtssicherheit ebenso wie die Pressefreiheit ausgehöhlt. Mein Problem ist die Ungleichzeitigkeit. Politische Eliten reagieren erst, wenn bestimmte Zeitfenster für Interventionen im demokratischen Sinne von Partizipation, längst geschlossen sind, weil der Vertrauensverlust bei den Bürgern sich verfestigt hat. Hinzu kommt, dass wir, glaube ich, immer stärker in unseren Blasen und Echokammern leben und uns da gar nicht mehr herausbewegen. Es vollziehen sich bestimmte Entwicklungen, die wir auch gar nicht mehr beherrschen können. Beispielsweise in den sozialen Netzwerken: Diese sind einmal mit großen Hoffnungen auf die Demokratisierung der Gesellschaft entwickelt und propagiert worden, nun allerdings nicht mehr zu kontrollieren. Im Zuge dessen werden ganz andere, bisweilen eher asoziale Öffentlichkeiten hergestellt. Man kann den alten Begriff von Habermas nehmen, »Strukturwandel der Öffentlichkeit«, der mittlerweile aber eine ganz andere, unbeherrschbare Konnotation hat.

Mir geht es darum, schleichende Prozesse mehr zu beachten und nicht mit einer selektiven Unaufmerksamkeit durch die Gegend zu laufen, sondern die Normalisierungsmechanismen zu beschreiben. Denn das Gefährliche ist, dass alles, was als normal gilt, nicht mehr problematisiert werden kann. Man kann sich sehr schnell von Extremen, der NPD oder meinetwegen auch der AfD, distanzieren mit ein paar moralischen Floskeln und schon ist man auf der richtigen Seite. Die Distanzierung vom Normalen fällt sehr viel schwerer. Denn wir wollen alle irgendwie zur Normalität dazugehören. Und diese Verschiebung von Normalitätsstandards, das ist meines Erachtens erst in den Nullerjahren, vor allem auch über das Medium Internet, in Gang gekommen. Das hat es in den 1990er Jahren so nicht gegeben. Der entscheidende Punkt ist, dass bestimmte Zeitfenster nicht gesehen worden sind bzw. auch von großen Teilen der Eliten diese Unaufmerksamkeit etwa gegenüber unseren Diagnosen und Warnungen gegeben war. Denn da ging es ja um keine Terrorfälle, welche die Öffentlichkeit kurzzeitig aufschrecken, sondern um die Frage: Was verschiebt sich da und aus welchen Gründen? Die Theorie der sozialen Desintegration liefert für das Verständnis der Situation zahlreiche Anknüpfungsmöglichkeiten. Neuerdings wird darüber gestritten, ob man versäumt hat, Klassenpolitik oder Soziallagenpolitik statt Identitätspolitik in den Mittelpunkt zu rücken. Ich halte diese Gegenüberstellung, das Entweder-oder, für falsch; denn es sind durchaus unterschiedliche Dinge, die da falsch gelaufen sind. Unsere Gesellschaft geht nicht den Bach runter, weil die Grünen sich bloß um gemeinsame Toiletten gekümmert haben. Dahinter liegen meines Erachtens vielmehr der Vertrauensverlust in die Politik und das Nicht-wahrgenommen-werden. Das ist ja das Schlimmste: Wer nicht wahrgenommen wird, ist ein Nichts. Darin liegt die Anziehungskraft populistischer und autoritärer Bewegungen. Meine These ist, dass viele der »PEGIDA«-Mitläufer gar nicht hinhören, was da auf dem Lautsprecherwagen gesagt wird, sondern dass das Wichtigste schlicht das Gemeinschaftsgefühl ist, der Eindruck, Teil einer großen Gruppe, eines Kollektivs, zu sein. Die sozialen Verschiebungen und die Vertrauensverluste in Institutionen, gekoppelt mit Desintegrationsbefürchtungen, die können wir über die Jahre kontinuierlich belegen. Das müssen gar keine harten Desintegrationserfahrungen sein, Desintegrationsgefühle oder -ängste reichen völlig aus.

Worin sehen Sie mögliche Mechanismen in der Politik, auf solche Krisen zu reagieren?

Die Grundthese ist, dass sich schon vor Beginn und dann natürlich im weiteren Verlauf der Nullerjahre das Verhältnis zwischen Politik und Kapital durch einen Kontrollverlust der nationalstaatlichen Politik auf der einen und den Kontrollgewinn des Kapitals auf der anderen Seite neu tariert hat. Der nationalstaatliche Kontrollverlust resultiert daraus, dass der autoritäre

Kapitalismus seine Maxime durchsetzen kann, derzufolge sich Unternehmen und Arbeitsplätze jeweils in dem Land mit den niedrigsten Lohnkosten ansiedeln. Das ist die eine Seite. Auf der Seite der Politik gab es – und das ist auch ein Teil des heutigen Problems – die Denationalisierung und die Einbettung in größere Verbände, die aber für die Menschen undurchschaubar sind.

Wie zum Beispiel die EU?

Ja, auch – und wer weiß schon in der Bevölkerung, was IWF heißt? Es sind die Anonymisierungen von Institutionen, die sich die Leute nicht mehr erklären und folglich auch nicht mehr mit Personen, mit Gesichtern in Verbindung bringen können. Diese Denationalisierung und Anonymisierung ist eines der zentralen Themenfelder bei der Untersuchung der Ursachen autoritärer Versuchungen; des Weiteren die soziale Desintegration; zudem das Gefühl der kulturellen Überfremdung; und schließlich die politische Entfremdung. Wenn dann noch Formeln postuliert werden wie von Angela Merkel jene der »marktgerechten Demokratie«, dann wird der ganze Wahnsinn der Vermischung vormals stärker getrennter Sphären so offensichtlich wie problematisch: Der Markt formuliert, was demokratisch nötig ist, und die Demokratie ist die Dienerin des Marktes. Das kapitalistische System selbst hat sich – durch die Öffentlichkeit sekundiert – in einen gesichtslosen, demokratieaushöhlenden Besitzerkapitalismus gewandelt, der sich dem Gemeinwesen nicht mehr verpflichtet fühlt. Das kann man auch auf den Immobilienmarkt übertragen: Es ist ja eine interessante Überschneidung, dass der Protest ausgerechnet in Dresden kulminiert, in einer Stadt, die sich von ihren Schulden freigekauft hat, indem sie den gesamten sozialen Wohnungsbau an einen amerikanischen Investor verkauft hat, der sich für das Funktionieren des Gemeinwesens nicht interessiert und dies in der Logik des hier Vorgetragenen auch nicht soll und darf. Kurzum: Wir sehen eine Verschiebung der Kontrollmöglichkeiten. Das ist meines Erachtens in den Nullerjahren richtig auf Touren gekommen und hat dann die beschriebenen Auswirkungen gezeitigt. Deshalb die These, dass der Gewinner dieses Prozesses von autoritärem Kapitalismus, sozialer Desintegrationsbefürchtung und Demokratieentleerung der Rechtspopulismus ist.

Ist der Durchbruch des Rechtspopulismus also das Resultat von Anonymität, Komplexität und Undurchschaubarkeit der Globalisierung, gepaart mit Aufmerksamkeitsdefiziten und Wahrnehmungsschwächen der – wenn man so will – »politischen Klasse« in den Nullerjahren? Oder profitiert er eher davon, dass es in der Politik keine großen Köpfe mehr gibt, keine Persönlichkeiten wie Adenauer, Brandt oder Kohl?

Das kann ich nicht beurteilen. Aber in den Nullerjahren ist meines Erachtens alles unter einen enormen Beschleunigungsdruck geraten durch die neuen Technologien. Dadurch hat sich die Komplexität der Abläufe dramatisch erhöht. Das ist Teil unseres Konstruktes der Demokratieentleerung. Gleichzeitig wurde auch von politischen Eliten so etwas wie Demokratieermäßigung, so hat das Habermas genannt, gefordert, um bestimmte Abläufe, Genehmigungsabläufe und dergleichen zu beschleunigen. Aber das sind so Dinge, dagegen helfen auch keine Köpfe. Das, was ich da besonders kritisiere, auch in diesen Jahren, ist, dass es nicht gelang, eine große Debatte anzustrengen, die sich mit den elementaren Fragen beschäftigt: In welcher Gesellschaft wollen wir leben, wohin soll die Gesellschaft sich eigentlich entwickeln? Das wurde alles plattgebügelt. Ich habe den Eindruck, dass die politischen Eliten, und da sage ich jetzt wirklich mal: *die* politischen Eliten, dass sie Angst vor diesen Fragen hatten.

Die Nullerjahre bezeichnen also den Durchbruch der kurzfristigen Tagespolitik, die sich, anders als in früheren Dekaden, nicht mehr um Grundsatzfragen kümmert?

Ja, aber man sollte mit der Politikerbeschimpfung sehr vorsichtig umgehen. Dazu ist die demokratische Situation zurzeit viel zu labil. Die Politiker wurden natürlich auch selbst aufgefressen von diesen Prozessen, die dann nicht einfach mehr nur durch eine philosophische Bemerkung sozusagen wegzuwischen waren. Davor, vor dieser Beschleunigung und vor dieser wirklichen – Habermas wieder – »neuen Unübersichtlichkeit«, haben Menschen natürlich, jetzt sind wir wieder bei den Einstellungsmustern, sehr viel Angst. Sie wissen nicht, wohin es geht. Und dagegen können auch die politischen Führungen nicht oder zumindest nicht mehr so leicht angehen. Die alte Bundesrepublik, also bis 1990, war eine Aufstiegsstory mit dem erklärten Ziel, dass unsere Kinder es mal besser als wir haben sollten. Ulrich Beck hat dieses schöne Bild von den Aufzügen entwickelt. Es ging nach oben, auch wenn die Abstände gleichblieben. Der Unternehmer hatte plötzlich fünf Fernseher zu Hause und der Arbeiter zwei, aber immerhin auch zwei. Dieser Aufzug ist jedoch stecken geblieben, mehr noch: Es kommen Abstiegsprozesse dazu. Und das beunruhigt die Leute natürlich auch – vor allem, weil die Perspektiven der eigenen Kinder womöglich noch trüber, mindestens aber unsicherer sind. Nehmen Sie dieses verrückte Wissenschaftssystem mit diesen krankmachenden Kurzzeitverträgen, in denen kaum noch Aufstiegschancen vorhanden sind. Oder die völlig vernachlässigte Stadtentwicklung, namentlich den sozialen Wohnungsbau, eines der wirkungsvollsten Instrumente für sozialen Ausgleich und soziale Entwicklung, um das uns andere Länder lange beneidet haben. Was ist passiert? Weg! Alles unter dem Stichwort der Neoliberalisierung der Märkte. Und daran sind selbst sozialdemokratische Führungen beteiligt gewesen – denken Sie nur an Schröders und Blairs Rede von einem Dritten Weg. Deregulierung und die daraus folgende Anomie sind die am stärksten bedrängenden Probleme. Und es gibt ja eine sehr einflussreiche amerikanische Theorie von Steven Messner und Richard Rosenfeld, die »Institutional Anomie Theory«, welche besagt – und das hat wieder mit dem autoritären Kapitalismus zu tun –, dass Prinzipien des Kapitalismus und der Wirtschaft, dass Nützlichkeit, Effizienz und dergleichen mehr immer stärker in die alltäglichen Lebensbereiche eindringen, die eigentlich nicht nach diesen Prinzipien organisiert sein dürften. In der Familie müsste eigentlich Liebe das zentrale Organisationsmoment sein, wenn man so will, und nicht Effizienz, Nützlichkeit und die Verwertbarkeit von Leistung. Es gibt – das haben wir ebenfalls untersucht – eine zunehmende Ökonomisierung des Sozialen. Das heißt, ich nehme meine Umwelt immer mehr unter diesen Kriterien wahr und beurteile Menschen oder Gruppen immer stärker nach diesen Kriterien.

Für den gesellschaftlichen Zusammenhalt ist das fatal – ein Begriff, der eine unglaubliche Karriere gemacht hat, der erst in den Nullerjahren aufgekommen ist und jetzt verstärkt auf die politische Agenda kommt. Immer, wenn ich diesen Begriff höre, gehen bei mir die Alarmsirenen an; denn was sozialer Zusammenhalt bedeuten soll, weiß eigentlich niemand in Zeiten von Individualisierungsprozessen. Ich habe den Eindruck, dass dies der letzte Alleskleber ist, also eine ideologische Formulierung, gerade auch bei politischen Eliten, wenn sie nicht weiterwissen. Aber wie soll Zusammenhalt funktionieren, wenn diese ganzen Prozesse weiterlaufen? Die eingesickerte Entsicherung im gesellschaftlichen Alltag ist das zentrale Signum der Nullerjahre.

Haben Sie positive Gegenvorschläge, wie man besser hätte reagieren können, wie man heute stattdessen reagieren müsste? Oder, eine etwas fatalistische Lesart: Muss man einfach sagen, die Zeit der goldenen dreißig Jahre ist vorbei, vor diesem Hintergrund ist nur noch Niedergang, den man allenfalls abfedernd verwalten kann?

Erstens bin ich natürlich kein Gesellschaftsarchitekt und zweitens steckt dahinter so ein bisschen die Frage: Was würden Sie tun, wenn Sie Bundeskanzler wären? Ich kann die Frage nicht beantworten, weil an vielen Stellen nicht einfach mit einem Schalter operiert werden kann. Es gibt dieses Phänomen der unbeabsichtigten Nebenfolgen; und die sind häufig sehr viel schlimmer als das, was man als Fehler sieht. Ein entscheidender Punkt ist, ob es nicht andere Formen der Information über die Entwicklungen durch die politischen Eliten für die Bevölkerung hätte geben müssen? Gibt es Alternativen?

Einer der schlimmsten Begriffe von Frau Merkel ist doch der Begriff des Alternativlosen. So ein Unsinn! Darüber sind Menschen zu Recht erbost, dass immer wieder Entscheidungen als alternativlos dargestellt werden. Dabei gibt es bei politischen Entscheidungen immer Alternativen. Diese müssen, selbst wenn sie nicht immer zielführender oder besser sind, wenigstens aufgezählt werden, um die Menschen mitzunehmen. Einige wollen nicht mitgenommen werden, das ist klar; aber ein Großteil will schon wissen, welche Optionen bestehen. Wenn dann mit so einem *Catch-All-Term* wie *alternativlos* operiert wird, muss man sich natürlich nicht mehr um die Vermittlung der Politik bemühen – allerdings um den Preis eines manifesten Vertrauensverlustes. Aber eine Musterlösung kann ich nicht anbieten, dazu ist es ja auch zu kompliziert. Die verschiedenen Prozesse laufen nicht alle in eine Richtung. Ich habe versucht, diese Kennzeichen, die Kontrollverluste der Politik gegenüber dem Finanzkapital und die Unkalkulierbarkeit der Weltmärkte, aufzufächern. Was 2008 ebenfalls noch eine wichtige Rolle neben der Finanzkrise spielte, war die Schuldenkrise. Die Summen für die Bankenrettung waren unvorstellbar. Das konnten die Menschen nicht mehr nachvollziehen, auch nicht die Diskrepanz zwischen einem Hartz-IV-Empfänger, der um fünfzig Cent feilschen musste, und den Banken, die mit enormen Summen gerettet wurden. Hier ist die Welt ziemlich aus den Fugen geraten, die politische Realität der Vorstellungs- und Erfahrungswelt der Menschen ein großes Stück entrückt.

Aber war die Krisendiskussion in Deutschland nicht eher eine Feuilletondebatte? Deutschland kam doch ausgesprochen gut durch diese Phase, vom »kranken Mann Europas« war mit Blick auf Deutschland vorher die Rede gewesen, heute gilt das Land als Wachstumsmotor und Exportweltmeister. Hatte das Gros der Bevölkerung insofern nicht eher den Eindruck, dass die Krise etwas war, was uns gar nicht betraf, sondern eher das Ausland?

Das ist die datengestützte Wahrnehmung, viele Einstellungsuntersuchungen verweisen auf das genaue Gegenteil. Das typische Muster ist: Mir geht es gut, aber der Gesellschaft geht es schlecht. Das ist die Wahrnehmung, dahinter steckt eine ganze Reihe von Abwehrmechanismen. Man muss gegenüber seiner Umwelt immer noch so tun, als wäre alles in Ordnung – auch dann, wenn das in Wirklichkeit möglicherweise gar nicht so ist. Das sind Schutzmechanismen. Die Debatte ist sicherlich auch in den Feuilletons geführt worden. Aber in der »Tagesschau« und in lokalen Medien wie der hiesigen *Neuen Westfälischen,* da stand die Information zum Ausmaß der Milliardenbeträge auf der einen Seite und die Diskussion über minimale *Peanuts* etwa bei Hartz IV auf der anderen Seite. Diese Informationen sind angekommen, das nehmen die Leute wahr. Es wurde vielleicht in den Alltagsgesprächen keine Debatte darüber geführt, schlicht, weil sich die Summen und Prämissen für viele jenseits der eigenen Vorstellungskraft bewegten. Gerade dieses Nichtvorstellen-können hat im Übrigen, so glaube ich, die Distanz zur politischen Klasse drastisch erhöht. Ein Muster, das sich aktuell in den Debatten um die sogenannte Flüchtlingskrise wiederholt: Für die Flüchtlinge stehen Hunderte Millionen zur Verfügung, aber die Toiletten in unseren Schulen sind marode, die Straßen und die Bahnbrücken ebenfalls. Das ist für die Menschen keine Petitesse, ebenso wenig die Spreizung der Gerechtigkeitsschere, verbunden mit dem Gefühl, in Deutschland könne man sich vor dem Hintergrund all dieser Herausforderungen schwache Gruppen nicht mehr leisten. Hier sehen wir das Resultat der Verinnerlichung eines ökonomistischen Denkens. Deshalb haben die Leute geschlussfolgert: Also, wenn das so ist, dann kappen wir eben die Unterstützungsleistungen für schwache Gruppen, dann sollen die zusehen, wo sie bleiben. Diese Art von Unerbittlichkeit, von der vor allem die Rechtspopulisten profitieren, zog einfach so ein.

Wie erklärt man diesen Widerspruch zwischen dem Gefühl, es geht ungerecht zu, auch dem Eindruck der eigenen Unwirksamkeit bis hin zur Ausgrenzungswahrnehmung, und einer doch sehr breiten Zufriedenheit in den Umfragen? Ist das ein demoskopischer Widerspruch?

Das ist ein psychologischer Selbstschutzmechanismus. In einer Konkurrenzgesellschaft müssen alle immer erfolgreich sein. Ein *Loser* ist ein *Loser*. Wer stellt sich gerne als solcher dar? Wir sind zufrieden, weil wir was leisten, weil wir einen Status haben. Und im Hintergrund schlummert die Angst: Was wird aus unseren Kindern? Inzwischen weiß jeder, dass die Renten der nachfolgenden Generation niedriger sein werden, mit weitreichenden Folgen bis in die Stadtentwicklung hinein. Zuerst trifft es die sogenannten A-Gruppen: Arbeitslose, Alte, Ausländer, Alleinerziehende. Und in einem zweiten Schritt die Mittelschicht, die zumindest in den Ballungszentren einem enormen Preisdruck ausgesetzt ist und die deshalb die Fassade hochzieht. Dieser vermeintliche Widerspruch von gefühlter Einflusslosigkeit und hoher Zufriedenheit ist ein Schutzmechanismus. Ich glaube, wenn man sich mit dem Mechanismus vertraut macht, ist es mit den Zufriedenheitswerten nicht weit her.

Sie sind in den 1980er Jahren einer der Ersten, wenn nicht der Erste gewesen, der den Begriff der Parallelgesellschaft für die Wissenschaft fruchtbar gemacht hat …

… also das kann ich Ihnen sagen, was ich damit schon alles erlebt habe! Das war in einer Untersuchung zum »verlockenden Fundamentalismus«.

Parallelgesellschaften bezogen sich bei Ihnen damals – und beziehen sich im Prinzip bis heute – im Wesentlichen auf Zuwanderergruppen. In einem der Bände der »Deutschen Zustände« schreiben sie aber von einer Abkopplung, einer, wenn man so will, Verparallelgesellschaftung auch der Eliten. Kann man insgesamt in Bezug auf die Nullerjahre von einer Tribalisierung der Gesellschaft sprechen – von einer wachsenden Binnenorientierung der jeweiligen Gesellschaftsgruppen und einem mindestens teilweisen Abbruch der Kommunikationskanäle zwischen ihnen?

Zunächst noch einmal zu dem Begriff der »Parallelgesellschaft«. Die Ergebnisse der Befragungen von türkischen Jugendlichen waren ganz deutlich: Je größer die Perspektiven für die türkischen Jugendlichen innerhalb der Gesellschaft waren, desto distanzierter standen sie radikalen Gruppen gegenüber, damals vor allem Millî Görüş; je weniger Perspektive sie hatten, desto mehr waren sie an der Rundumversorgung durch Millî Görüş interessiert. Das wollten aber die Migrationsforscher nicht wahrhaben – auch die verschiedenen Verbände und selbst die Islambeauftragte der Evangelischen Kirche nicht. Wenn wir nicht aufpassen und keine Perspektiven und Anerkennungsmöglichkeiten vor allem für die Jugendlichen bereithalten, dann führt dies auf Dauer in die Gefahr, dass sich Parallelgesellschaften herausbilden. Das war der Punkt. Das Konzept von Parallelgesellschaft ist aber nicht – und das wird heute immer noch übersehen, gerade von Politikern, die den Begriff völlig verhunzt, und von Wissenschaftlern, die ihn leichthändig diffamiert haben –, dass Menschen einfach nur anders leben. Nach meinem Verständnis gibt es mehrere Kriterien, die erfüllt sein müssen, ehe man wirklich von Parallelgesellschaft sprechen kann. Ein Punkt ist die Loyalität zur Herkunftsgesellschaft; dann die Frage der Separierung in Wohngebieten, verbunden mit einer Art eigener Gerichtsbarkeit innerhalb der Migrantenmilieus; und noch einiges mehr. Aber in der Tat ist die Durchlässigkeit unserer Gesellschaft drastisch gesunken. Das gilt sowohl für Aufstiegsprozesse als auch im Zusammenhang mit den verschiedenen Milieus. Der ursprüngliche Begriff der Parallelgesellschaft war auf die Migrantengruppen bezogen, da diese Abschließungsprozesse zum damaligen Zeitpunkt in der Mehrheitsgesellschaft längst nicht so ausgeprägt gewesen sind wie heute. Das heißt aber auch, dass es heute gesellschaftliche Verständigungsprozesse zwischen den unterschiedlichen Gruppen über deren Denken und Fühlen, die Ängste und Prioritäten immer weniger gibt. Diese spürbare Separierung ist keine ungefährliche Entwicklung.

Hat die Politik denn überhaupt die Möglichkeit, auf diese einzelnen Blasen einzuwirken? Ist das das Ende der Politik – oder der Parteien im klassischen Sinne, wie wir sie kennen?

Politik erreicht bestimmte Milieus gar nicht mehr. Und wir konnten auch feststellen, dass insbesondere diejenigen, die unter Desintegrationsdruck leiden, sich einfach aus dem politischen und demokratischen Prozess zurückgezogen haben. Diese sind zuletzt, das unterstreichen die Ergebnisse der vergangenen Landtagswahlen, zum Teil durch die AfD reaktiviert worden. Aber nicht aus politisch-inhaltlicher Übereinstimmung, sondern aus dem Antrieb: »Denen wollen wir es zeigen«. Das ist natürlich auch eine politische Artikulationsform, aber eine andere als die gewohnte. Es ist die Welt der Wutbürger, die zu erreichen man kaum noch imstande ist. Insofern muss man wieder stärker lernen, mit der Heterogenität der Gesellschaft umzugehen. Das ist die eine Seite. Und die andere Seite ist, dass etwa die AfD und in Teilen auch die CSU die Frage der Homogenität wieder aufwerfen. Das ist eine gefährliche Angelegenheit. Homogene Gruppen sind immer gefährlich, weil sie sich wechselseitig hochschaukeln. Und deshalb ist Heterogenität so unglaublich wichtig, weil es durch sie überlappende Interessenlagen gibt, die dazu führen, dass man sich mit den jeweils anderen auseinandersetzen muss, statt die rechtspopulistische Einfachheit mit all ihren bedrohlichen Anleihen walten zu lassen.

Wie lässt sich denn die Gegenposition zum Rechtspopulismus formulieren? Kann nach Jahren der Sprachlosigkeit in den entsicherten Nullerjahren beispielsweise der linke Populismus eine Antwort liefern? Oder würde dies die von Ihnen beschriebenen Gefahren noch potenzieren?

Vielleicht müsste man einen anderen Begriff dafür finden. Denn der Rechtspopulismus behauptet ja: Wir sind das Volk. Wir wissen, wie das Volk denkt. Das kann sich eine linke Position als Entwicklungslösung eigentlich aus meiner Sicht gar nicht leisten; sondern sie muss näher ran. Und man muss den Konfliktbegriff aus dem destruktiven Wahrnehmungsraum herauslösen. Schließlich kommt eine moderne Gesellschaft ohne Konflikt gar nicht weiter. Denken Sie an die Konflikte um die grüne Bewegung, um die Frauenbewegung. Das waren alles Konflikte, die diese Gesellschaft auch freier gemacht haben. Und insofern lautet die Frage: Wie kommt man zu einem breiten Verständnis konstruktiver Konflikte, ohne mit dem Begriff des Linkspopulismus das Links-Rechts-Spektrum einfach nur umzudrehen. Ich hätte jedenfalls ein ungutes Gefühl dabei, den Anspruch der Rechtspopulisten, die Stimme des Volkes zu sein, einfach nur nach links zu wenden. Das wäre auch empirisch völliger Nonsens. Oder Volksverdummung von links.

Das Interview führten Matthias Micus und Marika Przybilla-Voß.

Prof. Dr. Wilhelm Heitmeyer, geb. 1945, war Gründer und von 1996 bis 2013 Direktor des Instituts für interdisziplinäre Konflikt- und Gewaltforschung der Universität Bielefeld. Seitdem arbeitet er dort als Senior Research Professor. 2008 gründete er das *International Journal of Conflict and Violence,* dessen Editor-in-Chief er bis 2014 war. Seine Forschungsinteressen zentrierten sich seit 35 Jahren auf Rechtsextremismus, Gruppenbezogene Menschenfeindlichkeit und Gewalt. Dabei spielte die Entwicklung der Theorie sozialer Desintegration und deren Überprüfung in verschiedenen sozialen Feldern eine zentrale Rolle.

ZWISCHEN HOFFNUNG, DEPRESSION UND GELASSENEM FATALISMUS

DEUTSCHE GEFÜHLSWELTEN IN DEN *NULLERN*

Ξ Franz Walter

Was dachten die Deutschen in den Nullerjahren? Trieb sie mehr Sorge oder überwog die Hoffnung auf eine erfreuliche Zukunft? Wie standen sie zur Politik? Welche Partei gewann im ersten Jahrzehnt des 21. Jahrhunderts an Zuneigung? Wer verlor warum an Zuspruch? Welchen anderen Nationen gehörte die Gunst der Deutschen? Wen mochten die Bundesrepublikaner nicht? Um Antworten zu erhalten, die auf solche und weitere Fragen zu erheben versucht worden sind, hat man eine probate und wunderbar zugängliche Quelle: Die Allensbach-Berichte, die Monat für Monat in der *Frankfurter Allgemeinen Zeitung* in Gestalt unzweifelhaft meinungsfreudiger Essays zusammen mit einigen Zahlen und Grafiken veröffentlicht wurden und noch werden.

Ist das wirklich eine probate Quelle? Diese Frage dürften sich gewiss einige Leser mit skeptisch gerunzelter Stirn stellen. Schließlich haben wir es dabei mit demoskopischen Untersuchungen zu tun. Und seitdem es diesen Zugriff auf die Ermittlung von Einstellungen der Bürger gibt, seither gehört es zum guten Ton derjenigen, die meist mit besonderem Eifer zu den ersten Lesern der jeweils neuesten Meldungen aus den Meinungsforschungsinstituten gehören – Medienleute, Politiker, durchaus auch Intellektuelle und Universitätsforscher, nicht zuletzt ebenfalls routinemäßige Bescheidwisser in Internetforen –, schmallippig das »ganze Brimborium« einer verächtlichen Kommentierung zu unterziehen, als semantisch aufgeblasene Kaffeesatzleserei abzutun, zumindest auf die kommerziellen und politischen Hintergründe wie Interessen der Auftraggeber solcher Volkserkundungen hinzuweisen.

Natürlich ist ein scharfer Blick auf die Geldgeber und den ideologischen Ort der Erhebungsproduzenten weder überflüssig noch abwegig.[1] Gerade

1 Auf das Institut für Demoskopie in Allensbach gemünzt siehe Dieter Roth, Demoskopie und Politik, in: Hanna Kaspar u. a. (Hg.), Politik – Wissenschaft – Medien, Wiesbaden 2009, S. 241–256, hier S. 249–251.

INDES, 2017–3, S. 21–36, © Vandenhoeck & Ruprecht GmbH & Co. KG, Göttingen, 2017, ISSN 2191–995X auch in Bezug auf das Institut für Demoskopie (IfD) in Allensbach hat der Argwohn eine lange Geschichte und mittlerweile auch eine breite Literatur hervorgebracht.[2] Besonders in der Frühgeschichte der Bundesrepublik galt das Institut, 1947 in einem umgebauten Bauernhaus im kleinen Allensbach am Bodensee vom Ehepaar Elisabeth Noelle-Neumann und Erich Peter Neumann gegründet, als die erste Adresse der modernen, gewerblichen Meinungsforschung und zugleich bald auch als – wie man dergleichen später nannte – *Thinktank* des Konservatismus und der Christlichen Union.

Richtig daran war, dass Erich Peter Neumann – 1932 noch Kolumnist für die linksrepublikanische *Weltbühne,* nach 1933 Autor im NS-Organ *Das Reich,* von 1961 bis 1965 Bundestagsabgeordneter der CDU – in der Ära Adenauer ein wesentlicher und einflussreicher Ratgeber des ersten bundesdeutschen Kanzlers war, nicht zuletzt deshalb für sein Institut auch beim Presse- und Informationsamt der Bundesregierung ertragreiche Aufträge akquirieren konnte. Und politisch-persönlich fraglos ähnlich eng verbunden war Ehefrau Elisabeth – auch sie in den NS-Jahren als Journalistin für *Das Reich* tätig – später mit Helmut Kohl, der als junger Fraktionsvorsitzender der rheinland-pfälzischen CDU im Landtag mit dem ihm eigenen taktischen Geschick Noelle-Neumann Mitte der 1960er Jahre den Weg auf einen Lehrstuhl am neugegründeten Institut für Publizistik an der Universität Mainz bahnte. So entstand eine zweite Kaderschmiede für die intellektuell umtriebige Chefin des Allensbacher Instituts, das zugleich von den neuen akademischen Weihen seiner zur Professorin berufenen Leiterin hinsichtlich seiner Reputation nach außen profitierte.

Schrieben die Gazetten in dieser Zeit von ihr, so gebrauchten sie unweigerlich die Sentenz von der »Pythia vom Bodensee« oder gar der »Päpstin Elisabeth«.[3] Gleich zweimal machte der *Spiegel* in den 1950er Jahren mit einem Konterfei von Noelle-Neumann auf dem Cover auf.[4] Deren Netzwerk war weit gespannt, ihr Weltbild fraglos streng konservativ, wenngleich nie defensiv, nie elegisch, erst recht nicht resignativ. Ihre Energie, lustvoll und konfliktfreudig Auseinandersetzungen über ihre normativen Interpretationen des institutseigenen Datenmaterials zu führen, war bemerkenswert und polarisierte enorm.[5]

Weithin bekannt und höchst umstritten wurde ihr Erklärungstopos von der »Schweigespirale«. Damit wollte Frau Noelle-Neumann illustrieren, dass Menschen, die sich mit ihrer Auffassung gesellschaftlich minoritär fühlen und diesen Ort schwer ertragen können, ihre Stimme nicht mehr selbstbewusst erheben, sondern in Schweigen verfallen, während das, was als Mainstream und Zeitgeist rezipiert oder von (etwa linksliberalen) Leitmedien systematisch dazu geformt wird, sich noch weiter festigt und fortspannt.

2 Besonders kritisch, aber wiederum auch oft scharf kritisiert ist das Buch von Jörg Becker, Elisabeth Noelle-Neumann. Demoskopin zwischen NS-Ideologie und Konservatismus, Paderborn 2013; hierzu Norbert Grube: Rezension zu: Becker, Jörg: Elisabeth Noelle-Neumann. Demoskopin zwischen NS-Ideologie und Konservatismus. Paderborn 2013, in: H-Soz-Kult, 26.07.2013, URL: http://www.hsozkult.de/publicationreview/id/rezbuecher-20250 [eingesehen am 09.08.2017].

3 Etwa Nina Grunenberg, Die Kartenleger der Politik, in: Die Zeit, 04.03.1983.

4 Vgl. Der Spiegel, 28.10.1953 u. Der Spiegel, 21.08.1957.

5 Vgl. Anja Kruke im Gespräch mit Joachim Scholl, »Elisabeth Noelle-Neumann war schon immer umstritten«, Historikerin zu NS-Vorwürfen gegen die Meinungsforscherin, in: Deutschlandfunk Kultur, 14.05.2013, URL: http://www.deutschlandfunkkultur.de/elisabeth-noelle-neumann-war-schon-immer-umstritten.954.de.html?dram:article_id=246647 [eingesehen am 09.08.2017].

Ebenso exponiert wie kontrovers aufgenommen wurden die Erklärungen der Allensbacher – 1988 trat Renate Köcher an die Seite von Noelle-Neumann in der Leitung des Instituts – zur Verschiebung der Werte insbesondere während der Jahre 1967 bis 1972, was als Trend bis in die 1990er Jahre anhielt. Andere Forscher hatten einen solchen Wandel der Werte gleichermaßen diagnostiziert, aber überwiegend als Freiheitsgewinn und demokratischen Optionszuwachs zunehmend autonomer, an Selbstentfaltung interessierter Individuen besungen. Elisabeth Noelle-Neumann – deren Wertestudien wesentliche Impulse und Förderungen aus dem Katholizismus und intellektuelle Anstöße von Arnold Gehlen erhielten[6] – hingegen konnotierte die Orientierungsverschiebungen weniger freundlich, betrachtete diesen Prozess vielmehr als Verfall traditioneller und für sie konstitutiver Werte.

SKEPTISCHE ZEITHISTORIKER

Am Paradigma des »Wertewandels« entzündete sich in den letzten Jahren unter den Forschern zur Zeitgeschichte eine bemerkenswerte Debatte.[7] Zumindest aus der Distanz zum Fach wirkte diese Auseinandersetzung allerdings ein wenig überspannt. Eine kurze Zeit lang schien gar eine neue Orthodoxie des historischen Purismus aufzuflackern. Was lag an? Die Zeitgeschichte kam mit ihren Forschungs- und Publikationsschwerpunkten immer mehr in die Jahrzehnte hinein, in denen sich nach den Vorgaben von Sozialwissenschaftlern der markante Wertewandel vollzogen habe. Daten, Vokabeln und Etiketten solcher Observanz, insbesondere aus der Soziologie, flossen in die ersten zeithistorischen Darstellungen ein, was eine innerzünftige Fronde auf den Plan rief.[8] Mit Nachdruck pochte sie darauf, dass man Resultate von akademisch-öffentlichen oder gar privat-gewerblichen Einrichtungen der Meinungsforschung nicht einfach für bare Münze, nicht gewissermaßen als rundum objektive Quelle nehmen und gebrauchen dürfe.

Damit hatten sie unzweifelhaft recht; aber das war im Grunde trivial, denn dies galt/gilt für alle Quellengattungen, derer sich Historiker bemächtigen: ob Archivalien, Briefe, Zeitungsartikel, autobiografische Fragmente, wirtschaftswissenschaftliche Statistiken, Patientenakten oder was auch immer. Doch jetzt wurde mehr als die übliche, aufmerksam gegen den Strich bürstende Quellenkritik verlangt, sondern darüber hinaus eine Art exklusive, in sich originär zeithistorische Methodik und Diskursform eingefordert.

Während die Altvorderen der Sozialgeschichte in den 1970er Jahren noch geradezu enthusiastisch eine muntere Interdisziplinarität in die historischen Wissenschaften einzuflechten beabsichtigten und Hans-Ulrich Wehler dabei selbst die Psychoanalyse programmatisch inkludierte, wurde nun zur Vorsicht

6 Siehe Norbert Grube, Seines Glückes Schmied? Entstehungs- und Verwendungskontext von Allensbacher Umfragen zum Wertewandel 1947–2001, in: Bernhard Dietz u. a. (Hg.), Gab es einen Wertewandel?, München 2014, S. 95–119.

7 Jüngst etwa Jenny Pleinen u. Lutz Raphael, Zeithistoriker in den Archiven der Sozialwissenschaften. Erkenntnispotenziale und Relevanzgewinne für die Disziplin, in: Vierteljahrshefte für Zeitgeschichte, Jg. 62 (2014), H. 2, S. 173–195.

8 Siehe Rüdiger Graf u. Kim Christian Priemel, Zeitgeschichte in der Welt der Sozialwissenschaften. Legitimität und Originalität einer Disziplin, in: Vierteljahrshefte für Zeitgeschichte, Jg. 59 (2011), H. 4, S. 479–508; dazu Bernhard Dietz u. Christopher Neumaier, Vom Nutzen der Sozialwissenschaften für die Zeitgeschichte. Werte und Wertewandel als Gegenstand historischer Forschung, in: Vierteljahrshefte für Zeitgeschichte, Jg. 60 (2012), H. 2, S. 293–304.

und Wachsamkeit gegenüber den fatalen Lockungen von spektakulär klingenden Daten sowie pittoresk funkelnden Semantiken anderer Disziplinen aufgerufen. Erst müssten diese Annahmen und Formulierungen dekonstruiert werden, hieß und heißt es in der postsozialhistorischen Generation universitärer Zeithistoriker. Zumindest dürften deren makrotheoretische Großbegriffe nicht als historische Interpretationskategorien durch Akzeptanz nobilitiert werden.

Nun müssen Historiker ja in der Tat noch neue Aufgaben und Herausforderungen finden, auch Ansätze kreieren, die polemisch zu den klassischen Schulen der Vorgänger stehen. Das ist der altbekannte Rhythmus, das bildete noch stets das Signum von Generationswechseln auch und grade in akademischen Fächern. Am Ende läuft es – und mit allem Recht – darauf hinaus, das vorliegende Datenmaterial aus den Sozialwissenschaften auf seine Produktionsbedingungen, auf diskursive Verengungen durch vorgegebene Antwortvarianten und unausgesprochene geistige Prämissen in der Fragestellung, schließlich auf den besonderen historischen, sozialen und kulturellen Kontext hin zu befragen, um dadurch die zunächst vorgetragenen Ergebnisse neu zu gewichten und in eigene, wohlreflektierte Begriffsschöpfungen zu kleiden.

Man wird weiteres Quellenmaterial konterkarierend einsetzen, wird auf die für Historiker typischen Aktenbestände aus allerlei Ämtern, ergänzt durch modernes Material aus Presse, Fotografie, Film etc. zurückgreifen. Und so wird sich sehr wahrscheinlich am Ende durch etliche Einzelstudien aus den Dissertationswerkstätten der diversen Graduiertenkollegs unser Bild über die allerersten Anfänge, das zeitlich ungleiche Versiegen und die vielschichtige Substanz des »normativen Transformationsprozesses«[9], der bislang von den präzeitgeschichtlichen Wissenschaftlern dominant als Wertewandel beschrieben und in den Zeitraum zwischen den späten 1960er und den frühen 1990er Jahren gelegt worden ist, detailreich differenzieren und nuancieren (wenngleich nicht unbedingt grundlegend neu gestalten). Kurzum: Die Zeithistoriker werden einiges »neu lesen«, wie es derzeit gern und häufig heißt.

So soll es sein. Hier, in diesem Stück, wird in einem frühen Stadium – natürlich ganz selektiv und mit durchaus subjektiven Einlassungen versehen – gelesen, was ein Institut für Meinungsforschung an Erkenntnissen aus Erhebungen des letzten Jahrzehnts bislang angeboten hat. Aufgrund seines im Vergleich zu den meisten anderen Instituten sehr viel längeren Daseins ermöglichen die Daten der Allensbacher einen weit gestreckten historisch-komparatistischen Blick auf Einstellungen in unterschiedlichen Abschnitten der bundesdeutschen Geschichte, da viele Fragen im Zeitverlauf von den Interviewern immer wieder neu gestellt worden sind. Insofern liefert das

9 Isabel Heinemann, Wertewandel, in: Docupedia-Zeitgeschichte, 22.10.2012, URL: http://docupedia.de/zg/Wertewandel [eingesehen am 09.08.2017].

Institut vom Bodensee nicht nur je für sich stehende Momentaufnahmen, sondern macht auch auf Veränderungen und Neukompositionen der Orientierungsdepots in der Bevölkerung aufmerksam. Die Interpretationsfreude – manche pflegen zu sagen: der politisch angetriebene Interpretationseifer der hauptsächlichen Publizierer aus Allensbach in der Bataille um Begriffe und Bedeutung – ist gewiss ein Markenzeichen, das vielen – besonders auch im Wirtschaftsbürgertum – zusagt und andere – in linksliberalen Verkehrskreisen – zu schroffen Zweifelsbekundungen über die wissenschaftliche Dignität der Studien des »Instituts für Demoskopie« reizt.

Der Verfasser gesteht, dass er für einige Eigenarten des »Allensbacher Ansatzes« ein kleines Faible hat. Es ist nicht der politische Konservatismus, aber doch ein Teil der gewissermaßen konservativen Anthropologie in der Sicht auf Gesellschaft, die ihn selbst und ganz unabhängig davon in seinen Studien über Milieus und Weltanschauungen stets geleitet hat. Die Allensbacher schauen auf in langen Strecken geformte Werte, die nicht einfach während der immer rapider aufblühenden und verebbenden medialen Erregungszyklen komplett erschüttert werden. Den angeblich überragenden Einfluss von medialem *Agenda Setting* halten (oder hielten) sie für überschätzt. Zumindest in den Zeiten von Noelle-Neumann hob man demgegenüber die ausschlaggebende Rolle von »Meinungsführern« hervor, die in allen Milieus – also keineswegs ausschließlich bei den sozialen und kommentierenden Eliten – existieren, durch Artikulationsfreude wie überdurchschnittliche Informiertheit auffallen und als Multiplikatoren in ihren Lebenswelten prägend etwa auf Wahlentscheidungen Einfluss zu nehmen vermögen.[10] Dass nichts wirksamer sei als der persönliche Gesprächskontakt, betonten Allensbacher wieder und wieder, was gewiss kein unwesentliches Korrektiv gegenüber der insbesondere in den späten 1990er Jahren üblich gewordenen Favorisierung von Marketingspezialisten und Spindoktoren als Leitfiguren moderner Wahlkämpfe darstellt.

Nicht ungern verfolgt hat der Verfasser auch die Neigung Noelle-Neumanns, die Tage um Weihnachten und Neujahr, an denen das Volk zur Ruhe kam und viel Zeit für ausgiebige Gespräche im Verwandtschaftskreis besaß, als Weichenzeiten von (neuer) Meinungsbildung zu beobachten.[11] Die frühere Leiterin des Allensbacher Instituts war fest davon überzeugt, dass sich jeweils zwischen Heiligabend und den ersten arbeitsfreien Tagen der neuen Jahre 1995, 1996 und 1997 die Hegemonie der Lafontaine'schen Sozialkampfstrategien in den Wohnzimmern der Deutschen aufgebaut hat, was letztendlich in den Wahlsieg der Sozialdemokraten bei den Bundestagswahlen 1998 mündete. Doch scheint dieser Blickwinkel in der Nachfolge der Institutsgründerin nicht mehr mit der gleichen Verve eingenommen worden zu sein.

10 Siehe Elisabeth Noelle, Wahlkampf der Meinungsführer, in: Frankfurter Allgemeine Zeitung, 14.08.2002.

11 Siehe Elisabeth Noelle, Die Weihnachtspause, in: Frankfurter Allgemeine Zeitung, 24.01.2001.

WENIGER AMERIKA, MEHR EUROPA?

Was zeigen nun die Allensbacher Meinungserkundungen? Offenbar waren die Nullerjahre ein Jahrzehnt, in dem die Deutschen die Amerikaner zu lieben verlernten. Viele Jahre hatten sie sich auf die Amerikaner verlassen, hielten sie für einen guten und sicheren Partner der eigenen Nation. Aber damit war es jetzt vorbei. Über Jahrzehnte hatte etwa die Hälfte der Bürger auf die kontinuierlich gestellte Frage der Allensbacher Sozialforscher: »Welches Land der Welt betrachten sie als besten Freund Deutschlands?«, zur Antwort gegeben: die Vereinigten Staaten von Amerika.[12] Eine solche Wertschätzung taten 2003 jedoch nur noch elf Prozent kund. Seit 1957 hatte das IfD den interviewten Personen als Alternativpositionen vorgelegt: »ich mag die Amerikaner« bzw. »ich mag sie nicht besonders«. Stets überwogen die Sympathisanten des Amerikanischen; Mitte der Nullerjahre indes hatten sich die Proportionen umgekehrt.

Die Vorbehalte waren in der Tat kräftig geworden. Als stärkste Bedrohung für den Weltfrieden machten die Deutschen 2005 den Iran, Nordkorea und den Irak aus.[13] Auf Platz vier aber rangierten schon die USA. Beziehungen zu Russland wurden bessere Werte attestiert als jenen zu den Vereinigten Staaten. Und von Wladimir Putin hatten die Deutschen 2005 eine deutlich freundlichere Meinung als von Georg W. Bush, in dem sich sämtliche Pfeile der bundesdeutschen Amerikakritik trafen.[14] Bush und der Krieg im Irak verkörperten all das, was den Bundesbürgern nunmehr an den alten Freunden jenseits des Atlantiks missfiel. Das Misstrauen erstreckte sich in diesem Zusammenhang auch auf die allerdings schon zuvor nicht sonderlich geliebten Briten, die unter Tony Blair in treuer Gefolgschaft zu den USA die militärischen Interventionen begrüßt und mitvollzogen hatten.

Die neue Gunst der Deutschen gehörte nach 2003 den Franzosen, denen sie zu Beginn der Bundesrepublik noch mit erheblichem Argwohn begegnet waren.[15] Allerdings dämpften sich die freundlichen Gefühle für das Nachbarland mit der Präsidentschaft des im Vergleich zu Angela Merkel so irritierend übertourig agierenden Nicolas Sarkozy ab. Das war offenkundig der Eindruck von vielen Deutschen in diesem Jahrzehnt: Ganz so fest wie noch in den bundesdeutschen Jahrzehnten zuvor sollte man sich vielleicht nicht auf die bislang wichtigsten Partnerländer verlassen.

Aber auf Europa? Auch da ließen die Deutschen Bedenklichkeiten und trübe Gedanken in ihren Einstellungen zu; wenngleich sich die Besorgnisse über die Entwicklung der europäischen Integration in den Nullerjahren nie mehrheitlich zu einer schroffen Distanz oder prononcierten Gegnerschaft steigerten. Die Majorität der Deutschen blickte im ersten Jahrzehnt des neuen

12 Vgl. Thomas Petersen, Der Tanz mit dem Tiger, in: Frankfurter Allgemeine Zeitung, 23.01.2008.

13 Vgl. Elisabeth Noelle, Auf dem Weg zur selbstbewussten Mittelmacht, in: Frankfurter Allgemeine Zeitung, 16.03.2005.

14 Vgl. Elisabeth Noelle, Nach den Vereinigten Staaten wird »Erbfeind« Frankreich zum besten Freund, in: Frankfurter Allgemeine Zeitung, 18.05.2005.

15 Vgl. Elisabeth Noelle, Die Deutschen haben großes Vertrauen zu Frankreich, in: Frankfurter Allgemeine Zeitung, 14.05.2003.

Jahrhunderts nicht mit Lust oder freudiger Neugier auf eine neue Zukunft der Völkerfreundschaft ihres lange von blutigen nationalen und ethnischen Konflikten durchfurchten Kontinents. Die Haltung der Deutschen zeichnete sich vielmehr durch Desinteresse, Indifferenz, Fatalismus aus. Das machtpolitische Gewicht der europäischen Einrichtungen wuchs in diesem Jahrzehnt mehr und mehr. Die Aufmerksamkeit dafür aber stagnierte im Volk auf niedrigem Level.

Allein in den Wochen, als mit dem Euro am 1. Januar 2002 das neue Zahlungsmittel eingeführt wurde, war die stärkere Beachtung eines europapolitischen Kernthemas festzustellen.[16] Ansonsten: Die meisten Bürger wussten nicht recht, was da in Straßburg oder Brüssel getrieben und entscheiden wurde. Die wesentlichen Akteure waren ihnen unbekannt. Nur eine Minderheit artikulierte das Bedürfnis, über Ereignisse und Personen aus den zentralen Arenen der europäischen Entscheidungswelt in den heimischen Gazetten und elektronischen Medien ausführlicher informiert zu werden.[17] Für die große Mehrheit blieb die nationale Politik der Ort, an dem das geschah, was für das eigene Leben die größten Auswirkungen hatte – eine »geradezu bizarre Unterschätzung«[18] des Gewichts etwa der Europäischen Kommission, wie Renate Köcher rügte. Bemerkenswerterweise war die Gleichgültigkeit in Bezug auf die europäischen Verhältnisse am stärksten bei den unter Dreißigjährigen anzutreffen.[19]

In den 1950er Jahren hatte das IfD bei den Zustimmungswerten zur Idee der Vereinigten Staaten von Europa noch konstant über achtzig Prozent gemessen. Auch in den 1980er Jahren ermittelte das Institut ungebrochen Mehrheiten unter den deutschen Bürgern, die für raschere Integrationsschritte auf der europäischen Ebene eintraten. Solche Mehrheiten waren in den Nullerjahren perdu. Je kräftiger die Europäische Union voranschritt, desto mehr nahm die Zustimmung hierzu ab. Die Deutschen wollten es nun langsamer haben.

Der Kulminationspunkt in dieser Reserve gegenüber europäischen Integrationsdynamiken lag im Jahr 2004, als die Osterweiterung der EU vollzogen wurde. Diese Maßnahme stieß auf Ablehnung, besonders stark im östlichen Teil des seit 1990 vereinten Deutschland. Und hier manifestierte sich eine markante Kluft zwischen der Bevölkerungsmehrheit und den sogenannten Eliten in Wirtschaft und Politik, wie überhaupt im Jahr 2004 vieles geschah, was diesen Riss verdeutlichte und verschärfte. Denn während die Führungsgruppen aus der politischen Klasse und dem gewerblichen Bürgertum mit höchst optimistischen Erwartungen der Osterweiterung applaudierten, plagten einen großen Teil der Bundesdeutschen Ängste, ob in diesem Vorgang Stabilität, Wohlstand und Sicherheit zu wahren sein würden.[20]

16 Vgl. Elisabeth Noelle-Neumann, Europa wird interessant, in: Frankfurter Allgemeine Zeitung, 16.05.2001.

17 Vgl. Elisabeth Noelle-Neumann, Europa – kein Thema, in: Frankfurter Allgemeine Zeitung, 10.05.2000.

18 Renate Köcher, Die ignorierte Macht, in: Frankfurter Allgemeine Zeitung, 17.12.2003.

19 Vgl. Thomas Petersen, Der Kampf Europas mit der Gleichgültigkeit, in: Frankfurter Allgemeine Zeitung, 21.05.2008.

20 Vgl. Renate Köcher, Beklommenheit vor dem historischen Schritt, in: Frankfurter Allgemeine Zeitung, 21.04.2004.

AUF SICHERHEIT KAM ES AN

Sicherheit war den Deutschen wichtig. Das galt auch, vielleicht gar besonders für die Nullerjahre, da die Unsicherheitslagen im Innern, auch und vor allem jenseits der Landesgrenzen, durch Wirtschaftskrisen, Kriege, Bürgerkriege und terroristische Aktionen erheblich zunahmen. Nicht geneigt war die Mehrheit der Deutschen, dem Denken des Gros der Eliten zu folgen, dass deshalb die Sicherheit des Landes am Hindukusch oder sonst wo weit von der Bundesrepublik entfernt zu verteidigen sei. In Kriege wollten die Deutschen nicht verwickelt werden. Das hatten die meisten Bundesbürger schon in den 1990er Jahren zum Ausdruck gebracht, als die Debatten um Auslandseinsätze der Bundeswehr entflammt waren.[21] In den Nullerjahren steigerte sich das Ausmaß an Ablehnung, die am stärksten unter Frauen und Ostdeutschen verbreitet war, noch. Selbst in der Anhängerschaft der CDU stand 2007 eine relative Mehrheit im Lager derjenigen, die sämtlichen Interventionen der eigenen Streitkräfte im Ausland eine Absage erteilten.[22]

Schließlich fürchtete man, sonst den Terrorismus von Fanatikern religiöser oder ideologischer Fundamentalismen ins eigene Land zu holen und sich dann erst recht höchst unsicheren Zuständen auszusetzen. Für diese Besorgnis war der 11. September 2001, der Anschlag auf das World Trade Center, ein entscheidendes Datum.[23] Hernach waren die meisten Deutschen bereit, den Staat und die Polizei zur Abwehr der Terrorgefahr mit zusätzlichen Instrumenten auszustatten, auch wenn dadurch bisherige liberale Bürgerrechte mindestens beschränkt wurden.[24]

Überdies wuchs seit Mitte September 2001 das Misstrauen gegenüber dem Islam. Der Mehrheit der nichtmuslimischen Deutschen waren die streng islamischen Gesellschaften und Gemeinschaften auch deshalb suspekt, weil dort die Religion mit einem ihnen mittlerweile gänzlich fremd gewordenen Ernst praktiziert wurde, der sie, aus deren Alltag die Verbindlichkeit christlicher Gebote und Normen weithin verschwunden war, irritierte, ja ihnen regelrechtes Unbehagen bereitete. Die autochthonen Deutschen gaben sich vielfach erkennbar Mühe, in Befragungen nicht in die Rolle von tumben oder dogmatischen Islam-Feinden zu geraten. Aber ihre Zweifel, ob ein gedeihliches Zusammenleben mit Muslimen innerhalb der Nation ohne gravierenden Konflikt funktionieren möge, verbargen sie nicht.[25]

Eine Ausweitung der Einwanderung hielten die Anhänger nahezu aller Parteien zu Beginn der Nullerjahre auch deshalb weit mehrheitlich für unverkraftbar – von der CDU/CSU und der SPD über die FDP bis hin zur PDS; allein die Sympathisanten der Grünen bildeten eine Ausnahme.[26] Das Gros der Bundesbürger wollte die Einwanderung gesetzlich klar gesteuert, die

21 Siehe Elisabeth Noelle u. Thomas Petersen, Ein Hauch von Isolationismus, in: Frankfurter Allgemeine Zeitung, 24.01.2007

22 Vgl. Renate Köcher, Der Preis der Freiheit und Sicherheit, in: Frankfurter Allgemeine Zeitung, 17.10.2007.

23 Vgl. Elisabeth Noelle-Neumann, Nach der Zeitenwende, in: Frankfurter Allgemeine Zeitung, 14.11.2001.

24 Vgl. Renate Köcher, Neue Agenda der inneren und äußeren Sicherheit, in: Frankfurter Allgemeine Zeitung, 17.10.2001.

25 Vgl. Renate Köcher, Die Herausforderung durch den Islam als Chance, in: Frankfurter Allgemeine Zeitung, 15.12.2004.

26 Vgl. Renate Köcher, Die Bevölkerung fordert ein Einwanderungsgesetz, in: Frankfurter Allgemeine Zeitung, 20.12.2000.

Aufnahme von Ausländern gedrosselt sehen. Eine vernünftige operative Umsetzung trauten sie indes den rot-grünen Regenten nicht zu. In kaum einem anderen Bereich der Politik projizierten die Wähler, nach Maßgabe der Allensbacher Umfragen, so große Kompetenzerwartungen auf die CDU/CSU wie hier, in der Regulation von Einwanderung.[27]

DURCHGRÜNT ODER NEU VERBÜRGERLICHT?

Eine rot-grüne Gesinnungshegemonie also wiesen die Nullerjahre nicht aus. Schon viele Autoren haben die Auffassung vertreten, dass Rot-Grün im Grunde zu spät an die Macht gekommen sei, dass eine solche politische Allianz eigentlich zum Geist der Zeit vor Ende der 1980er Jahre, vor dem Fall der Mauer, besser gepasst hätte. Doch kam im Herbst und Winter 1989/90 bekanntlich unversehens die Stunde von Helmut Kohl. Durch die deutsche Vereinigung mit all den materiellen Folgeproblemen verlor im Folgenden die Attraktivität postmaterieller Bedürfnisse und Weltsichten erst recht an Boden. Und es war dann auch nicht die mittlerweile verblasste Ausstrahlung einer libertären Kultur, die Sozialdemokraten und Grüne 1998 in das Bundeskabinett katapultierte, sondern die in zwei Richtungen gesandte Botschaft, die sozialen und materiellen Schwierigkeiten der Republik nun endlich energischer anzugehen als die zuletzt ausgelaugt wirkende Kohl-Regierung: mehr soziale Gerechtigkeit für die unteren und mittleren Schichten, ökonomische und ökologische Innovationen als Versprechen für die Frauen und Männer in den Kraftzentren der Wirtschaft und anspruchsvollen Dienstleistungen.

Aber man darf diesen Argumentationsstrang auch nicht übertreiben. Die Wertetransformationen, die oft mit postmateriellen Orientierungen gleichgesetzt werden, hatten die Einstellungen und Dispositionen in der deutschen Gesellschaft zwar nicht im Ganzen radikal umgekehrt, aber doch in einigen Lebensbereichen kontinuierlich umgemodelt. Das bezeugen ebenfalls die Allensbach-Daten für die Nullerjahre. Vor die Alternative gestellt, sich in einem Konfliktfall entweder für größtmögliche Sicherheit oder aber für die Freiheit der Bürger in ihrem Schutz vor einer Ausdehnung der Kontrollen und Überwachungen zu entscheiden, sprach sich im Jahr 2007 zwar in der Tat eine relative Mehrheit für die Sicherheitsoption aus; aber immerhin 45 Prozent insistierten auf dem Freiheitspostulat.

Auch in der Ausländerfrage war der Anteil derer, denen mittlerweile zu viele Zugezogene aus anderen Ländern in Deutschland lebten, zwischen 1984 und 2007 von 79 Prozent auf 53 Prozent zurückgegangen (obwohl in diesem Zeitraum die reale Ausländerzahl von 4,4 Millionen auf 7,3 Millionen angewachsen war). Mitte der 1980er Jahre bekannten sich dreißig Prozent der

27 Vgl. Renate Köcher, Die Mitte ist weder rot noch schwarz, in: Frankfurter Allgemeine Zeitung, 20.02.2002.

Westdeutschen dazu, mit in Deutschland ansässigen Ausländern befreundet/gut bekannt zu sein; 2008 taten dies im neuen Deutschland schon 46 Prozent, was nicht am Zuwachs durch die neuen Bundesländer lag; im Gegenteil: Hier war die Beziehungsquote zu Ausländern mit 22 Prozent besonders niedrig.[28]

Die leichte Durchgrünung und emanzipatorische Veränderung der Gesellschaft zeigte sich in der Verschiebung des Familienbilds. Dass sich die Politik bei ihren Förderungsplänen nicht mehr einseitig an der klassischen Vorstellung von der Frau als häuslicher Ehehälfte und Mutter orientierte, sondern sich nun die Erleichterung einer Kombination von Kindererziehung und Berufstätigkeit generell zum Ziel setzte, wurde ihr zunehmend positiv angerechnet.[29] Zu Beginn der Nullerjahre standen die Grünen auf der einen Seite noch stark unter Beschuss von enttäuschten, früheren Kernwählern, die ihrer bisher präferierten Partei Verrat an den Prinzipien aus der Gründerzeit vorwarfen. Aber dafür wuchs auf der anderen Seite die Zahl der Deutschen, die in den Grünen keine zur Gewalt neigenden Radikalinskis und utopischen Spinner mehr vermuteten, sondern ordentliche, dabei idealistische, sozial eingestellte, in der Summe löblich engagierte Menschen. Im Jahr 2005 erklärten rund die Hälfte der Bundesbürger, für gut zu halten, dass es Grüne gebe, da diese die Sensibilität für die Gefährdungen der Umwelt geweckt hätten und wachhalten würden.[30]

Als aufrichtige Schützer von Umwelt und Natur wollten sich die Deutschen in den Nullerjahren mehrheitlich verstanden wissen, was die Allensbacher Interpreten mitunter regelrecht verdross, weil sie sich an der von ihnen beobachteten romantischen wie schwärmerischen Attitüde störten, besonders im Fall der regenerativen Energien.[31] Fragten die Allensbacher, wie im Jahr 2005, die Bundesrepublikaner nach den zukunftsträchtigen Wirtschaftszweigen, dann schritten im Ranking der Befragten die Branchen Windkraftanlagen und Solarzellen ziemlich vorneweg, jedenfalls vor der pharmazeutischen oder chemischen Industrie, der Telekommunikation, den Finanzdienstleistungen und dem Maschinenbau. Weit abgeschlagen war erst recht die Kerntechnologie.[32] Nur – und hier lag stets die Grenze postmaterieller Gesinnungsstrenge – kosten durfte die grünliche, libertäre, kosmopolitische Teilzeithaltung nicht zu viel. Die Erhöhung der Ökosteuer stieß im Jahr 2000 auf große Ablehnung.[33] Und Spareffekte wollten die Befragten 2003 in erster Linie mit der Streichung von Fördermitteln für die Integration von Migranten erzielen.[34]

Insofern mochte Sinn machen, die Normenwelt der Deutschen in den Nullerjahren als uneinheitlich, auch durch allerlei wechselhaft spezifische Zeitsituationen gebrochen zu verstehen. Aber die Allensbacher glaubten doch, einen sehr tiefgreifenden, klar konturierten Trend im Deutungshaushalt

28 Vgl. Thomas Petersen, Das zarte Pflänzchen Integration, in: Frankfurter Allgemeine Zeitung, 19.03.2008.

29 Vgl. Renate Köcher, Hohe Erwartung, in: Frankfurter Allgemeine Zeitung, 18.04.2007.

30 Vgl. Renate Köcher, Grüne Götterdämmerung?, in: Frankfurter Allgemeine Zeitung, 20.04.2005.

31 Etwa Renate Köcher, Der Preisschock auf dem Energiemarkt, in: Frankfurter Allgemeine Zeitung, 19.12.2007.

32 Vgl. Renate Köcher, Die mentale Schwäche einer verzagten Nation, in: Frankfurter Allgemeine Zeitung, 16.02.2005.

33 Vgl. Renate Köcher, Damoklesschwert Ökosteuer, in: Frankfurter Allgemeine Zeitung, 18.10.2000.

34 Vgl. Renate Köcher, Gleichmut im Umgang mit einem Schicksalsthema, in: Frankfurter Allgemeine Zeitung, 20.08.2003.

der Nation erkannt zu haben. Und dieser Trend, den sie beschrieben, fand ihr höchstes Wohlgefallen. Denn, so besonders Elisabeth Noelle-Neumann, »der Wertewandel hat seinen Höhepunkt überschritten, die Bevölkerung orientiert sich neu«[35]. Die Gründerin des Allensbacher Instituts stimmte regelrechte Triumphchoräle an. Selbst der Begriff »Elite«, stellte sie zufrieden fest, sei nicht mehr wie in den traurigen Jahrzehnten nach 1967/68 verpönt.[36]

Endlich habe das deutsche Volk wieder begonnen, sich der klassisch bürgerlichen Werte zu besinnen und den zuvor obwaltenden leistungswidrigen, allen Höflichkeitsgeboten hohnsprechenden Zeitgeist hinter sich zu lassen. Dieser Bruch mit dem Wertewandel im Gefolge der Studentenbewegung habe sich bereits in den 1990er Jahren bemerkbar gemacht; nun breche er sich auf breiter Basis unübersehbar Bahn. Dazu hatte sich die Selbstzuweisung eines stattlichen Anteils der Deutschen auf der linken Seite der politischen Skala, so Noelle-Neumann, seit 1990 ordentlich reduziert.

Dergleichen Beobachtungen teilten in jenen Jahren auch andere Meinungsforschungsinstitute mit, ebenfalls die akademische Soziologie an den Universitäten.[37] Gleichwohl ging die Begeisterung der Allensbacher über den Wandel des Wertewandels zulasten der analytischen und begrifflichen Präzision. Im Jahr 2007 boten Elisabeth Noelle und Thomas Petersen zur Erklärung der von ihnen festgestellten Restauration des traditionellen Normengefüges eine Art Zyklentheorie der Wertetransformationen an.[38] Etwa alle dreißig Jahre wechsle der Zeitgeist. Daher hätten die Deutschen in den 1990er Jahren allmählich begonnen, auf die von ihnen über drei Jahrzehnte mehrheitlich gering geschätzten Tugenden, von der Kindererziehung bis zur Arbeitsethik, erneut zurückzugreifen. Im Jahr darauf führte Thomas Petersen, nun in alleiniger Autorenschaft, aus, dass bereits seit zwei Jahrzehnten, also seit den 1980er Jahren, der bürgerliche Tugendkanon – Fleiß, Ordnungsliebe, Sparsamkeit, Streben nach Bildung –, der bis in die späten 1960er Jahre konstant über 250 Jahre das stabile Rückgrat des gesellschaftlichen Wertesystems gebildet habe, sich reetabliere. Der Wertewandel dazwischen sei letztlich nicht mehr als eine vergleichsweise kurze Episode gewesen.[39] Hier also ist von einem Dreißig-Jahre-Zyklus nicht mehr die Rede. Aber ob dreißig Jahre hier, 250 Jahre dort: Beide Hypothesen, einschließlich ihrer Implikationen, werden Historiker gewiss so lustvoll wie streng rupfen.

Es scheint also etwas komplexer zu sein mit den Intervallen und Rhythmen von Werteorientierungen, mehr noch: mit der Identifizierung in knappen Kategorien kohärent gefasster bzw. konstruierter Trends. Dass sich auch in den Nullerjahren etwas tat, was weder recht zum libertär-postmateriellen oder hedonistischen Wertewandel noch zum Wandel des Wertewandels in

35 Elisabeth Noelle, Der Linkstrend ist gestoppt, in: Frankfurter Allgemeine Zeitung, 12.11.2003.

36 Siehe Elisabeth Noelle-Neumann, Die Wiederentdeckung der Bildung, in: Frankfurter Allgemeine Zeitung, 19.06.2002.

37 Etwa Stefan Hradil, Vom Wandel des Wertewandels. Die Individualisierung und eine ihrer Gegenbewegungen, in: Wolfgang Glatzer u. a. (Hg.), Sozialer Wandel und gesellschaftliche Dauerbeobachtung, Opladen 2002, S. 31–47.

38 Vgl. Elisabeth Noelle-Neumann u. Thomas Petersen, Über den Zeitgeist in Deutschland, in: Frankfurter Allgemeine Zeitung, 21.03.2007.

39 Vgl. Thomas Petersen, Das Bürgerliche – ein verwahrloster Garten, in: Frankfurter Allgemeine Zeitung, 14.11.2007.

Richtung klassischer bürgerlicher Prinzipien passte, fiel Renate Köcher zum Ende der Dekade hin auf, da sie sich mit den unter Dreißigjährigen beschäftigte.[40] Diese waren in vielerlei Hinsicht ganz anders: Der ökologische Protest trieb sie nicht mehr an; das Thema Umwelt hatte in dieser Kohorte seinen Reiz eingebüßt, den es in der Generation des 1960/70er-Wertewandels noch in einem parteibildenden Ausmaß angenommen hatte.

Aber an dessen Stelle war auch nicht die alte bildungsbürgerliche Konvention zurückgekehrt. Das Interesse an Literatur und klassischer Musik war in dieser Alternsgruppe signifikant abgeflaut. Erdrutschartig gar waren die Lektüre von Tageszeitungen und damit eine breit angelegte Informationsrezeption zugunsten allein situativ bedarfsspezifischer Recherchen zurückgegangen, wie die zweite Chefin des IfD besorgt registrierte. Zu den neuen bedarfszentrierten Interessen und ihren Medien gehörten nun das Handy, das digitale Fernsehen, die digitale Fotografie sowie Konsumfelder wie Kosmetik oder Mode – alles nicht unbedingt gesellschaftliche oder kulturelle Substrate für Rot-Grün, aber eben auch nicht für die altbürgerlichen Politakteure.

EIN SOZIAL-DEMOKRATISCHES JAHRZEHNT?

Aber was war denn dann der Zeitgeist der Nullerjahre, was die dominierende Orientierungsrichtung der meisten Deutschen? War die deutsche Gesellschaft zu Beginn des 21. Jahrhunderts im Grunde ganz schnöde sozialdemokratisch gepolt? Immerhin gehörte von allen Parteien allein die SPD in diesem Jahrzehnt – sieht man von dessen letzten (gut) zwei Monaten ab – durchweg der Regierung an. Dass in breiten Kreisen der deutschen Bevölkerung eine Art sozial-demokratische Basismentalität auffindbar war, darauf stießen die Allensbacher Erheber immer wieder. Die »soziale Gerechtigkeit« wurde oft und von vielen als ein besonders wichtiges Anliegen genannt. In den Nullerjahren sorgten sich große Mehrheiten der Bundesbürger um den Zustand des Gesundheitswesens und um auskömmliche Rentenzahlungen, fürchteten sich vor einer drohenden Zweiklassenmedizin, wünschten sich faire Löhne und Chancengleichheit. Der wirtschaftlichen Elite mochte der Sozialstaat ein Dorn im Auge sein, aber bei der großen Majorität jenseits der ökonomischen Führungskräfte stand die Forderung nach Verteidigung des Sozialstaats weit oben auf der Liste gesellschaftlicher und politischer Erwartungen.[41]

Und als eine Ouvertüre auf die Nullerjahre konnte man zunächst auch den deutlichen Wahlsieg der zuvor 16 Jahre in die Opposition verbannten Sozialdemokraten Ende September 1998 auffassen. Zwar trat die Ernüchterung über die SPD an der Regierungsmacht schon bald im Jahr 1999 ein. Insgesamt aber gingen die Deutschen wohlgestimmt und mit heiterem Optimismus in

40 Vgl. Renate Köcher, Schleichende Veränderung, in: Frankfurter Allgemeine Zeitung, 20.08.2008.

41 Vgl. Renate Köcher, Die Chancen der SPD, in: Frankfurter Allgemeine Zeitung, 28.10.2009.

das neue Jahrzehnt, neue Jahrhundert, neue Jahrtausend hinein. Der traditionell gewohnte mürrische Pessimismus der Deutschen war im Übergang von 1999 nach 2000 so gut wie verschwunden. Nur noch zehn Prozent der Bürger schauten mit Befürchtungen in die Zukunft. »Nie ist«, staunte selbst die lebenserfahrene Elisabeth Noelle-Neumann im Januar 2000, »in fünfzig Jahren vom Allensbacher Institut ein niedrigerer Wert verzeichnet worden.«[42]

Der Fortschrittsglaube und eine »überschäumende Stimmung«[43] waren zurückgekehrt – fast wie in den Zeiten reformistischen Überschwangs, als 1972 rund sechzig Prozent der Bundesbürger dem Segen der Progressivität vertrauten. Am Ende der Ära Helmut Schmidt war davon wenig übriggeblieben, da nur noch dreißig Prozent die Fortschrittlichkeit priesen. Zwischenzeitlich verzeichneten die Demoskopen etwas bessere Werte, aber 1993 belief sich der Umfang der Fortschrittsgläubigen wieder nur auf 33 Prozent. Doch zu Beginn der Nullerjahre, in der Anfangszeit der Kanzlerschaft Schröders, lag der Anteil der Fortschrittsfreunde erstmals seit den frühen 1970er Jahren, der Anfangszeit der Kanzlerschaft Brandts, wieder über fünfzig Prozent.

Drei Jahre später war alles anders. »Selten waren die Deutschen«, bilanzierte Elisabeth Noelle, »so niedergeschlagen, war die Stimmung so pessimistisch wie zur Jahreswende 2002/03.«[44] Im Januar 2003 schauten so wenige Deutsche hoffnungsvoll in die Zukunft wie kaum einmal sonst in den vorangegangenen Jahrzehnten. Interpretieren konnte man es etwas zugespitzt so: Ein Gutteil der großen Hoffnungen, die noch Ende der 1990er Jahre und zu Beginn der Nullerjahre vorherrschten, hatte durchaus einen sozial-demokratischen Kern. Aber diese sozial-demokratischen Erwartungen wurden ausgerechnet von derjenigen Partei zutiefst enttäuscht, die sich die soziale Demokratie auf ihr programmatisches Panier geschrieben hatte. Das führte zu der Paradoxie, dass die SPD in diesem Jahrzehnt in ungewöhnlich drastischer und nachhaltiger Weise an innerer Substanz, an Vertrauen, Glaubwürdigkeit, Anhängern und Wählern verlor, gerade weil die sozial-demokratischen Anliegen und Ansprüche so dominant in der Bevölkerung waren, die Regierungspolitik jedoch im schroffen Kontrast dazu stand. Jedenfalls nahm es das Gros der Bevölkerung so wahr. Und infolgedessen wurden die sozialdemokratischen Nullerjahre zum Desaster für die SPD als Partei.

Das Misstrauen gegen die Schröder'schen Sozialreformen im Kontext der »Agenda 2010« »wucherte« während der Jahre 2003/04, breitete sich »epidemisch« im Volk aus.[45] Allerdings hat man zu differenzieren: Die Eliten der Wirtschaft und auch weite Teile der Medien zollten dem Bundeskanzler freundlichen Beifall; doch der signifikant größere Teil der Bundesdeutschen sah in den Agendamaßnahmen keine Chancen, sondern elementare

42 Elisabeth Noelle-Neumann, Das Jahrhundert der Arche Noah, in: Frankfurter Allgemeine Zeitung, 19.01.2000.

43 Noelle-Neumann, Weihnachtspause.

44 Elisabeth Noelle, Worüber man in Deutschland spricht, in: Frankfurter Allgemeine Zeitung, 29.01.2003.

45 Renate Köcher, Die Schimäre Generationengerechtigkeit, in: Frankfurter Allgemeine Zeitung, 15.10.2003.

Bedrohungen der eigenen sozialen Existenz. Die bewegenden Themen in diesen Bevölkerungskreisen bildeten Gesundheit und Alterssicherung, natürlich auch die Arbeitslosigkeit. Und überall befürchtete man hier tiefe Einschnitte, markante Kürzungen, gravierende Belastungen.[46] Je prekärer die materielle Lage der Bürger war, desto heftiger fiel ihre Furcht vor den »Sozialreformen« aus. Bei den Besserverdienenden war etwa die »Praxisgebühr« kein sonderlich erregendes Thema; aber bei denen, die nicht zu diesen Privilegierten gehörten, war sie Ende 2003/Anfang 2004 Gegenstand heftigster Empörung.[47]

Gerade auch sozialdemokratische Wähler lehnten die Neuregelungen im Gesundheitswesen mit der Patientenbeteiligung an den Kosten dezidiert ab. »Die Haltung zu Reformen des Sozialstaats«, erkannte Renate Köcher, sei auch »eine Frage eigener Ressourcen und Kräfte.«[48] Lediglich dreißig Prozent der überdurchschnittlich verdienenden Bürger standen der »Agenda 2010« ablehnend gegenüber; bei den Beziehern unterdurchschnittlicher Einkommen lag währenddessen der Anteil Mitte des Jahres 2003 bei 58 Prozent. Die Führungskräfte der Wirtschaft hätten sich gar gern eine noch forschere Gangart von der Politik gewünscht. Zu gut achtzig Prozent schwärmten sie 2004 für die rigide Marktreformerin Margaret Thatcher und deren harten antigewerkschaftlichen Kurs.[49]

In diesen Nullerjahren weitete sich die Kluft zwischen oben und Mitte/unten ausweislich der Allensbacher Daten beträchtlich. Große Teile der Arbeitnehmer fühlten sich nicht mehr im selben Boot vereint mit den Unternehmern. Die jahrzehntelange Überzeugung, dass der ökonomische Erfolg von Unternehmen mit Wohlstandszuwächsen der Arbeitnehmer einhergehe, hatte sich im Laufe der ersten Hälfte der Nullerjahre sukzessive verflüchtigt. Am Ende hatte nicht einmal mehr ein Viertel der Bevölkerung den Eindruck, dass in Deutschland noch eine soziale Marktwirtschaft existierte.[50]

Und da in diesen Jahren der Erosion sozialstaatlicher Gewissheiten ausgerechnet die SPD im Kabinett die Regie führte, wurden es jetzt und hernach bittere Jahre für diese Partei. Die Sozialdemokraten waren 1998 bei den Bundestagswahlen mit der elektoral letztlich erfolgreichen Parole angetreten, die »Gerechtigkeitslücke« zu schließen. Nach sechs Jahren sozialdemokratischer Regierungsführung indes taten nahezu drei Viertel der Bevölkerung kund, dass die »Gerechtigkeitslücke« während der Schröder-Fischer-Jahre nicht kleiner geworden, sondern sogar noch weiter angewachsen sei.[51] Die Sozialdemokraten, schrieb Renate Köcher fast mitleidig, seien »sich selbst fremd geworden«. Es treffe »die Partei, die 1998 den Machtwechsel auch mit dem Versprechen einer in ihrem Sinne gerechteren Politik befördert hatte, in ihren Grundfesten, dass die Politik ihrer Regierung zunehmend als

46 Vgl. Renate Köcher, Angst vor der Zwei-Klassen-Medizin, in: Frankfurter Allgemeine Zeitung, 17.04.2002.

47 Vgl. Elisabeth Noelle, Der Winter des Mißvergnügens, in: Frankfurter Allgemeine Zeitung, 28.01.2004; Dies., Die ungeliebte Gesundheitsreform, in: Frankfurter Allgemeine Zeitung, 17.03.2004.

48 Renate Köcher, Gewöhnung an die Krise, in: Frankfurter Allgemeine Zeitung, 18.06.2003.

49 Vgl. Renate Köcher, Die Machtprobe, in: Frankfurter Allgemeine Zeitung, 16.04.2003.

50 Vgl. Renate Köcher, Die Distanz zwischen Bürgern und Wirtschaft wächst, in: Frankfurter Allgemeine Zeitung, 20.12.2006.

51 Renate Köcher, Die Zerreißprobe, in: Frankfurter Allgemeine Zeitung, 16.06.2004.

sozial unausgewogen empfunden wird. Seit längerem hat die Bevölkerung den Eindruck, dass sich die Regierung nicht einmal um soziale Gerechtigkeit bemüht.«[52]

In der Tat hatte sich die Gerechtigkeitslücke in der Wahrnehmung der Bevölkerung während der Nullerjahre zur breiten Kluft entwickelt, waren die Unterschiede zwischen den sozialen Schichten in Deutschland gewachsen, auch »in Bezug auf Weltbilder und Mentalität«[53]. Die Oberschicht lebte auch in den Nullerjahren wie zuvor in kommoder Zufriedenheit mit den obwaltenden Umständen, in der Mitte und in den unteren Schichten dagegen hatte sich das Missvergnügen über die nunmehr als unzureichend empfundenen materiellen Verhältnisse im Vergleich zum vorangegangenen Jahrzehnt erheblich vergrößert. Für die regierende SPD waren das niederschmetternde Bewertungen – und das besonders von Zugehörigen jener Soziallagen, welche die Partei über fast 150 Jahre als Herz und Seele ihrer Weltanschauung und Organisation begriffen hatte.

Die ursächlich für den rasanten Reputationsverlust innerhalb der eigenen Anhängerschaft verantwortlichen Vorgänge lagen in den Jahren 2003/04; mit Beginn der Großen Koalition beschleunigte sich der Abwärtstrend noch weiter.[54] Gerade bisherige Stammwähler beklagten, das klassische Profil ihrer Partei nicht mehr wiederzufinden, die Konsistenz des politischen Kurses zu vermissen.[55] Selbst der Vorwurf des »Verrats« schien nicht wenigen kein unangemessenes Verdikt zu sein. Ausgerechnet genuine Sympathisanten der SPD zweifelten daran, dass die Sozialdemokraten noch als Anwälte der sozialen Gerechtigkeit handelten.[56] Die Popularitätskurve der SPD kenne mittlerweile, so Renate Köcher 2007, »nur eine Richtung: nach unten«[57]. Zwei Monate vor dem Ausgang der Nullerjahre beschrieb Köcher den Zustand der SPD knapp und kühl als »beklagenswert«; die Partei entfalte keine Strahlkraft mehr, »sie interessiert die meisten nicht einmal«.[58]

DAS ZUTRAUEN IN POLITIK SCHMOLZ GENERELL

Des einen Leid wurde gleichwohl nicht zur großen Freud des anderen. Zwar hatte man das in der Vergangenheit noch in schöner Regelmäßigkeit verfolgen können: Schmolz die Gunst für die eine Volkspartei ab, stieg die Zustimmung zu Politik und Personal der anderen. Aber dieser Erfahrungssatz verifizierte sich nicht mehr in den Nullerjahren, die hierin eine veritable Zäsur markierten.[59] Den Allensbacher Daten zufolge lag der Beginn dieses Wandels ebenfalls im Jahr 2004, nicht erst in den Zeiten der Großen Koalition.[60] Ab 2004 traf die Unzufriedenheit des Mehrheitsteils der Deutschen sämtliche im Bundestag vertretenen Parteien.

52 Renate Köcher, Regieren gegen die öffentliche Meinung, Frankfurter Allgemeine Zeitung, 18.02.2004.

53 Renate Köcher, Statusfatalismus der Unterschicht, in: Frankfurter Allgemeine Zeitung, 16.12.2009.

54 Vgl. Renate Köcher, Die SPD hat viel aufzuholen, in: Frankfurter Allgemeine Zeitung, 22.04.2009.

55 Vgl. Renate Köcher, Nach dem Sündenfall, in: Frankfurter Allgemeine Zeitung, 17.12.2008.

56 Vgl. Renate Köcher, Die Koalition schwächt die SPD, in: Frankfurter Allgemeine Zeitung, 22.02.2006.

57 Renate Köcher, Im politischen Niemandsland, in: Frankfurter Allgemeine Zeitung, 15.08.2007.

58 Köcher, Chancen der SPD.

59 Vgl. Schon Elisabeth Noelle, Ein dramatischer Wahlkampf, in: Frankfurter Allgemeine Zeitung, 25.09.2002.

60 Vgl. Renate Köcher, Intakte Profile der Parteien, in: Frankfurter Allgemeine Zeitung, 18.10.2006.

Bezeichnend war die Grundstimmung in den letzten Monaten vor der Bundestagswahl 2005. Hatte sich in früheren Wahljahren im Vorfeld des jeweiligen Wahlsonntags noch regelmäßig die Identifikation mit einer Partei erhöht, blieb dieser Effekt diesmal offenkundig aus.[61] Zwar optierte eine Mehrheit für einen Regierungswechsel, aber rund siebzig Prozent der Bürger erwarteten nicht, dass es dadurch besser würde.[62] Im Gegenteil: Eine beachtliche Anzahl der Deutschen fürchteten bei einem bürgerlichen Bundeskabinett weitere Dezimierungen der von der Mehrheit ganz unzweifelhaft goutierten Sozialstaatlichkeit. Das enttäuschende Wahlresultat für die CDU/CSU 2005 hatte eben damit zu tun.

Vier Jahre später fielen die Ergebnisse für die Merkel-Union mit 33,8 Prozent der Voten noch ein Stück trauriger aus. Doch reichte es diesmal für eine Koalition Merkel-Westerwelle, weil sich die Zahl derjenigen, die sich vor neoliberaler Radikalität bei der Kanzlerin fürchteten, nach den beruhigenden Erfahrungen der vorangegangen vier Jahre sehr gemindert hatte. Die hartnäckige sozialstaatliche Sicherheitsmentalität der Deutschen hatte einen angelsächsisch inspirierten Marktdogmatismus vereitelt.

Am Ende, dann auch der Nullerjahre, präsentierte sich die Gefühlslage der Deutschen schließlich paradox: Im Juni 2009 wünschten sich 62 Prozent der Bundesbürger einen Regierungswechsel (1998 waren es 51, vier Jahre später 52 Prozent); aber nur 28 Prozent rechneten damit, dass sich dadurch etwas Bedeutsames verändere.[63]

Kurzum: Am Anfang der Nullerjahre vibrierten große Hoffnungen, zur Mitte des Jahrzehnts zogen depressive Wolken über die Nation, am Ende der Dekade waltete politischer Fatalismus im Land.

61 Vgl. Renate Köcher, Das Unglück der SPD, in: Frankfurter Allgemeine Zeitung, 31.08.2005.

62 Vgl. Renate Köcher, Entscheidungen voller Unbehagen, in: Frankfurter Allgemeine Zeitung, 17.08.2005.

63 Vgl. Renate Köcher, Nüchterne Wechselstimmung, in: Frankfurter Allgemeine Zeitung, 17.06.2009.

Prof. Dr. Franz Walter, geb. 1956, ist Professor für Politikwissenschaft an der Universität Göttingen.

VOLKSPARTEIENEROSION UND SCHWARZ-BLAUE *WENDE*

DIE NULLERJAHRE IN ÖSTERREICH

Ξ Peter Filzmaier

Die Nationalratswahl in Österreich am 3. Oktober 1999 fand nach 13 Jahren – seit 1986 – einer Koalition der Traditionsparteien SPÖ und ÖVP statt. Sowohl die Strukturen und politischen Handlungsweisen der Parteien als auch diese Regierungsform per se waren jedoch seit längerer Zeit in der Diskussion, inwiefern sie und das dahinterstehende Verständnis von Politik noch zeitgemäß seien. Hinzu kam, dass die rot-schwarzen Regierungspartner anders als beim Wiederaufbau bis in die 1960er Jahre oder bei der Vorbereitung des österreichischen EU-Beitritts in den 1980er und 1990er Jahren kein großes gemeinsames Ziel mehr verfolgten.

DER WEG ZUR KOALITION VON ÖVP UND FPÖ

Das war ein besonderer Mangel, weil in den allgemeinen Politikfeldern immer häufiger die logischen Widersprüche zwischen der Mitte-Links-Orientierung der Sozialdemokraten und dem Mitte-Rechts-Status von bürgerlichen bzw. konservativen Christdemokraten auftraten. Mühsame Kompromisse, die als kleinster gemeinsamer Nenner erschienen, waren die Folge. Auch handelte es sich um ein Bündnis wider Willen, nachdem die ÖVP bereits 1995 vorzeitige Neuwahlen ausgelöst hatte und man sich lediglich mangels Alternativen – die SPÖ schloss jedwede Zusammenarbeit mit der FPÖ aus, die ÖVP hätte mit dieser eine mit bloß einem Mandat abgesicherte und somit politisch hochriskante Mehrheit gehabt – wiederum in einer Koalition zusammenfand. Solche Rahmenbedingungen begünstigten den Aufstieg der rechtspopulistischen Freiheitlichen Partei (FPÖ) unter ihrem Parteichef Jörg Haider sowie die Gründung weiterer Parlamentsparteien – der Grünen als ursprünglich sozialer (Umwelt-)Bewegung 1986 und des bis 1999 im Nationalrat vertretenen Liberalen Forums (LIF) als Abspaltung von der FPÖ.

Das Ergebnis der Wahl (für alle Wahlergebnisse 1999 bis 2006 siehe Abbildung 1) ergab für die SPÖ als Kanzlerpartei massive Verluste an Stimmen, Prozentzahlen und Mandaten (ein Minus von fast fünf Prozentpunkten und sechs Mandaten) sowie noch größere Zugewinne der FPÖ (plus elf Mandate). Demgegenüber hielt die ÖVP zwar ihre Mandatszahl bei leichten

Stimmenverlusten stabil; allerdings wurde sie von der FPÖ bei den abgegebenen Voten knapp überholt. Die Grünen konnten ihren Stimmenanteil von 4,8 auf 7,4 Prozent und um vier Mandate steigern. Sonstige Parteien zogen nicht ins Parlament ein.

Wahl	1995	+/-	1999	+/-	2002	+/-	2005
Wahlberechtigte	5.768.099	*70.274*	5.838.373	*74.219*	5.912.592	*195.300*	6.107.892
abgegeben	4.959.455	*-264.230*	4.695.225	*287.036*	4.982.261	*-188.481*	4.793.780
Wahlbeteiligung	85,98%	*-5,56%*	80,42%	*3,85%*	84,27%	*-5,78%*	78,49%
gültig	4.844.173	*-221,819*	4.622.354	*287.291*	4.909.645	*-201,364*	4.708.281
ungültig	115.282	*-42.411*	72.871	*-255*	72.616	*12.883*	85.499
	2,32%	*-0,77%*	1,55%	*-0,09%*	1,46%	*0,32%*	1,78%
SPÖ	1.843.474	*-311.026*	1.532.448	*260.051*	1.792.499	*-128.513*	1.663.986
Stimmenprozente	38,06%	*-4,91%*	33,15%	*3,36%*	36,51%	*-1,17%*	35,34%
Mandate	71	-6	65	4	69	-1	68
ÖVP	1.370.510	*-126.838*	1.243.672	*833.161*	2.076.833	*-460.340*	1.616.493
	28,29%	*-1,38%*	26,91%	*15,39%*	42,30%	*-7,97%*	34,33%
	52	0	52	27	79	-13	66
FPÖ	1.060.377	*183.710*	1.244.087	*-752.759*	491.328	*28.270*	519.598
	21,89%	*5,02%*	26,91%	*-16,90%*	10,01%	*1,03%*	11,04%
	41	11	52	-34	18	3	21
GRÜNE	233.208	*109.052*	342.260	*122.720*	464.980	*55.150*	520.130
	4,81%	*2,59%*	7,40%	*2,07%*	9,47%	*1,58%*	11,05%
	9	5	14	3	17	4	21
BZÖ							193.539
							4,11%
							7
LIF	267.026		168.612		48,083		
	5,51%		3,65%		0,98%		
	10						

Abbildung 1: Ergebnisse der Nationalratswahlen in Österreich von 1995 bis 2006 in Stimmen, Prozent und Mandaten[1]

»Als Dritter gehen wir in Opposition!« Das hatte Wolfgang Schüssel als Vizekanzler sowie Obmann und Spitzenkandidat seiner Partei ÖVP vor der Wahl angekündigt. Offenkundig handelte es sich dabei um eine Mobilisierungsstrategie. 18 Prozent der ÖVP-Wähler trafen ihre Entscheidung erst in den letzten Wochen vor dem Wahltag – ein eindeutig höherer Anteil als unter Wählern der SPÖ und FPÖ.[2] Zwölf Prozent der Präferenten der ÖVP entschieden sich gar erst in den letzten Tagen, was den Erfolg der Mobilisierung belegt.

1 Siehe Bundesministerium für Inneres (BMI), Wahlen und Volksbegehren, URL: http://bmi.gv.at/wahlen [eingesehen am 27.06.2017]. Eine interaktive Sammlung aller Teil- und Gesamtergebnisse von Nationalrats-, EU- und Landtagswahlen in Österreich seit 1945 bietet die Wahldatenbank des Instituts für Strategieanalysen (ISA): Siehe Wahldatenbank Österreich, URL: http://wahldatenbank.at [eingesehen am 27.06.2017]. Die Angaben unter dem Stimmenergebnis einer Partei sind die entsprechenden Prozentwerte und die Mandatszahl. Enthalten sind aus Gründen der Vereinfachung und des Bezugs zum Artikel nur Parteien, die im Tabellenzeitraum in den Nationalrat einzogen; der Rest auf 100 Prozent der Stimmen verteilt sich somit auf jeweils mehrere Kleinstparteien.

2 Vgl. Fritz Plasser u. a., Analyse der Nationalratswahl 1999: Muster, Trends und Entscheidungsmotive, Wien 1999, S. 8, URL: http://members.chello.at/zap-forschung/download/nrwahl99.pdf [eingesehen am 02.07.2017].

Die Wählerstromanalysen (SORA 1999) zeigen,[3] dass – neben Verlusten aller Parteien an das Nichtwählerlager – die SPÖ etwa zehn Prozent ihrer früheren Wähler an die FPÖ verlor. Insgesamt verzeichnete die SPÖ eine Behalterate von nur 74 Prozent. Die ÖVP hatte ihr im Verhältnis zur SPÖ und den Umfragen unerwartet gutes Ergebnis einer höheren Behalterate (78 Prozent) und geringeren Verlusten an die Nichtwähler zu verdanken. Trotzdem verlor die ÖVP, genau wie die SPÖ, zehn Prozent ihrer Anhänger von 1995 an die FPÖ, die im Umkehrschluss entsprechend kräftig profitierte.

Die schon erwähnten Spätentscheider für die ÖVP wiesen einen formal hohen Bildungsgrad auf und waren einerseits in »white collar«-Berufen als Angestellte und Unternehmer und andererseits in freien Berufen tätig. Zudem wurden sie von den Fernsehdiskussionen der Spitzenkandidaten, in denen die erwähnte Oppositionsansage ein wichtiges Thema war, in ihrer Entscheidung beeinflusst. Neben den – für die ÖVP jahrzehntelang typischen – Wahlmotiven der Interessenvertretung, der Wirtschaftskompetenz und Tradition gaben immerhin je rund vierzig Prozent aller ÖVP-Wähler an, mit ihrer Stimme instabile Verhältnisse und die Überflügelung der ÖVP durch die FPÖ verhindern zu wollen.[4] Speziell die ÖVP-Wechsler von kleineren Parteien waren in ihrem Wahlverhalten dadurch geprägt.

Wer die FPÖ – die unter Männern und geschlechtsunabhängig bei Arbeitern zur stärksten Partei wurde – wählte, tat das aus subjektiver Sicht vor allem, um Missstände und Skandale aufgedeckt zu sehen und die politischen Verhältnisse mit »frischem Wind« zu durchlüften; rund zwei Drittel machten entsprechende Angaben. Da »Denkzettelmotive« vergleichsweise schwächer waren, lässt sich daraus ein Wandel in den Einstellungen der FPÖ-Wähler von der reinen Protestorientierung hin zur Regierungsbereitschaft folgern.

Betrachtet man allerdings sowohl die Wahlkampfstrategien als auch die daraus resultierenden Wählmotive der Präferenten von ÖVP und FPÖ, so erscheint es paradox, dass sich ausgerechnet diese beiden Parteien anschließend zu einer Koalition zusammenfanden. Auch die taktisch kluge Ankündigung der ÖVP, bei einem Abrutschen auf Platz drei in die Opposition zu gehen, hatte darauf abgezielt, in eine direkte Konfrontation mit der FPÖ eintreten zu können – wobei neben Differenzen bei Inhalten und politischem Stil auch die Fragen der politischen Stabilität und Berechenbarkeit im Mittelpunkt standen. Begründet lag die Zusammenarbeit einer Mitte-Rechts- und einer Rechtspartei als selbst ernannte »Wenderegierung« letztlich wohl ganz wesentlich und profan in dem Umstand, dass zuvor die SPÖ von 1970 bis 1999 ohne Unterbrechung Wahlerste und Kanzlerpartei gewesen war und von 1971 bis 1983 sogar mit einer absoluten Mehrheit der Nationalratsmandate alleine regiert hatte.

3 Siehe Institute for Statistical Research and Analysis (SORA), Wahlanalysen, URL: http://www.sora.at/themen/wahlverhalten/wahlanalysen.html [eingesehen am 27.06.2017.]

4 Vgl. Plasser, S. 14 f.

DIE WAHLEN 2002 ALS »JAHRHUNDERTWÄHLERSTROM« UND DER ABSTURZ DER FPÖ

2002 erlebte Österreich in vorgezogenen Neuwahlen nach dem Scheitern der schwarz-blauen Koalition von ÖVP und FPÖ einen historischen Nationalratswahltag. Nie zuvor hatte es in der Geschichte der Zweiten Republik derart starke Veränderungen im Wahlergebnis gegeben. Die ÖVP gewann über 15 Prozentpunkte und 27 Mandate, die FPÖ verlor sogar fast 17 Prozentpunkte und 34 Mandate. Damit wurde die ÖVP erstmals seit 1966 stimmenstärkste Partei, die SPÖ fiel trotz eines Zugewinns auf den zweiten Platz zurück. Der Stimmenanteil der FPÖ hatte sich mehr als halbiert, die Grünen blieben viertstärkste Partei, allerdings mit nur einem Prozentpunkt Rückstand auf die Freiheitlichen. Was war geschehen?

In der FPÖ war eine Führungskrise ausgebrochen, die zwischen dem Regierungsteam und dem langjährigen Parteichef Jörg Haider als parteiinterner Streit zugleich medial heftig ausgetragen wurde. Die Situation eskalierte endgültig auf einem Parteitag im steirischen Knittelfeld, auf dem ein Kompromiss- und Konsenspapier von Haiders Verbündeten auf offener Bühne im wörtlichen Sinn zerrissen wurde. Die Folge bei der FPÖ waren Rücktritte von Vizekanzlerin Susanne Riess-Passer, Finanzminister Karl-Heinz Grasser und Klubobmann Peter Westenthaler.

Die ÖVP nutzte diese Krise geschickt aus und verkündete Neuwahlen, in denen sie extrem viele freiheitliche Wähler für sich gewinnen konnte. Ihre Strategie während des Wahlkampfes bestand darin, zu Jörg Haider und den »Knittelfelder Rebellen« auf Distanz zu gehen und Riess-Passer sowie Grasser gleichzeitig ausdrücklich zu loben. Inhaltlich gelang es der ÖVP, sich mit FPÖ-Themen wie der Asylpolitik und der Warnung vor einer rot-grünen Koalition zu positionieren.

Vor diesem Hintergrund entschied die Wahl einerseits die Zufriedenheit mit der Regierungsarbeit, vor allem der Wirtschaftspolitik und dem »Nulldefizit«. Andererseits galt die FPÖ nun weithin als »nicht regierungsfähig«; zahlreiche Wechselwähler verknüpften ihre Abwendung von Jörg Haider mit der Entscheidung, »daher diesmal Schüssel« zu wählen. Der laut SORA 2002 größte und alles dominierende Wählerstrom in dieser Nationalratswahl war folglich die Wanderung von 633.000 FPÖ-Wählern – das waren über zehn Prozent der Wahlberechtigten (!) – zur ÖVP. Die zweitgrößte Wanderungsbewegung vollzog sich mit 148.000 Stimmen von der FPÖ zur SPÖ, in die Gegenrichtung marschierten hingegen nur 14.000 Stimmbürger. Die starke Mobilisierung von Nichtwählern kam als zweitwichtigstes Phänomen dieser Wahl hinzu. Sie nutzte allen Parteien, am meisten jedoch der ÖVP.

Die ÖVP stellte den amtierenden Bundeskanzler, Wolfgang Schüssel, in den Fokus, flankiert von dem Versprechen, den »Reformkurs« fortzusetzen, sowie den erwähnten Warnungen vor einer rot-grünen Koalition. Grassers Entscheidung, als »Mitglied im Kompetenzteam der ÖVP« im Fall eines schwarzen Wahlsiegs unverändert als Finanzminister zur Verfügung zu stehen, und die zunehmende Kritik an der rot-grün regierten Bundesrepublik Deutschland als Nachbarland begünstigten diese Strategie. Die Wahlkampfstrategie der FPÖ hingegen erwies sich nach den innerparteilichen Turbulenzen als in keiner Weise konsistent.

Prompt wurde unter allen Spitzenkandidaten Schüssel als »bester« Wahlkämpfer gesehen – in einer fiktiven Kanzlerdirektwahl hätte er die absolute Mehrheit der Stimmen erhalten. Besonders groß war der Vorsprung der ÖVP unter berufstätigen Männern mit in formeller Hinsicht niedrigem Bildungsgrad – einer Wählergruppe, die zuletzt überdurchschnittlich für die FPÖ gestimmt hatte. Zugleich belegte die ÖVP[5] unter berufstätigen Frauen den ersten Platz. Unter den Arbeitern war die FPÖ 1999 noch mit einem Stimmenanteil von 47 Prozent zur mit Abstand stärksten Partei geworden; 2002 wählten hier nur mehr 16 Prozent die Freiheitlichen, was primär der SPÖ zugutekam. Unter den Angestellten konnte die ÖVP 14 Prozentpunkte zulegen – auch dies zulasten der FPÖ.

Das Wahlergebnis ergab eine Konstellation, der zufolge die ÖVP mit SPÖ, FPÖ und Grünen gleichermaßen über rechnerische Mehrheiten verfügte. Nach multiplen Verhandlungen entschied sich Schüssel für eine Neuauflage der Zusammenarbeit mit der FPÖ und damit für den politisch schwächsten Partner. Das bedeutete einen zusätzlichen Machtgewinn, ging allerdings auf Kosten der Regierungsstabilität, da die Konflikte in der FPÖ keineswegs beendet waren. 2005 kam es schließlich zur Parteispaltung: Jörg Haider und die neue Regierungsmannschaft sowie vor allem die Kärntner Landesorganisation gründeten das Bündnis Zukunft Österreich (BZÖ). Diesmal entschied sich Schüssel gegen Neuwahlen, die somit planmäßig 2006 stattfanden.

Seitens der ÖVP lauteten die zentralen Wahlkampfbotschaften[6] Kontinuität und Berechenbarkeit, ergänzt um die Warnung vor einem »rot-grünen Chaos nach deutschem Vorbild«. Im Mittelpunkt der christdemokratischen Kampagne stand der Bundeskanzler Wolfgang Schüssel, der die Fortsetzung des Wendeprojekts versprach und die Wirtschaftskompetenz als traditionelles ÖVP-Thema betonte.

Vor allem nach den Wahlen 2002 und der Bildung einer neuerlichen Koalitionsregierung mit der FPÖ im Februar 2003 konstruierte die ÖVP für die Regierungsarbeit ein Botschaftendreieck, das aus den Eckpunkten

5 Vgl. Fritz Plasser u. Peter A. Ulram, Analyse der Nationalratswahl 2002: Muster, Trends und Entscheidungsmotive, Wien 2002, URL: http://members.chello.at/zap-forschung/download/nrwahl2002.pdf [eingesehen am 02.07.2017].

6 Zur Botschaftenstrategie der Parteien im Artikelzeitraum vgl. Peter Filzmaier, Rahmen und Grundregeln politischer Kommunikation in Österreich, in: Ders. u. a. (Hg.), Mediendemokratie Österreich, Wien 2007, S. 13–36.

Schwarz-Blau
Schwarz-Blau

Nachhaltigkeit, Gerechtigkeit und Sichere Zukunft bzw. Zukunft und Sicherheit bestand. Konsequent wurden Verweise auf die vorzeitig gescheiterte ÖVP/FPÖ-Koalition von 2000 bis 2002 vermieden und stattdessen zukunftsorientierte Formulierungen verwendet. Die ÖVP konnte im Botschaftendreieck viele auch längerfristige Vorhaben platzieren: Bildungs- und Heeresreform für eine sichere Zukunft, Wirtschafts- und Umweltprojekte als nachhaltiges Konzept, Angleichung der Pensionen und Familien- bzw. Frauenförderung als Gerechtigkeitsnachweis usw.

Die akzentuierte Zentralstellung des Themas Sicherheit zum Jahreswechsel 2003/04 führte zu einem Austausch des Botschaftendreiecks, dessen Ecken nun mit Engagement (für eine »starke« Politik, für den Rechtsstaat, für die Regierungsmacht), Sensibilität (für eine Wahrung humanitärer bzw. christlicher Grundsätze) und Konsequenz (gegen Kriminalität/Terrorismus, doch möglicherweise auch gegen eine zur Instabilität führende Fundamentalopposition) bezeichnet wurden. 2006 schließlich wurde das ÖVP-Botschaftendreieck insofern erweitert und abermals abgeändert, als vor dem Hintergrund sozio-ökonomischer Sorgen und Zukunftsängste, eines steigenden Harmoniebedürfnisses auf dem Wählermarkt und einer markanten Führungskrise in der SPÖ aufgrund der BAWAG-ÖGB-Affäre erstens Sichere Zukunft, zweitens Gemeinsamkeit und Konsens sowie drittens Stabilität und Berechenbarkeit zu Eckpunkten gemacht wurden.

POLITISCHE KOMMUNIKATIONSFORMEN DER »WENDE« UND IHR ENDE IN DEN WAHLEN 2006

Als die ÖVP 2002 im Bund triumphierte, wurde medial gemutmaßt, dass auch auf Landesebene eine Serie von Wahlsiegen folgen würde. Die Argumentation klang plausibel: Fortgesetzt kräftige Verluste der FPÖ bei künftigen Wahlen waren leicht zu prognostizieren; und dass die »blauen Stimmen« mehrheitlich zur ÖVP wandern würden, schien angesichts der Wählerwanderungsströme bei der Nationalratswahl ebenso naheliegen. Es zeigte sich jedoch bald, dass ab 2003 auch die SPÖ im Pool der Ex-FPÖ-Wähler fischen konnte. Zudem verlor die ÖVP selbst in den meisten Landtagswahlen große Stimmenmengen sowohl an ihren Erzrivalen als auch an die Gruppe der Nichtwähler. In Salzburg im März 2004 und in der Steiermark im Oktober 2005 kam es sogar zum schwarzen »Supergau«: Zwei Landeshauptleute gingen verloren.

Der Grund dafür: Die SPÖ hatte der ÖVP in der Zwischenzeit ihrerseits ein wirksames Botschaftendreieck entgegengesetzt. Unter den Eckpunkten »Wende der Wende«, »Weil der Mensch zählt« und »Soziale Sicherheit« konnten wechselweise die Rücknahme von Studien- oder Ambulanzgebühren, ein gemäßigter Kurs für ein ausgeglichenes Budget (»Sinnvoll Sparen« durch den Verzicht auf Abfangjäger) sowie die Themen Pensionen und Kinderbetreuung angesprochen werden. In einer Zwischenoffensive 2005 wurde später versucht, den bislang von der ÖVP besetzten Zukunftsbegriff mit dem Slogan »Österreich verdient eine bessere Zukunft« zu erobern. 2006 wurde das Dreieck durch die Botschaften »Was die Menschen wirklich interessiert« (Arbeit, Bildung, Gesundheit), »Gegen die soziale Kälte« und »Sichere Zukunft« modifiziert.

Die Nationalratswahl 2006 versprach somit von der Ausgangslage her einige Spannung und wartete im Endeffekt mit einer Überraschung auf. Nach der Abspaltung des BZÖ von der FPÖ und dem Wahlantritt des EU-Parlamentariers Hans-Peter Martin mit einer eigenen Liste hatten erstmals sechs Parteien eine realistische Chance, ins österreichische Parlament einzuziehen. Letztlich schaffte es die SPÖ unter Alfred Gusenbauer knapp vor der Kanzlerpartei ÖVP auf Platz eins – und das trotz eines im Frühjahr 2006 ausgebrochenen Skandals um die BAWAG. Im Gefolge der Krise der Bank, die im Besitz des österreichischen Gewerkschaftsbundes und damit in einer zumindest optischen Nähe zur SPÖ stand, hatten die Sozialdemokraten ihren in den Umfragen lange verteidigten Vorsprung eingebüßt. Eine mangelnde Mobilisierung und ein offenbar zu wenig auf Emotionen setzender Wahlkampf der Volkspartei kosteten diese aber den bereits sicher geglaubten Sieg; auch der sonst oftmals nützliche Kanzlerbonus konnte ihr diesmal nicht zum Erfolg verhelfen.

Auffällig war vor allem der hohe Anteil an Wählern,[7] die ihre Entscheidung erst wenige Tage vor der Wahl als »last minute deciders« trafen. Ihr Anteil betrug 15 Prozent, was gegenüber 2002 einen Anstieg um fünf Prozentpunkte bedeutete; bei den Wechselwählern waren es gar 35 Prozent. Die Zahl der »late deciders« in den letzten Wochen vor dem Wahltag betrug 24 Prozent – wobei sich darunter viele Zuwanderer zur SPÖ befanden. Die SPÖ lag in den höheren Altersgruppen vorne und erreichte in der formal untersten Bildungsschicht – hier hatten 1999 viele die FPÖ gewählt – mit 48 Prozent beinahe jeden zweiten Wähler. Das mit Abstand ausschlaggebendste Motiv für die Wahl der SPÖ war aus Sicht ihrer Wähler die Sicherung der Arbeitsplätze in Verbindung mit dem Einsatz gegen eine Kürzung sozialer Leistungen. Das Botschaftendreieck der SPÖ hatte sich somit durchgesetzt.

7 Vgl. Fritz Plasser u. Peter Ulram, Die Wahlanalyse 2006: Wer hat wen warum gewählt?, Presseunterlage, Wien 2006, S. 5, URL: http://members.chello.at/zap-forschung/download/wahlanalyse%202006.pdf [eingesehen am 02.07.2017].

Hinzu kam die Meinung ihrer Wähler, dass die ÖVP/FPÖ-Regierungskoalition versagt habe – rund vierzig Prozent der SPÖ-Wähler gaben folgerichtig als Motiv an, eine Fortsetzung der Regierung Schüssel verhindern zu wollen.

Stimmenstärkste Partei 2006 wurde also die SPÖ, wenngleich sie leichte Stimmverluste gegenüber der letzten Nationalratswahl 2002 hinnehmen musste. Mit starken Verlusten belegte die ÖVP mit ihrem Spitzenkandidaten und Bundeskanzler Wolfgang Schüssel den zweiten Platz. SPÖ und ÖVP erhielten 68 bzw. 66 von 183 Mandaten, was den Verlust von einem Abgeordneten für die Sozialdemokraten und 13 für die Volkspartei bedeutete. Am Ende gelang sogar den Grünen dank der Wahlkarten zum ersten Mal, die FPÖ auf Bundesebene zu überholen und mit elf Prozent der Stimmen sowie 21 Mandaten knapp Dritter vor den ebenfalls, allerdings weniger kräftig verbesserten Freiheitlichen zu werden. Der kleine Regierungspartner BZÖ schaffte dank eines großen Wahlerfolges in Kärnten, wo die Partei mit Jörg Haider, dem langjährigen und sehr erfolgreichen ehemaligen FPÖ-Parteiobmann, über einen amtierenden Landeshauptmann, sprich: Ministerpräsidenten, verfügte, die notwendigen vier Prozent an Stimmen zu erreichen und in den Nationalrat einzuziehen.

In den Wählerstromanalysen zeigte sich,[8] dass die SPÖ an das Nichtwählerlager in geringerem Ausmaß Stimmen abgab als die ÖVP. Verluste an die FPÖ wurden durch Zugewinne von der ÖVP ausgeglichen. Zudem verzeichneten die Sozialdemokraten bei dieser Wahl mit achtzig Prozent die höchste Behalterate – eine Rate, die bei der ÖVP 72 Prozent, bei der FPÖ gar nur 49 Prozent betrug. Gewonnen jedoch hatte die FPÖ im Vergleich zu ihrem schlechten Resultat 2002 vor allem von den Großparteien ÖVP und SPÖ, von ersterer dabei mehr als von letzterer

Angesichts des Ergebnisses der Nationalratswahl 2006 verblieb als einzig realistische Regierungsvariante die Neuauflage der Großen Koalition zwischen SPÖ und ÖVP. Bereits der Beginn der Verhandlungen der beiden beinahe gleichstarken Parteien gestaltete sich schleppend und schwierig, der dennoch zustande gekommene Koalitionspakt hielt lediglich zwei Jahre bis zu den vorgezogenen Neuwahlen 2008; dennoch folgten seither ausschließlich Neuauflagen dieses Regierungsbündnisses. Mit dem Ergebnis, dass zum Ende der Nullerjahre die Zustimmungskrise der beiden Volksparteien jene vom Beginn des Jahrzehntes sogar noch überstieg.

8 Siehe SORA.

Peter Filzmaier, geb. 1967, Politikwissenschaftler, ist Lehrstuhlinhaber und Professor für Politische Kommunikation an der Donau-Universität Krems und der Karl-Franzens-Universität Graz sowie geschäftsführender Gesellschafter des Instituts für Strategieanalysen (ISA) in Wien.

TRAGEN BESCHÄFTIGTE WIEDER IHRE HAUT ZU MARKTE?

ARBEIT UND GESUNDHEIT IN DEN NULLERJAHREN

Ξ Karina Becker

»Crisis? What Crisis?« titelte die britische Zeitung *Sun* am 11. Januar 1979 und ironisierte damit ein Interview mit Premierminister James Callaghan, der darin versuchte, die aufgeheizte Stimmung im Land herunterzuspielen. Statt sich um die zahlreicher werdenden Arbeiterstreiks im Zuge der wirtschaftlichen Probleme Großbritanniens zu kümmern, verfolgte der Premierminister der Labour-Partei einen Beschwichtigungskurs und leitete damit (freilich unintendiert) die Machtübernahme Margaret Thatchers und der Konservativen ein. Die berühmt gewordene Schlagzeile der *Sun* lässt sich indes auch losgelöst von ihrem historischen Kontext lesen. Fast vierzig Jahre später brach sich – brachial oder eher schleichend – gleich eine ganze Reihe von Krisen Bahn, die in vielfacher Weise miteinander verschränkt waren. Namentlich die globale Finanz- und Wirtschaftskrise 2007–09 hat zu tiefgreifenden, weltweiten Verwerfungen geführt, deren Folgen bis heute auszumachen sind.

Weniger präsent und vielfach verdrängt sind Störungen der Mensch-Natur-Beziehungen, die sich in einer ökologischen Krise manifestieren, aber auch die »innere Natur« der Beschäftigten in einer Weise betreffen, die zulässt, von einer Krise der Beschäftigtengesundheit zu sprechen. Die ökologische Krise gründet auf einer Wachstumslogik, die in ihrer derzeitigen industriell-karbonisierten Gestalt zumindest die Quellen gesellschaftlichen Reichtums untergräbt.[1] Aber auch die Krise der Beschäftigtengesundheit zeigt, dass es zum Wesen des Kapitalismus gehört, Arbeit einerseits als zentrale Ressource und Quelle von Wertschöpfung zu bestimmen, im unablässigen Rationalisierungsprozess andererseits genau diese zentrale Ressource immer wieder in Gefahr zu bringen. Von Letzterem zeugt der drastische Anstieg psychischer Belastungen, der sich seit etwa Anfang der Nullerjahre auch statistisch nachweisen lässt.

Zugleich gilt: Es ist nicht die Arbeit an und für sich, die krank macht oder Befriedigung verschafft – keine Arbeit zu haben, kann bekanntlich ebenfalls krank machen. Vielmehr sind es die Bedingungen, unter denen Arbeit

1 Das Zusammenwirken von ökologischer und ökonomischer Krise wird aktuell am DFG-Kolleg »Postwachstumsgesellschaften« an der Friedrich-Schiller-Universität Jena prominent beforscht, siehe URL: http://www.kolleg-postwachstum.de/.

verrichtet wird, von denen abhängt, ob Erwerbsarbeit eher eine positive Wirkung entfaltet und damit eine Quelle von Gesundheit ist – oder umgekehrt mit gesundheitlichen Belastungen und Gefährdungen verbunden ist, die auch zu Krankheit führen können. Die Verwertung der menschlichen Arbeitskraft hat deshalb etwas von einem Nullsummenspiel, in dem Gewinne auf der einen Seite mit Verlusten auf der anderen Seite einhergehen. Das können materielle Nachteile (Einkommen) und geringere Chancen in Form beruflichen Aufstiegs ebenso sein wie Einbußen bei der Lebensqualität, dem (Wohl-)Befinden oder der körperlichen und psychischen Unversehrtheit.

GEMEINSAMKEITEN DER KRISENHERDE

Die Krise der Beschäftigtengesundheit könnte in den Worten des bekannten HIRES-Report geradezu das »Ausmaß einer Pandemie annehmen«[2]. Dies ist auch darauf zurückzuführen, dass die Folgen organisationaler Umbrüche bislang lediglich auf die direkt messbare, wirtschaftliche Dimension rekurrieren, die Langzeiteffekte betrieblicher Restrukturierungen auf die Gesundheit von Beschäftigten indes bislang allenfalls am Rande in den Blick genommen worden sind.

Die Ursachen der Finanzmarkt- und Gesundheitskrise weisen dabei eine Reihe von Gemeinsamkeiten auf: Beide Krisen haben ihren Ursprung in den wachsenden Problemen des Kapitalverwertungsprozesses seit den 1970er Jahren – insbesondere in den Produktionsüberkapazitäten der global agierenden Industriezweige. Hinzu kam der Wandel in der politischen Ökonomie der Wohlfahrtsstaaten, in dessen Verlauf die öffentliche Daseinsvorsoge und öffentliche Güter entweder privatisiert oder ökonomisiert wurden. Die Jagd nach profitablen Kapitalanlagemöglichkeiten führte einerseits zu den Verwerfungen im Banken- und Versicherungssektor des Finanzmarktkapitalismus – mit den bekannten Folgen auch für die Realwirtschaft. Auf der Suche nach Möglichkeiten, die Renditen auf das eingesetzte Kapital zu verbessern, wurden andererseits im produzierenden und nicht-finanziellen Dienstleistungsgewerbe neue Strategien zur »Optimierung« der Unternehmensprozesse und Arbeitsorganisation entwickelt, die weitreichende Restrukturierungsprozesse nach sich zogen. Die Ausrichtung der Unternehmen am Markt bzw. ihre Steuerung durch Instrumente der Marktzentrierung (bspw. durch variable, an das Arbeitsergebnis gekoppelte Entgelte und Zielvereinbarungen) führte vielerorts zu einer Aufweichung etablierter Arbeitsstandards.

Für die Beschäftigten bedeutet dies, dass sie mit einer erhöhten Arbeitsintensivierung, steigenden Flexibilitätsanforderungen und dem Verlust vormals etablierter Beschäftigungsgarantien konfrontiert werden.

2 Dabei handelt es sich um die Veröffentlichung einer europäischen Expertengruppe: Thomas Kieselbach u. a., Gesundheit und Restrukturierung. Innovative Ansätze und Politikempfehlungen, München 2009, S. 18.

Sozialversicherungspflichtige Beschäftigung, Vollzeitarbeit und unbefristete Arbeitsverträge geraten in Konkurrenz zu atypischen, vor allem prekären Anstellungsverhältnissen – darunter meist geringfügige Beschäftigung, Leiharbeit und zunehmend auch Werkverträge. Es sind diese Prozesse des Wandels infolge immerwährender Reorganisation und des Verlusts etablierter Standards, die als Ursachen der Gesundheitskrise in den Betrieben zu sehen sind.

Der betriebliche Wandel hat sich in einem Umfeld vollzogen, in dem zwar zunächst noch mit dem Arbeitsschutzgesetz von 1996 der betriebliche Arbeits- und Gesundheitsschutz auf eine verbesserte gesetzliche Grundlage gestellt wurde (zum Beispiel durch die Institutionalisierung der Gefährdungsbeurteilung). Seither stand (und steht) aber unter dem Siegel der »Entbürokratisierung« ein legislativer Kahlschlag auf der Tagesordnung, der etwa in der geradezu skelettierten Arbeitsstättenverordnung seinen Ausdruck findet. Bestandteile dieses Umfeldes sind auch gewandelte gesellschaftliche und betriebliche Diskurse: Nicht die Verbesserung problematischer Arbeits*verhältnisse*, sondern der Erhalt der eigenen Beschäftigungsfähigkeit durch gesundheitsförderliches *Verhalten* steht heute hoch im Kurs – dies schon deshalb, weil betrieblicher Arbeits- und Gesundheitsschutz als Kostenfaktor neu definiert worden und damit unter Rechtfertigungsdruck geraten ist.

IM WIDERSTREIT: ARBEIT UND GESUNDHEIT

Nun ist das Verhältnis von Arbeit und Gesundheit schon immer ein zentrales Konfliktfeld im Kapitalismus gewesen, das in unterschiedlichen historischen Gesellschaftsformationen stets neu ausgehandelt wurde. Dem Kampf gegen problematische Arbeitsbedingungen waren bereits die Reformen der 1880er Jahre geschuldet. Sie bedeuteten einen noch zaghaften Versuch der Korrektur einer drastischen Kommodifizierung der Arbeitskraft in der frühkapitalistischen Phase und leiteten eine Entwicklung ein, die sich in der Nachkriegsphase des Fordismus fortsetzte. Die Einschränkung der Warenförmigkeit der Arbeitskraft schließt grundsätzlich die Beschränkung der Warenförmigkeit der Beschäftigtengesundheit mit ein. Die Auseinandersetzung um die Transformation von Arbeitskraft in konkrete Arbeit ist so stets auch eine Auseinandersetzung um den Grad der Vernutzung von Gesundheit.

Spätestens seit dem Fordismus gehört eine unversehrte Beschäftigtengesundheit zu den Elementen des zeitgenössischen Rechtfertigungssystems des Kapitalismus. Betrachtet man die Statistiken der letzten zehn Jahre, wird jedoch deutlich, dass Arbeit und Gesundheit aktuell wieder verstärkt im Widerstreit stehen und ein nachhaltiger Gesundheitserhalt der Erwerbsarbeit untergeordnet wird. Gemessen an den (vertraglich fixierten) Arbeitsstunden arbeiten Beschäftigte zwar heute nicht mehr als in den 1960er Jahren; doch haben sich die Vernutzungsbedingungen der Arbeitskraft in einer Weise verändert, die zu einer massiven Zunahme des Arbeits-, Zeit- und Leistungsdrucks und infolgedessen auch zu einem erneuten Anstieg körperlicher Belastungen geführt hat.

Neue Ansprüche, Erwartungen und Tätigkeitsformen in der Arbeitswelt werden zu Quellen neuer Belastungen, die sich den Beschäftigten vor allem als Widersprüche zwischen Handlungsanforderungen und -möglichkeiten oder auch als Missverhältnis von eigenen und durch das jeweilige Unternehmen fremdgesetzten Arbeitszielen und -standards präsentieren. Die zunehmende Ablösung tayloristischer Kontrolle durch neue Formen der Selbstregulierung im Marktkapitalismus führt nicht etwa dazu, dass die »alte« Frage: »Warum arbeiten die Arbeiter?«, obsolet wird – vielmehr bedarf sie einer Erweiterung. Es gilt empirisch zu erforschen, aus welchen Motiven sich Arbeiter nicht nur in das System abhängiger Beschäftigung begeben (hierfür können materielle Gründe angeführt werden), sondern weshalb sie ihre Arbeitskraft vielfach vollends der Organisation und/oder der Tätigkeit zur Verfügung stellen.

Eine Antwort darauf gibt der Wandel von Koordination und Kontrolle von Arbeit: Wenn Unternehmen gelingt, Bindungen zu erzeugen, die eine andere Handlungsmotivation hervorrufen als die Verfolgung von Eigeninteressen, führt das zu einer Selbstbeanspruchung der Arbeitskraft, die möglicherweise auf kurze Sicht zu Höchstleistungen mobilisiert, bei der die protektiven Faktoren bzw. *Copingressourcen* mittel- und langfristig jedoch nicht mehr ausreichend puffernd auf das Stressgeschehen wirken können. Neben materiellen Gratifikationen, Arbeitserfolg und Anerkennung, die entweder direkt eine positive Wirkung auf das Wohlergehen und die Gesundheit haben oder als indirekt wirkende Ressourcen zum Belastungsabbau führen, kann die freiwillige Verausgabung von Arbeitsleistung auch auf moralischer Integration, Loyalität oder einer starken inhaltlichen Identifikation mit der Tätigkeit beruhen, die sich in vielen Fällen in einem ausgeprägten Berufsethos dokumentiert. Diese Mechanismen stehen indes nicht unveränderlich und jederzeit abrufbar zur Verfügung; dies auch deshalb nicht, weil sie vielfach in ein wechselhaftes Markt- und Organisationsumfeld eingebettet sind und damit immer wieder neu rekonstruiert werden müssen.

Die erfolgreiche Nutzung der eigenen Arbeitskraft resultiert zudem in hohem Maße aus dem personalen Gesundheitszustand und wirkt umgekehrt auch ihrerseits auf sie/ihn zurück. Die Gesundheit ist demnach Voraussetzung und Resultat der Selbst-Kommodifizierung der Arbeitskraft. So ist es einerseits mittlerweile zu einer von den einzelnen Tätigkeiten und Branchen nahezu unabhängigen Anforderung geworden, dass sich Beschäftigte möglichst selbständig um die eigene *employability* kümmern; andererseits wird jenen Arbeitskräften, die arbeitsbedingt keine Olympiareife mehr erreichen, nahegelegt, sich auf dem »externen Arbeitsmarkt« nach einer Stelle umzuschauen, weil sie für das Unternehmen nicht mehr tragbar sind. Während Unternehmen – insbesondere, wenn sie ihr Personal auf Nachfragemärkten rekrutieren – lediglich auf die hinreichende Reproduktion der Arbeits*kraft* angewiesen sind, ist für die Beschäftigten existentiell wichtig, ihr individuelles Arbeits*vermögen* zu erhalten.

BETRIEBLICHER HANDEL MIT DER BESCHÄFTIGTENGESUNDHEIT

Beschäftigte bringen immer schon ihre Gesundheit und nicht nur ihre Arbeitskraft in den Arbeitsprozess ein. Während in der Frühphase des Industriekapitalismus der Raubbau an der eigenen Gesundheit im Tausch gegen eine das Überleben sichernde Arbeit wie selbstverständlich zum Alltag der abhängig Beschäftigten gehörte, verschwand dieser informelle »betriebliche Handel« um die konkreten Vernutzungsbedingungen der Ware Arbeitskraft und damit auch der Beschäftigtengesundheit in der Nachkriegszeit des Fordismus nicht etwa – vielmehr erfuhr er bloß einen Formwandel. Bestandteil dieses transformierten Handels war auf der einen Seite die Verbesserung der materiellen Teilhabe, auf der anderen Seite die Inkaufnahme gesundheitsbelastender Arbeitsbedingungen in der fordistischen Massenproduktion. Ausdifferenzierte gesetzliche Vorgaben – für deren Umsetzung machtvolle betriebliche Interessenvertreter Sorge trugen – führten jedoch dazu, dass die Verhandlungsspielräume bei der Ausgestaltung der Arbeitsbedingungen in der fordistischen Phase zugunsten der Beschäftigten genutzt werden konnten. Dies galt zumindest für den

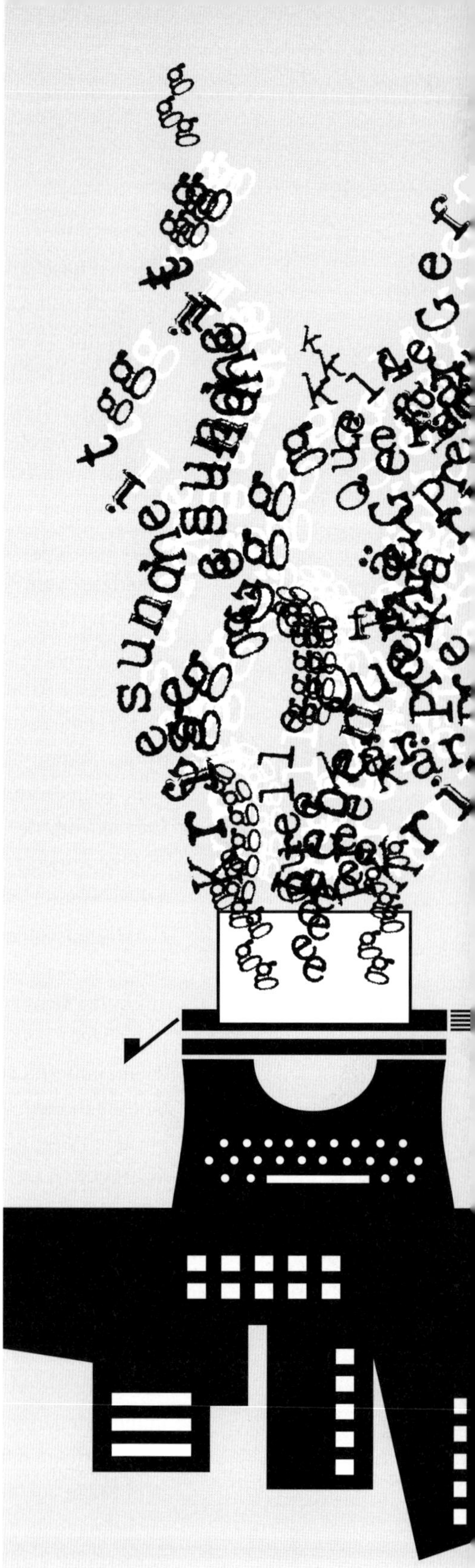

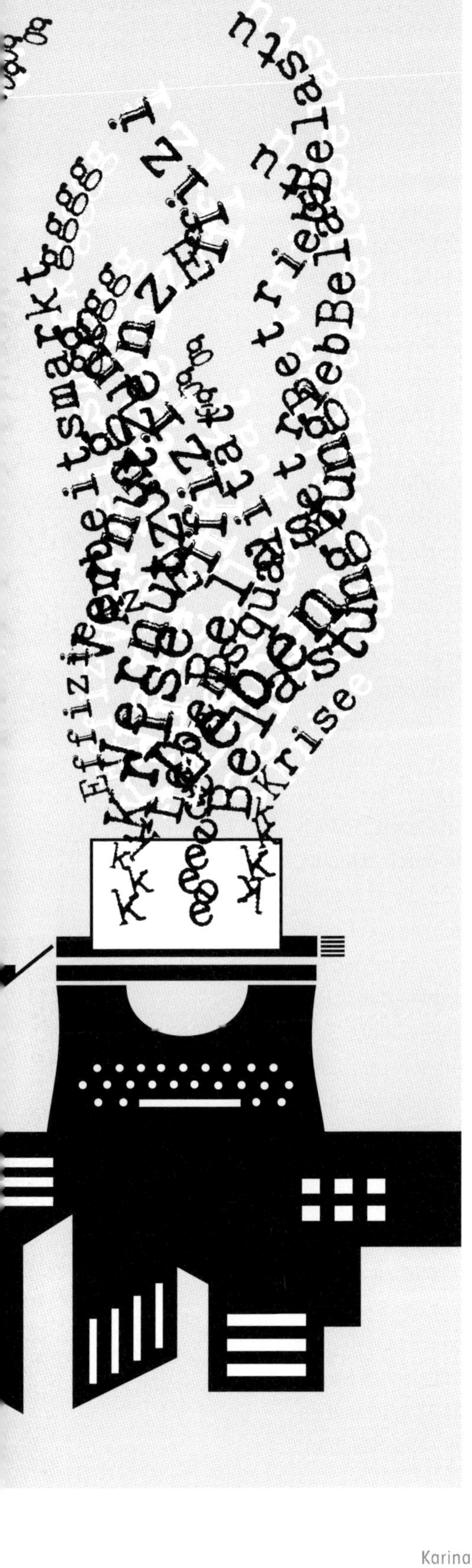

(meist männlichen und nicht-migrantischen) »fordistischen Normalarbeiter«, der in der Regel einer unbefristeten Vollzeitbeschäftigung mit geregelten Arbeitszeiten nachging.

Gleichwohl fand auch in dieser Phase ein betrieblicher Handel statt, bei dem um die Umsetzung vorgegebener Gesundheits- und Sicherheitsstandards in Form eines *do ut des* gerungen wurde. Ein Beispiel dafür ist die sogenannte Erschwerniszulage, die Beschäftigte als Entschädigung für besonders schwere und belastende Tätigkeit zusätzlich zu ihrem Entgelt bekamen. Aus der Perspektive des Arbeits- und Gesundheitsschutzes führte dieser Handel daher immer zu einem faulen Kompromiss – beinhaltete er doch bei den Beschäftigten trotz erheblicher Verbesserungen im Arbeits- und Gesundheitsschutz auch in dieser Periode fortgesetzt Gesundheitsrisiken.

Mit dem Übergang zum Marktkapitalismus wurde die Vertragsgrundlage des fordistischen Tausches dann von der Unternehmensseite vielerorts mehr oder weniger explizit aufgekündigt. Möglich wurde dies durch Deregulierungen auf dem Arbeitsmarkt und im Arbeitsschutz, die zur Folge hatten, dass Beschäftigte und Interessenvertreter »Haltgriffe« verloren, auf die sie sich vormals in den Aushandlungen mit dem Management hatten beziehen können. Infolgedessen kam es zu einer Verschiebung der betrieblichen Machtverhältnisse zulasten insbesondere der prekär Beschäftigten. Waren im Fordismus vor allem Frauen und MigrantInnen, die an den Rändern der Unternehmen eingesetzt wurden, betroffen, so arbeiten – durch die Lockerung des Arbeitnehmerentsendegesetzes befördert – mittlerweile selbst in den Kernbereichen Leiharbeitskräfte und verstärkt auch Werkvertragsnehmer unter gesundheitsverschleißenden Arbeitsbedingungen.

Kurzum: Reduzierte Schutzstandards für einzelne Beschäftigte bzw. Beschäftigtengruppen sind kein gänzlich neues Phänomen; allerdings haben sich die

Selektionskriterien, anhand derer entschieden wird, wem hohe Arbeits- und Gesundheitsschutzstandards zuteilwerden und wer davon ausgeschlossen bleibt, verändert. In den 1970er Jahren sorgte ein Vorschlag der Bundesanstalt für Arbeitsschutz und Unfallforschung (BAU) für Diskussionen, demgemäß Arbeitsplätze mit hohem Gesundheitsrisiko durch krebserregende Stoffe gezielt durch ältere Arbeitskräfte (ab vierzig Jahre) abgedeckt werden sollten, weil die Entstehung des Krebses in der Regel mehrere Jahre dauere und die Betroffenen die Auswirkungen (wenn sie nicht überdurchschnittlich lange leben würden oder besonders krebsanfällig wären) nicht mehr zu spüren bekämen. Dies, so die Begründung der Bundesanstalt, sei wesentlich humaner als – wie derzeit praktiziert – weiterhin auch junge Arbeiter an diesen Arbeitsplätzen einzusetzen, weil diese von den gesundheitlichen Auswirkungen voll betroffen seien und hohe Kosten durch Arbeitsausfall, klinische Behandlung und Rehabilitation verursachten.

Diese Praxis – krank machende und gefährliche Tätigkeiten spezifischen Beschäftigtengruppen zuzuweisen (und andere davor zu bewahren) – hat mit der Ausweitung von »Zwei-Klassen-« zu »Mehr-Klassen-Belegschaften« und deren Verfestigung in den letzten Jahren noch deutlich zugenommen. Der Vorschlag der BAU setzte sich insbesondere aufgrund des Widerstands der Gewerkschaften letztlich nicht durch. Die Erschwerniszulage wird jedoch bis heute Beschäftigten gezahlt, die besonderen Belastungen durch Schmutz, Säure, Gase, Nässe, Lärm oder Gefahren ausgesetzt sind. Ob die »Lösung« nun in einer altersbedingt reduzierten Eintrittswahrscheinlichkeit von Krankheiten besteht oder Belastungen monetär kompensiert werden: In beiden Fällen liegt die Handlungsorientierung auf einer Verschiebung oder gänzlichen Einsparung von Investitionen in den Arbeits- und Gesundheitsschutz. Statt Gesundheitsbelastungen durch eine Veränderung von Produktionsprozessen und Arbeitszeiten (Abschaffung oder Reduktion von Schichtarbeit) sowie der verwendeten Roh- und Hilfsstoffe zu verringern, sollen die Beschäftigten ihre Gesundheitssubstanz dem Unternehmen zur Verfügung stellen.

Der Verbrauch der Gesundheit durch die Beanspruchung von Muskeln, Organen, Nerven und Gelenken durch die Lohnarbeit ist bis heute eine Selbstverständlichkeit. Ein unversehrtes Dasein neben der Erwerbsarbeit und danach im Ruhestand wird – das machen Vorschläge wie jener der BAU deutlich – kaum erwogen. Zugespitzt lässt sich sagen: Das Leben von Beschäftigten wird nach Kriterien verplant und vernutzt, die nach kapitalistischer Lesart einleuchtend sind. Dass den Menschen damit allerdings die Möglichkeit genommen wird, ihr Leben in und außerhalb der Lohnarbeit selbstbestimmt zu gestalten, wird in Kauf genommen.

FAZIT

Die betriebliche Praxis ist seit den Nullerjahren wieder verstärkt vom Zielkonflikt zwischen Kosten und Gesundheit geprägt. Maßnahmen des Arbeits- und Gesundheitsschutzes finden entweder aufgrund rechtlicher Pflichten statt oder müssen sich über ihren positiven ökonomischen Beitrag (bspw. durch die Reduktion der Arbeitsunfähigkeitstage) legitimieren. So zeigen neuere Untersuchungen wie die EU-weite ESENER-Studie (Europäische Agentur für Sicherheit und Gesundheitsschutz am Arbeitsplatz)[3], dass Unternehmen nur dann zum Schutz der Gesundheit ihrer Beschäftigten aktiv werden, wenn ihnen dies gesetzliche Verpflichtungen ganz konkret abverlangen.

Mit den durch die Kommodifizierung von Arbeitskraft und Arbeitsschutz produzierten Gesundheitsproblemen entsteht ein Markt für gesundheitspräventive Programme verschiedenster Art. So steht die betriebliche Gesundheitsförderung derzeit hoch im Kurs. Bei genauer Betrachtung wird jedoch deutlich, dass damit in vielen Fällen vor allem eine symptomkurierende Fassadenpolitik betrieben wird, mit der sich Unternehmen formell absichern und den gesetzlichen Pflichten nachkommen wollen, die eigentliche Problematik jedoch im Verborgenen verbleibt.

3 Europäische Agentur für Sicherheit und Gesundheitsschutz am Arbeitsplatz (EU-OSHA), Zweite Europäische Unternehmensbefragung über neue und aufkommende Risiken – ESENER-2. Amt für Veröffentlichungen der Europäischen Union, Luxemburg 2015, URL: http://osha.europa.eu.

Genau diese Strategie führt in Betrieben mit engagierten GesundheitsschützerInnen zu Konflikten, etwa über die Frage der Gewichtung verhaltens- respektive verhältnisbezogener Maßnahmen im Arbeits- und Gesundheitsschutz. Während erstere vor allem den Beschäftigten die Verantwortung für ihre Gesundheit zuweisen und betriebliche Maßnahmen zur Gesunderhaltung auf Massagen oder Gesundheitsstage beschränken, zielen verhältnisbezogene Ansätze auf strukturelle Verbesserungen wie gesundheitsförderliche Arbeitszeiten (weniger Schichtarbeit etc.) und eine höhere Personalbemessung.

Dabei ist arbeitswissenschaftlich vielfach belegt, dass es beider Ebenen bedarf. Der interessenpolitische Organisations- sowie der ordnungspolitische Handlungs- und Regulierungsbedarf im Arbeits- und Gesundheitsschutz werden angesichts der Prekarisierungstendenzen in den nächsten Jahren eher wachsen. Die zunehmende Bedeutung prekärer Erwerbsarbeit verstärkt gerade in einer Zeit wachsender Anteile migrantischer Arbeitskräfte den Handlungsdruck, die Vernutzungsbedingungen von Arbeitskraft so zu gestalten, dass ein frühzeitiger und übermäßiger Gesundheitsverschleiß nicht in Kauf genommen werden muss.

Dr. Karina Becker, geb. 1976, arbeitet seit 2016 als wissenschaftliche Geschäftsführerin am DFG-Kolleg »Postwachstumsgesellschaften« an der Friedrich-Schiller-Universität Jena. Zu ihren Forschungsschwerpunkten gehören die Themen: der Wandel von Arbeit und deren Rückwirkungen auf die Gesundheit, Finanzmarktkapitalismus, Sorgearbeit.

SPORADISCHE DURCHBRÜCHE UND PLÖTZLICHE GEWISSHEITEN

EIN JAHRZEHNT MIT VERGESSENEN WECKREIZEN

Ξ Helmut Lethen

1994 endete das Kapitel über Carl Schmitt in den »Verhaltenslehren der Kälte« mit den Sätzen:

»Für Carl Schmitt war es ein Grund allen Unheils, dass die Menschheit keinen Vater mehr als Quelle der Autorität akzeptierte, sondern dass an seine Stelle die ›Sachlichkeit‹ des Gesetzes getreten war. Darin lag für ihn die Schande der Novemberrevolution und das Versagen der Rechtsgelehrten der Weimarer Republik. Der ›Gesetzespositivismus‹, schreibt er ins Tagebuch, ›tötet seinen Vater und verspeist seine Kinder‹.[1] *Die schlimmste Form des ›Vaterfraßes‹ fand er im Amerikanismus, anfangs im neusachlichen Jahrzehnt der Weimarer Republik und später in der Bundesrepublik. Als Kinder dieses Amerikanismus versuchten wir seit drei Jahrzehnten einer politischen Romantik Paroli zu bieten, die, wie Paul Tillich formuliert hatte, antritt, um ›vom Sohn her die Mutter zu schaffen und den Vater aus dem Nichts zu rufen‹. Darum stimmt es nicht traurig, wenn die akustischen Bedingungen für den Ruf nach dem Vater zu unseren Lebzeiten herzlich schlecht bleiben.«*[2]

Es war gewagt, schon 1994 von »unseren Lebzeiten« zu reden. Sprach daraus nicht das Grundvertrauen der »Kinder des Amerikanismus«, dass es – durch keine Zukunft begrenzt – so weitergehe? Ein Vierteljahrhundert später erscheint alles in einem anderen Licht. Es brach sich allerdings nur zögernd Bahn.

Am 25. Februar 2003 veröffentlichte *die tageszeitung* einen Artikel der Historikerin Ute Frevert, in dem die Autorin die ablehnende Haltung der Schröder-Regierung zur Möglichkeit einer militärischen Intervention im Irak problematisierte. Ute Frevert wurde 1991 mit dem Buch »Ehrenmänner. Das Duell in der bürgerlichen Gesellschaft« bekannt. Sie ist eine ausgezeichnete Kennerin der Tradition der »satisfaktionsfähigen Gemeinschaft« in Deutschland und hatte die Vorgeschichte der »Verhaltenslehren der Kälte« erschlossen,

1 Carl Schmitt, Glossarium. Aufzeichnungen der Jahre 1947–1951, hg. von Eberhard Freiherr von Medem, Berlin 1991, S. 148.

2 Helmut Lethen, Verhaltenslehren der Kälte. Lebensversuche zwischen den Kriegen, Frankfurt a. M. 1994, S. 233 f.

die ich für die Zeit zwischen den Weltkriegen rekonstruierte. Der Grundtenor ihres Artikels traf mich wie ein Schlag.

Vielleicht verdankte sich Ute Freverts Polemik der Tatsache, dass sie soeben aus den USA, wo sie eine Zeit lang als Professorin in Yale gelehrt hatte, zurückgekommen war. Jedenfalls formulierte sie einen Gedanken, der mir im Traum nicht eingefallen wäre: Die pazifistisch angehauchte deutsche Politik gefalle sich im Habitus der Ohnmacht und diese Einstellung könne nicht in selbstbewusste Politik übersetzt werden. Zwar sei es eine große kulturgeschichtliche Leistung gewesen, dass in Deutschland die Tradition des bellizistischen Habitus nach 1945 gebrochen worden sei, während in der Zwischenkriegszeit die meisten Kriegsdenkmäler noch unter dem Motto »Klagt nicht, kämpft« die Überlebenden für den nächsten Waffengang mobilisiert hätten. Nach 1945 habe das Militär in Deutschland seine kulturelle und politische Prägekraft verloren. Allerdings frage sie sich, ob die Kultivierung des Habitus der Ohnmacht nicht von der Unfähigkeit, Krieg zu führen, komme.

Die Redaktion der *tageszeitung* versah Freverts Artikel, der 2003 meinen Schock der Erkenntnis auslöste, mit einem Foto von Jupp Darchinger. Es zeigt Kriegsversehrte 1964 beim Reha-Training. Am Rande des Schwimmbeckens sieben Beinamputierte mit ihrer Physiotherapeutin; sie beobachten einen achten im Becken. Acht Kriegsveteranen, zum Zeitpunkt des Reha-Trainings Mittvierziger, also schätzungsweise um 1922 geboren. Abkömmliche der »Stalingrad-Generation«? Diese Männer genossen den Ruf, schweigende Väter zu sein. Wir erblicken sie folgerichtig nicht bei einer *talking cure*. Für Pragmatiker des Schweigens, wie sie es wahrscheinlich sind, ist Physiotherapie der Königsweg aus der Schuldkultur, von der sie sich in den 1960er Jahren belagert fühlten. Wir beobachten die acht mit ihrer androgynen Therapeutin in einer Situation, die in den bellizistischen Zeiten des wilhelminischen Reiches, der Weimarer Republik und des NS-Staates nicht unbedingt als repräsentationswürdig gegolten hätte: Damals hätten die Amputierten sich gescheut, als defekte Krieger fotografiert zu werden. Jetzt dürfen wir sie beim Training der Integration in die Zivilgesellschaft sehen. Die Schnittstellen der Amputation waren 1964 keine Flächen der Scham, die verborgen werden mussten. Sie lebten nicht mehr in den Horizonten einer »satisfaktionsfähigen Gemeinschaft«, wie Norbert Elias einmal die Eliten des wilhelminischen Reiches, die ihren Stempel der Republik aufgedrückt hatten, genannt hat. Sollte es wirklich zwei Kulturen im Nachkriegsdeutschland gegeben haben, eine »von Schuld geprägte Öffentlichkeitskultur und eine von Paradigmen der Scham geprägte Kultur des Schweigens«[3],

3 Aleida Assmann u. Ute Frevert (Hg.), Geschichtsversessenheit und Geschichtsvergessenheit, Stuttgart 1999, S. 111.

Ohnmacht
Verschlafen
Abrüstung
Selbstbewusstsein
Amerikanismus
Denkverbot

so sehen wir hier eine Brüderhorde in den Lücken, welche die Geschichtswissenschaft ihnen gelassen hat. Abends wird man sie um das »elektrische Lagerfeuer« ihrer Generation versammelt sehen – *ARD* oder *ZDF* –, wo sie die Physiotherapie der Genesung der Nation in Sportereignissen nachholen können. Mit diesen Veteranen war zwar wenig Staat zu machen, aber sie kurbelten die deutsche Wirtschaft an. Sie brachten sich in Form – aber in einer Weise, die sich vom soldatischen Habitus entfernt hatte. Die »gepanzerte Berührungsfurcht«[4], die nach Dolf Sternberger die Charaktere der Zwischenkriegszeit kennzeichnete, wird im Wirtschaftswunderland buchstäblich wegkonsumiert.

Darchingers Foto war mir lieb und teuer. An diesem Foto war ein epochaler Wandel zu beobachten. Man konnte sich der Öffentlichkeit ohne Rüstung und mit organischen Defekten präsentieren. Ich erinnere mich an meine Behauptung, die Feigheit der Deutschen nach dem Krieg sei eine kulturhistorische Leistung ersten Ranges. Schriftsteller der existenziellen Müdigkeit wie Heinrich Böll hatten den Weg zur Mentalität der Abrüstung gebahnt.

Es war eine hervorstechende Formel in Freverts Artikel, die 2003 den Schock der Erkenntnis auslöste: Europa müsse aufhören, schrieb sie, die Rolle des »jammernden Zahlmeisters« amerikanischer Militärinterventionen zu spielen. Diese Formel brannte sich meinem Gedächtnis ein. Es komme, so Frevert, auf selbstbewusste europäische Politik, d.h. auf die Bereitschaft an, wenn nötig, Gewaltmittel einzusetzen – Sätze, die heute im geopolitischen Umbruch der Migrationswellen unheimlich aktuell erscheinen.

Ute Frevert stand mit diesen Überlegungen lange allein da. Sie sprach als kluge Beobachterin, als sie ihre Zweifel an der Außenpolitik der Bundesrepublik zu erkennen gab. Zwölf Jahre später wird ihr Motiv aufgegriffen und radikalisiert. Jetzt sind Spezialisten für Großwetterlagen im Spiel. Wir finden Frevert in unverhoffter Gesellschaft. Gefährten der 1960er und 1970er Jahre, Peter Sloterdijk und Rüdiger Safranski, melden sich zu Wort. Jetzt spricht Peter Sloterdijk in der *Neuen Zürcher Zeitung* vom 5. Oktober 2015 von der Bundesrepublik als dem »tötungsunwilligen Vasallen unter dem Diktat eines tötungsfähigen Souveräns«. Über die »Friedfertigen« spricht er wie der Großinquisitor bei Dostojewski über den duldsamen Christus oder Carl Schmitt über die Unterwerfungslust der Waffenlosen. Sloterdijks Fazit: »Europa lässt kommissarisch töten« und macht dabei eine menschenfreundliche Figur. Rüdiger Safranski pflichtet ihm insofern bei, als er von der Infantilisierung der Nachkriegsgeneration durch ihre Amerikahörigkeit spricht und davon, dass Menschenwürde einen starken Rechtsstaat voraussetze.

4 Dolf Sternberger, Aspekte des bürgerlichen Charakters, in: Die Wandlung, Jg. 4 (1949), H. 6, S. 474–486.

Wird wieder ein starker Vater aus dem Nichts gerufen? Ist Militanz angesagt? Ist der Mut zur Abrüstung Schnee von gestern? Tumult schwappt über die Grenzen der vertrauten politischen Lager. Wenn Regierungshandeln und mediale Berichterstattung wechselseitige Verstärkereffekte erzeugen, wird es zur Aufgabe der Intellektuellen, einen Korridor freien Denkens zu schaffen, auch wenn dieser durch unheimliche Nachbarschaften hindurchführt.

Im Jahrzehnt 2000 bis 2010 hätte viel gelernt werden können. Zwar wurde nach *9/11* behauptet, die »Kulissen dieser komfortabel ausgestatteten Bewusstseinswelt«[5] seien durchschlagen worden; das sagt man, wenn Authentizität im Spiel sein soll. Und Uwe Justus Wenzel beobachtet während des Zweiten Golfkriegs: »Es sind dies Zeiten des Krieges, in denen sogar willensschwache Fernsehkonsumenten und abgefeimte Medienzyniker plötzlich wieder ›die Wahrheit‹ wissen wollen.«[6] Die gefühlte Nähe des Todes fordere unerbittlich Ernsthaftigkeit und Echtheit, mit der Ironiemaschine der 1980er und 1990er Jahre sei ihr so wenig beizukommen wie mit Theorien der Simulation oder der Auffassung, alle Partikel der Realität seien uns nur als virtuelle zugänglich. Plötzlich traue man, so Wenzel, den »Bildern der eingespannten Journalisten, verwackelt und unscharf wie diejenigen der dänischen Dogma-Filme, zu, was man den Medien generell abgesprochen hat. Bilder der Wirklichkeit zu sein. Nicht die klinischen Bilder des ersten Golfkriegs, sondern schwitzende Soldaten, erschöpfte Reporterinnen, Staub und Tränen lassen sehen, dass das Kriegshandwerk eine mörderische Strapaze ist.«[7]

In solchen Sätzen aus besagtem Jahrzehnt waren bis 2015 Erfahrungen plötzlicher Nähe von fernen Ereignissen eingekapselt. Sie konnten schnell wieder vergessen werden. Irgendwie erscheint mir das Jahrzehnt 2000 bis 2010 als ein Zeitraum sporadischer Durchbrüche plötzlicher Gewissheiten, die ebenso rapide vom Taktschlag der Gleichgültigkeit der Geschichte eingeebnet wurden, um womöglich im neuen Raum des Postfaktischen ganz der Vergessenheit anheimgestellt zu werden.

Das hat sich erst mit den Nähebildern der Migrationsströme geändert. Erst der Gegenwart dämmert, welches Jahrzehnt verschlafen wurde. Wir können nicht mehr in Darchingers Badeszene der Kriegsamputierten als einem Bild fürsorglicher Ohnmacht Zuflucht suchen.

Als ich 2016 in der Körberstiftung in Hamburg daran erinnerte, dass die Erkenntnis von Ute Frevert neuerdings von Peter Sloterdijk wiederholt worden sei, wurde mir entgegnet, es gebe Namen, die keinen Platz im Diskurs der Sozialgeschichte haben sollten. Auch Denkverbote erheben also den Anspruch, ganz authentisch zu sein.

5 Mark Siemons, Das ist das Virus. Realitätsschock: Der Westen nach dem 11. September, in: Frankfurter Allgemeine Zeitung, 10.09.2002. Zu den ersten Reaktionen auf 9/11 vgl. Helmuth Lethen, Bildarchiv und Traumaphilie, in: Ders., Unheimliche Nachbarschaften, Freiburg 2009, S. 171–186.

6 Uwe Justus Wenzel, Das Medium des Verdachts, in: Neue Zürcher Zeitung, 12./13.04.2003.

7 Ebd.

Prof. Dr. Helmut Lethen, geb. 1939, Studium der Literaturwissenschaft in Bonn, Amsterdam und an der FU-Berlin. Nach Lehrjahren in Berlin, Utrecht und Rostock sowie Gastaufenthalten in Chicago, Los Angeles, Berkeley und Bloomington von 2007 bis 2016 Direktor des Internationalen Forschungszentrums Kulturwissenschaften (IFK) in Wien. Gegenwärtig: Gastprofessor an der Kunstuniversität Linz. Neuere Bücher: Der Sound der Väter (2006), Auf der Suche nach dem Handorakel (2010), Der Schatten des Fotografen (2014). Das Buch »Die Staatsräte. Sauerbruch, Gründgens, Schmitt und Furtwängler im Dritten Reich« erscheint im März 2018.

ZUR URBANEN ÖKONOMIE DES TEILENS

AIRBNBS EINFLUSS AUF DEN STÄDTISCHEN RAUM

Ξ Luise Stoltenberg

Unter dem Begriff der *Sharing Economy* ist eine Vielzahl von Definitionen und Phänomenen versammelt, die sich in den Nullerjahren sukzessive herauskristallisierten und denen gemein ist, dass sie die Abkehr von einer Besitzökonomie bei gleichzeitiger Hinwendung zu einer Kontroll- und Zugangsökonomie beschreiben.[1] Dieser Perspektivwechsel – weg vom Besitz, hin zu temporärem Nutzen – fußt maßgeblich auf technologischer und digitaler Infrastruktur.[2] Obwohl der Name dieser Wirtschaftsform den eindeutigen Verweis auf die Sphäre der Ökonomie enthält, hat die *Sharing Economy* Transformationsprozesse ausgelöst, die weit über wirtschaftliche Themen und Belange hinausgehen.

Als die Publizistin Rachel Botsman zusammen mit dem Management-Berater Roo Rogers im Jahr 2010 unter dem Titel »What's mine is yours« die erste umfassende Beschreibung der Ökonomie des Teilens veröffentlichte, erkannten sie in dieser Wirtschaftsform und den darauf beruhenden Unternehmen ein geradezu revolutionäres Potenzial. Zu diesem Zeitpunkt hatten sich bereits die ersten Firmen der *Sharing Economy*, bspw. Airbnb (gegründet 2008) oder UBER (gegründet 2009), erfolgreich am Markt behaupten können. Laut Bootsman und Rogers ebne die *Sharing Economy* den Weg für alternative Lebensstile, in denen kollaborativer Konsum einem distinktiven Materialismus vorgezogen werde. Wenn der Ökonomie des Teilens tatsächlich eine solche transformative Kraft innewohnt, dann müssten sich ihre Auswirkungen am ehesten in den Städten abzeichnen. Denn diese sind die zentralen Schauplätze, an denen die Netzwerke der *Sharing Economy* mit Beginn des 21. Jahrhunderts ihre Hauptknoten entwickelt haben und weiter ausbilden.[3]

Am Beispiel der Online-Plattform Airbnb, einem der populärsten Vertreter dieser Wirtschaftsform, lässt sich eindrücklich zeigen, wie tiefgreifend die Ökonomie des Teilens auf das städtische Alltagsleben einwirkt. Über diese Plattform können registrierte Userinnen und User ihren privaten Wohnraum kurzzeitig an andere Nutzerinnen und Nutzer vermieten. Das Unternehmen wurde 2008 in den USA gegründet und verfügt, laut eigenen Angaben,

1 Vgl. Lizzie Richardson, Performing the sharing economy, in: Geoforum, H. 67/2015, S. 121–129, hier S. 122.

2 Vgl. Juho Hamari u. a., The Sharing Economy: Why People Participate in Collaborative Consumption, in: Journal of the Association for Information Science and Technology, Jg. 67 (2016), H. 9, S. 2047–2059, hier S. 2048 f.

3 Vgl. Juliet B. Schor u. Conner J. Fitzmaurice, Collaborating and connecting: the emergence of the sharing economy, in: Lucia A. Reisch u. John Thøgersen (Hg.), Handbook of Research on Sustainable Consumption, Cheltenham 2015, S. 410–425, hier S. 415 f.

derzeit über mehr als drei Millionen Inserate und ist in mehr als 190 Ländern verfügbar.[4] Mit zunehmendem Erfolg und steigender Popularität wird deutlich, dass sich die disruptive Kraft Airbnbs keinesfalls auf das traditionelle Hotel- und Gaststättengewerbe beschränken lässt.[5] Das Unternehmen hat eine Vielzahl ambivalenter Prozesse und Dynamiken ausgelöst, durch welche Airbnb ein zentraler Akteur für Stadtpolitik, Stadtentwicklung und Stadtplanung geworden ist.

STÄRKT DIE SHARING ECONOMY DEN GESELLSCHAFTLICHEN ZUSAMMENHALT?

Das positive Versprechen der Etablierung alternativer Lebensstile, mit denen die *Sharing Economy* in Botsmans und Rogers' euphorischer Darstellung aufgeladen wurde, enthält verschiedene Ebenen. Zum einen folgen diejenigen, die aktiv an dieser Wirtschaftsform partizipieren, nicht nur ihren Eigeninteressen, sondern stärken gleichzeitig die Entwicklung von Gemeinschaft: »We are relearning how to create value out of shared and open resources in ways that balance personal self-interest with the good of the larger community.«[6]

Die Idee, dass die *Sharing Economy* nicht nur das Individuum in den Fokus rückt, kommt bereits in den gängigen Assoziationen zum Begriff »sharing« zum Ausdruck. Teilen ist positiv konnotiert: Es wird mit Bescheidenheit sowie Selbstlosigkeit in Verbindung gebracht und gilt als Fundament für freundschaftliche, vertraute soziale Beziehungen.[7] Zudem operiert die *Sharing Economy* in Netzwerken; Unternehmen verbinden über das Internet Userinnen und User miteinander. Die Betonung von Gemeinschaft und der Stärkung zwischenmenschlicher Begegnungen macht folglich die erste Ebene einer affirmativen Lesart der Ökonomie des Teilens aus. Kann Airbnb diese Hoffnung erfüllen? Profitieren Städte von den Kurzzeitvermietungen, indem Gemeinden gestärkt werden?

Tatsächlich preist Airbnb in Marketingkampagnen und auf seiner Website das Versprechen von Gemeinschaftserlebnissen an. Auf seinem Blog erklärt das Unternehmen die gesetzte Agenda: Es gehe darum, »eine Welt zu schaffen, in der sich Menschen überall zuhause fühlen«[8]; Reisende sollen die Möglichkeit haben, »in lokale Communitys einzutauchen und spannende Menschen und ihre Interessen kennenzulernen«[9]. Eine solche Zielvorgabe scheint auf den ersten Blick auch Städten zugutezukommen – wirbt sie doch für einen intensiven Austausch zwischen den Besucherinnen und Besuchern einer bereisten Stadt sowie den dort lebenden Bewohnerinnen und Bewohnern.

Sich überall zu Hause zu fühlen, legt in diesem Kontext zudem den Schluss nahe, dass dieser Austausch von Gefühlen wie Zugehörigkeit, Vertrautheit,

4 Vgl. Airbnb, Über uns, URL: https://www.airbnb.de/about/about-us [eingesehen am 31.07.2017].

5 In einer der ersten wissenschaftlichen und viel beachteten Arbeiten zu Airbnb beschreibt der Tourismusforscher Daniel Guttentag das Unternehmen als disruptive Innovation; vgl. Daniel Guttentag, Airbnb: Disruptive Innovation and the Rise of an Informal Tourism Accommodation Sector, in: Current Issues in Tourism, Jg. 18 (2015), H. 12, S. 1192–1217.

6 Rachel Botsman u. Roo Rogers, What's Mine Is Yours: The Rise of Collaborative Consumption, London 2010, hier S. 82.

7 Vgl. Nicholas A. John, Sharing and Web 2.0: The emergence of a keyword, in: New Media & Society, Jg. 0 (2012), H. 0, S. 1–16, hier S. 10.

8 Airbnb, Newsroom – Über uns, URL: https://press.atairbnb.com/de/about-us/ [eingesehen am 31.07.2017].

9 Ebd.

Gemütlichkeit und Sicherheit begleitet und geprägt ist.[10] Derartige Begegnungen heben sich deutlich von Erlebnissen ab, die klassische Tourismusangebote kennzeichnen und dazu geführt haben, dass die Figur der Touristin bzw. des Touristen vielfach auf Ablehnung stößt. In der wissenschaftlichen Auseinandersetzung ist sie zumeist mit Zuschreibungen wie kultureller Erosion, rücksichtsloser Umweltschädigung sowie überflüssigem und passivem Massenkonsum aufgeladen.[11]

Für diejenigen Userinnen und User, die Airbnb vornehmlich in der Rolle des Gastes nutzen, ist der Wunsch, den lokalen Alltag einer besuchten Destination temporär mitzuerleben, tatsächlich ein zentrales Motiv.[12] Sie verbinden dies mit Authentizität – die besuchte Stadt wird, so die Hoffnung, nicht mehr ausschließlich aus einer touristischen Perspektive wahrgenommen. Stattdessen wünschen sie sich einen unverfälschten Eindruck getreu dem Credo *live like a local.*

Nutzerinnen und Nutzer, die als Gastgeberinnen und Gastgeber auf der Plattform aktiv sind, schätzen ebenfalls die Möglichkeit, neue Menschen kennenzulernen.[13] Obgleich für beide Seiten die zwischenmenschliche Interaktion somit ein wichtiger Bestandteil der Airbnb-Nutzung sein kann, stehen ökonomische Motive an erster Stelle. Die Mehrheit der Airbnb-Vermieterinnen und -Vermieter ist vor allem daran interessiert, das eigene Einkommen aufzustocken, oder nutzt die Plattform, um die anfallenden Lebenshaltungskosten überhaupt erst decken zu können.[14] Airbnb-Gäste wiederum betonen den finanziellen Vorteil, da die Übernachtungen in den Privatwohnungen meist im Vergleich zu Hotelangeboten deutlich günstiger sind.[15]

Dass gemeinschaftliche Erlebnisse und das Eintauchen in eine lokale Nachbarschaft monetär vergütet werden, steht hierbei jedoch nicht zwingend im Widerspruch zu einer Stärkung von Gemeinschaft. In der öffentlichen Selbstdarstellung Airbnbs wird dies im Gegenteil sogar als weiteres Argument für die Nutzung der Plattform gedeutet: Nutzerinnen und Nutzer würden »mit Umsatz-, Touristen-, Hotel- und Belegungssteuern neue Einnahmequellen in die Stadt [bringen]«[16]. Zudem macht Airbnb seinen Userinnen und Usern auch »weniger gut entwickelte Nachbarschaften« zugänglich, die ohne touristische Infrastruktur bislang nicht ökonomisch von steigenden Besucherzahlen profitiert haben.

Als drittes Argument zählt Airbnb den Schutz des Einzelhandels auf; insbesondere kleine lokale Geschäften würden von Airbnb-Übernachtungen profitieren, da Reisende, die sich abseits der ausgetretenen massentouristischen Pfade bewegten, nun auch hier einkaufen würden. Das Erleben von Gemeinschaft durch die Vernetzung unterschiedlicher Menschen kann

10 Vgl. Susie Scott, Making sense of everyday life, Cambridge 2009, S. 49f.

11 Vgl. Scott McCabe, ›Who Is a Tourist?‹ A Critical Review, in: Tourist Studies, Jg. 5 (2005), H. 1, S. 85–106, hier S. 100.

12 Vgl. Andreas Kagermeier u. a., Share Economy im Tourismus – Zwischen pragmatischen Motiven und der Suche nach authentischen Erlebnissen, in: Zeitschrift für Tourismuswissenschaft, H. 2/2015, S. 117–145, hier S. 126f.

13 Vgl. Logi Karlsson u. Sara Dolnicar, Someone's been sleeping in my bed, in: Annals of Tourism Research, H. 58/2016, S. 159–162, hier S. 161.

14 Vgl. ebd.

15 Vgl. Kagermeier u. a., S. 127.

16 Airbnb, Wir sehen Home Sharing als Lösung, URL: https://www.airbnbcitizen.com/de/about-airbnb/ [eingesehen am 31.07.2017].

folglich über die direkte Interaktion Einzelner hinausgehen und auf diese Weise nicht nur die Airbnb-*Community* stärken, sondern auch ein wertvoller Entwicklungsmotor für den urbanen Raum und dessen Bewohnerinnen und Bewohner sein.

DISKRIMINIERUNG, VERDRÄNGUNGSPROZESSE UND WEITERE AMBIVALENZEN

Seit dem vergangenen Jahr ist Airbnb mitsamt seiner *Community* jedoch Gegenstand starker Kritik, da die propagierte Zusammengehörigkeit nicht jede Nutzerin und jeden Nutzer gleichermaßen einschließt. So konnte bspw. in einem Feldexperiment gezeigt werden, dass Userinnen und User mit einem afroamerikanisch klingenden Namen diskriminiert werden, indem ihre Buchungsanfragen eine höhere Ablehnungsquote erhalten als diejenigen anderer Nutzerinnen und Nutzer.[17] Da diese Art der Diskriminierung maßgeblich über das Design und die digitale Infrastruktur der Plattform ermöglicht wird, attestieren die Autoren der Studie Airbnb eine Mitschuld an dieser Benachteiligung. Sie fordern eine Überarbeitung der *Interfaces,* sodass die Plattform selbst präventiv einer Diskrimierung bestimmter Gruppen vorbeugen kann.[18] Mit einer hohen Ablehnungsrate sind darüber hinaus ebenfalls diejenigen Airbnb-Userinnen und -User konfrontiert, die im Rollstuhl sitzen oder auf einen Blindenführhund angewiesen sind.[19]

Die systematische Benachteiligung von Nutzerinnen und Nutzern hat eine medienwirksame Debatte ausgelöst. Unter dem Hashtag »AirbnbWhileBlack« teilen Nutzerinnen und Nutzer täglich ihre Erfahrungen mit Rassismus und Diskriminierung. Obwohl Airbnb sich ausschließlich als Vermittler zwischen seinen Userinnen und Usern sieht und damit keine Verantwortung für die tatsächlichen Erlebnisse übernehmen will, hat die Online-Plattform im Oktober 2016 eine Antidiskriminierungsrichtline veröffentlicht. Seitdem ist Gastgeberinnen und Gastgebern die »Ablehnung von Gästen aufgrund von Herkunft, Hautfarbe, ethnischer Zugehörigkeit, Nationalität, Religion, sexueller Orientierung, Geschlechtsidentität oder Familienstand«[20] explizit verboten. Wie allerdings die Einhaltung dieses Grundsatzes überprüft und gesichert werden soll, ist völlig offen. Bislang setzt Airbnb die Nutzung der Plattform automatisch mit der Zustimmung zu dieser Richtlinie gleich.

Ein weiterer Aspekt, der bezüglich des mit der *Sharing Economy* assoziierten Versprechens auf Gemeinschaft hervorgehoben wurde, ist die Stärkung städtischer Ökonomie sowie lokaler Nachbarschaften. Wenngleich Airbnb hier tatsächlich einen starken Einfluss ausübt – dessen Konsequenzen im

17 Vgl. Benjamin Edelman u. a., Racial Discrimination in the Sharing Economy: Evidence from a Field Experiment, in: American Economic Journal: Applied Economics, Jg. 9 (2017), H. 2, S. 1–22, hier S. 2.

18 Vgl. ebd., S. 18.

19 Vgl. Michael O'Regan u. Jaeyeon Choe, Airbnb and cultural capitalism: enclosure and control within the sharing economy, in: Anatolia, Jg. 0 (2017), H. 0, S. 1–10, hier S. 4.

20 Airbnb, Antidiskriminierungs-Richtlinie von Airbnb: Unsere Verpflichtung für Inklusion und Respekt, URL: https://www.airbnb.de/help/article/1405/airbnb-s-nondiscrimination-policy--our-commitment-to-inclusion-and-respect [eingesehen am 31.07.2017].

Folgenden noch erörtert werden –, bedroht die Plattform zugleich Arbeitsplätze im Hotel- und Beherbergungsgewerbe. Denn ein Großteil der Airbnb-*Community* nutzt die Plattform als Ersatz für derartige Angebote.[21] Während einige Stadtteile von Airbnb-Übernachtungen profitieren, kann dies also für Standorte mit hoher Hoteldichte finanzielle Einbußen bedeuten. Auf der anderen Seite gewinnen Städte durch Unternehmen wie Airbnb eine erhöhte Flexibilität, um auf schwankende Besucherzahlen reagieren zu können: »[A] destination with a short tourism season may be unable to sustain many hotel rooms, which would limit tourism's potential benefits during the high season, but Airbnb accommodation could more easily absorb a brief demand spike.«[22]

Wie stark die Online-Plattform auf Arbeitsplätze in Hotel- und Beherbergungsbetrieben Einfluss nimmt, kann zu diesem Zeitpunkt noch nicht abschließend beurteilt werden. Die ökonomische Wirkung von Airbnbs Kurzzeitvermietungen auf Stadtteile und lokale Kommunen hat jedoch eine soziale Kontroverse ausgelöst, die zu einem stark debattierten Politikum geworden ist. Dieser Aspekt berührt die zweite Ebene des Versprechens der *Sharing Economy.*

Neben der Förderung von Gemeinschaft umfasst die Etablierung alternativer Lebensstile ebenso die Verheißung eines nachhaltigen Umgangs mit (natürlichen) Ressourcen. Laut Botsman und Rogers werde dies durch eine Vielzahl von Begleiterscheinungen sichergestellt, u. a. »by increasing use efficiency, reducing waste, encouraging the development of better products, and mopping up the surplus created by over-production and -consumption«[23]. Für Airbnbs Einfluss auf die Stadt würde dies neben der bereits erwähnten Aufwertung einzelner Nachbarschaften und Wohngegenden vor allem bedeuten, dass der städtische Wohnraum nachhaltig verwaltet und Leerstand vermieden wird. Zusammen mit dem Versprechen auf Gemeinschaft könnte sogar die Etablierung alternativer Wohnformen eine weitere mögliche Implikation für das städtische Leben sein.

Doch das Eindringen von Reisenden in Privatwohnungen und touristisch bislang unerschlossene (Wohn-)Gegenden hat sich in Großstädten insgesamt vor allem als Katalysator für Gentrifizierungsprozesse erwiesen. Denn die lukrative Aussicht, über Airbnb relativ schnell und unkompliziert Geld zu verdienen, hat professionelle Anbieterinnen und Anbieter angezogen. Sie kaufen Immobilien, um diese dann ausschließlich über die Online-Plattform zu vermieten. Auf diese Weise werden Wohnungen dem urbanen Wohnungsmarkt entzogen, eine Langzeitvermietung wird zugunsten permanenter Kurzzeitvermietung aufgegeben.

21 Vgl. Daniel Guttentag u. Stephen L. J. Smith, Assessing Airbnb as a disruptive innovation relative to hotels: Substitution and comparative performance expectations, in: International Journal of Hospitality Management, H. 64 (2017), S. 1–10, hier S. 6 f.

22 Guttentag, S. 1207 f.

23 Botsman u. Rogers, S. xvi.

Diese Entwicklungen fördern Mietpreissteigerungen und greifen dadurch tief in die langfristige Entwicklung von Stadtteilen und Nachbarschaften ein. Zudem machen sie sich ganz konkret im Alltag von Stadtbewohnerinnen und -bewohnern bemerkbar. Dauernd wechselnde Airbnb-Gäste als Nachbarinnen und Nachbarn zu haben, kann das Klima einer ganzen Hausgemeinschaft, eines ganzes Viertels verändern.[24] Die Forderung nach einer städtischen oder sogar nationalen Regulierung und Kontrolle hat den weltweiten Aufstieg der Online-Plattform begleitet.[25]

STÄDTISCHE GEGENSTRATEGIEN

Konfrontiert mit diesen heterogenen und vielschichtigen Effekten auf urbanes Leben, Stadttourismus und kommunale Entwicklung, haben Länder und Metropolen weltweit unterschiedliche Strategien erarbeitet, um Airbnbs Kurzzeitvermietungen zu kontrollieren und vor allem auch zu besteuern. Zum Beispiel hat die Stadtverwaltung in Barcelona die temporäre Vermietung via Airbnb für einzelne Stadtteile ausnahmslos verboten; generell ist sie nur noch nach vorheriger amtlicher Erlaubnis und Registrierung möglich.[26] Auch in Berlin dürfen Userinnen und User ihren Wohnraum über Airbnb nur anbieten, wenn sie sich zuvor registriert haben. Obwohl das seit Mai 2016 gültige Zweckentfremdungsgesetz Verstöße mit hohen Geldbußen ahndet, wird die Effizienz dieser rechtlichen Regulierung kritisch bewertet.[27]

Außerhalb von Europa ist San Francisco Schauplatz eines langwierigen Rechtsstreits zwischen der Stadtverwaltung und dem Unternehmen, der erst kürzlich beigelegt werden konnte. Zunächst hatte das Unternehmen noch argumentiert, dass seine Dienstleistungen digital vermittelt würden, weswegen sie außerhalb lokaler Rechtsrahmen operierten und dass es aufgrund seiner begrenzten Funktion als Vermittler keinerlei Verantwortung für die (Il-)Legalität von Inseraten trage.[28] Am Ende dieser juristischen Auseinandersetzung hat Airbnb jedoch eine Verantwortlichkeit eingeräumt und löscht Inserate, die keine Angabe einer offiziellen Registrierungsnummer enthalten. Das ist das erste Mal, dass Airbnb sich bereit erklärt hat, städtische Behörden bei der Kontrolle von Kurzzeitvermietungen in einem solchen Umfang aktiv zu unterstützen.

In Asien schließlich muss sich das Unternehmen in Japan mit einer einflussreichen und etablierten Hotellobby auseinandersetzen. Die Bemühungen zur Regulation der Plattform haben hier sogar städtische Grenzen überschritten und gipfelten in einer nationalen Gesetzgebung. Airbnb-Nutzerinnen und -Nutzer dürfen ihr Appartement landesweit ausschließlich für 180 Tage pro Jahr temporär vermieten.[29]

24 Vgl. Philipp Schäfer u. Nicole Braun, Misuse through short-term rentals on the Berlin housing market, in: International Journal of Housing Markets and Analysis, Jg. 9 (2016), H. 2, S. 287–311, hier S. 305.

25 Vgl. Nicole Gurran u. Peter Phibbs, When Tourists Move In: How Should Urban Planners Respond to Airbnb?, in: Journal of the American Planning Association, Jg. 83 (2017), H. 1, S. 80–92.

26 Vgl. Albert Arias Sans u. Alan Quaglieri Domínguez, Unravelling Airbnb: Urban Perspectives from Barcelona, in: Antonio Paolo Russo u. Greg Richards (Hg.), Reinventing the Local in Tourism: Producing, Consuming and Negotiating Place, Buffalo 2016, S. 209–228, hier S. 225 f.

27 Vgl. Schäfer u. Braun.

28 Vgl. O'Regan u. Choe, S. 2.

29 Vgl. Pavel Alpeyev u. Takako Taniguchi, Airbnb Gets Cabinet OK as Japan Sets Rules on Home-Sharing Businesses, in: The Japan Times Online, 10.03.2017, URL: http://www.japantimes.co.jp/news/2017/03/10/business/corporate-business/airbnb-gets-cabinet-ok-japan-sets-rules-home-sharing-businesses/ [eingesehen am 31.07.2017].

Das Versprechen einer Förderung alternativer Lebensstile, mit dem die *Sharing Economy* in positiven Definitionen aufgeladen wird, zeigt sich in Städten anhand einer Vielzahl von positiven sowie negativen Entwicklungen und Phänomenen. Die transformative Kraft, die von der Ökonomie des Teilens ausgeht, erfasst dabei nicht nur diejenigen, die direkt und unmittelbar an dieser Wirtschaftsform partizipieren.

Wie am Beispiel von Airbnb gezeigt, können Unternehmen der *Sharing Economy* in Stadtpolitik, Stadtentwicklung und Stadtplanung zu wirkmächtigen Akteuren werden. Der urbane Alltag in Städten weltweit wird von einer globalen Plattform mitgestaltet, deren Einflussnahme ambivalente Dynamiken auslöst. Je nach Perspektive können diese wünschenswerte oder unangenehme Konsequenzen haben, die nationale und städtische Regierungen herausfordern.

Dabei aktualisiert Airbnb eine der grundlegendsten Fragen urbaner Planung und städtischen Alltags: Wem gehört die Stadt?

Luise Stoltenberg, M.A., hat Soziologie und Philosophie an der Friedrich-Schiller Universität Jena und der Universität Hamburg studiert. Derzeit ist sie wissenschaftliche Mitarbeiterin im DFG-geförderten Projekt »Tourismus 2.0 – Zwischen medialer Vermittlung und digitaler Entnetzung« an der Universität Hamburg. Das Projekt ist Teil einer inter-universitären Forschergruppe zu medialer Teilhabe. ihrer Promotion untersucht sie touristische Plattformen wie Airbnb und Couchsurfing.

ZWEIERLEI AUSSTIEG

ÜBER DIE VIRTUALISIERUNG DER ÖKOLOGISCHEN DEBATTE

Ξ Frank Uekötter

Der Weg der Bundesrepublik ins Atomzeitalter war lang und gewunden, und der Ausstieg aus der Atomkraft war es erst recht. Auch wenn das Thema politisch tot ist, werden noch fünf Jahre ins Land gehen, bevor das letzte deutsche Atomkraftwerk abgeschaltet sein wird. Und der Umgang mit den strahlenden Hinterlassenschaften sprengt ohnehin den zeitlichen Rahmen der menschlichen Geschichte. Es gibt jedoch zwei markante Daten, die praktischerweise ziemlich genau am Anfang und am Ende der Nullerjahre stehen: Am 15. Juni 2000 einigte sich die rot-grüne Bundesregierung mit den Betreibern von Kernkraftwerken auf einen Vertrag, der die Laufzeit der Atomkraftwerke begrenzte und als Atomkonsens bekannt wurde; gut zehn Jahre später beschloss das Bundeskabinett unter dem Eindruck der Katastrophe von Fukushima ein Moratorium, das am 30. Juni 2011 in einen von breiter Mehrheit getragenen Bundestagsbeschluss mündete. Diese beiden Ereignisse dienen im Folgenden als Ansatzpunkte für eine Art Probebohrung im bundesdeutschen Umweltdiskurs. Die unterschiedlichen Kontexte und Reaktionen spiegeln einen Umbruch im ökologischen Denken, der sich vielleicht am besten als Virtualisierung bezeichnen lässt.

Damit soll keineswegs suggeriert werden, dass eines der beiden Ereignisse gewichtiger gewesen sei. Vielmehr sind beide Ereignisse nur in ihrem Zusammenspiel als politische Wendepunkte zu verstehen. Erst recht verbindet sich mit dem Begriff keine Unterstellung, dass sich die Gefahren der Atomkraft oder die Angst vor selbigen im Verlauf der Nullerjahre grundlegend gewandelt hätte. Vielmehr geht es darum, wie sich Themen, Referenzrahmen und Konfliktlinien im Laufe eines Jahrzehnts veränderten. Wenn sich dabei Sachpolitik und Symbolpolitik zunehmend auseinanderentwickelten, ist das vielleicht eher ein Grund zur Sorge.

DER WEG ZUM ROT-GRÜNEN ATOMKONSENS

Die Anfänge der bundesdeutschen Atomkraftentwicklung reichen bis in die 1950er Jahre zurück. Die Großkraftwerke, die seit den 1970er Jahren ein Fixpunkt der nuklearen Kontroverse sind, wurden jedoch erst seit den späten

INDES, 2017-3, S. 66-73, © Vandenhoeck & Ruprecht GmbH & Co. KG, Göttingen, 2017, ISSN 2191-995X

1960er Jahren gebaut.[1] Wie in anderen westlichen Ländern verging den Energiekonzernen jedoch bald die Lust zum Bau weiterer Kernkraftwerke, und seit den 1980er Jahren kam in der Bundesrepublik kein neues Projekt mehr über das Stadium bloßer Gedankenspiele hinaus. Die lange Agonie der Atomkraft begann, in der Themen und Positionen wie eingefroren wirkten. Die Regierung Kohl hielt standhaft zur Atomkraft, SPD und Grüne waren ebenso hartnäckig dagegen. Zwar gab es über mehrere Jahre hinweg keine großen Demonstrationen mehr – insbesondere nachdem 1989 das Projekt einer Wiederaufarbeitungsanlage in Wackersdorf aufgegeben worden war. Als jedoch 1995 der erste Castor-Transport mit abgebrannten Brennelementen ins Zwischenlager Gorleben rollte, kam es wieder zu den vertrauten Massenprotesten, die sich seither bei jedem neuen Transport wiederholen. Kein anderes ökologisches Thema mobilisierte die Bundesbürger mit vergleichbarer Zuverlässigkeit.

Mit Blick auf die Veränderungen der Nullerjahre ist zu betonen, dass die nukleare Kontroverse dabei keineswegs frei gewesen ist von ideologischen Überformungen. Es war, wie Ulrich Herbert anmerkt, »ein Glaubenskrieg, in dem es offenbar um mehr ging als um ein Problem der Energiegewinnung«[2]. Nicht zuletzt waren es die ideologischen Restbestände des Spätmarxismus, die das Thema in den 1970er Jahren auf die Tagesordnung brachten: Für jene, die im Lektürekurs aufgepasst hatten, wirkte die Verschränkung von Staat und Großkonzernen wie ein Paradebeispiel für die Stamokap-Theorie. Aber bei allen Überformungen blieb doch ein harter Kern wissenschaftlich-technischer und ökonomischer Probleme, die sich in den 1970er Jahren, als sich Großkraftwerke von einer Idee in eine gebaute Realität verwandelten, mit beängstigender Konstanz vermehrten. Das Buch »Friedlich in die Katastrophe« von Holger Strohm, 1973 erstmals veröffentlicht, schwoll unter dem Eindruck der sich immer schärfer herauskristallisierenden Probleme der Atomtechnik auf mehr als 1.200 Seiten an und gehörte in das Bücherregal eines jeden kritischen Haushalts.[3]

Der rot-grünen Bundesregierung, die nach der Bundestagswahl im September 1998 ins Amt kam, war der Atomausstieg deshalb ein Herzensanliegen. Unklar war jedoch der Weg zu einer politisch und juristisch akzeptablen Regelung. Die Kraftwerksbetreiber verfügten über unbefristete Genehmigungen, deren Aufhebung unvermeidlich milliardenschwere Entschädigungsforderungen zur Folge gehabt hätte. Zudem lieferten Atomkraftwerke im Jahr 2000 etwa dreißig Prozent des deutschen Stroms und waren deshalb kurzfristig kaum zu ersetzen. Zugleich bot das Atomrecht jedoch auch Möglichkeiten, den Energiekonzernen das Leben schwer zu machen. In den ersten

1 Als Überblick über die deutsche Atomgeschichte Joachim Radkau u. Lothar Hahn, Aufstieg und Fall der deutschen Atomwirtschaft, München 2013.

2 Ulrich Herbert, Geschichte Deutschlands im 20. Jahrhundert, München 2014, S. 919.

3 Vgl. etwa die zehnte Auflage von Holger Strohm, Friedlich in die Katastrophe. Eine Dokumentation über Atomkraftwerke, Frankfurt a. M. 1982.

Monaten der rot-grünen Bundesregierung drängte Bundesumweltminister Jürgen Trittin auf ein Verbot der Wiederaufarbeitung von Brennstäben, da dies die Zwischenlager in den Atomkraftwerken blockiert und damit den regelmäßigen Wechsel der Brennelemente unmöglich gemacht hätte.[4] Diese »Verstopfungsstrategie« scheiterte zwar, als Trittins Novelle des Atomgesetzes im Dezember 1998 im Bundeskabinett durchfiel; aber als Drohkulisse blieb dieser Weg für die folgenden Verhandlungen wohl nicht ohne Relevanz. Wer mit Großkonzernen über Milliardensummen verhandelt, hat besser noch etwas in der Hinterhand. Man konnte auch anders.

Die Verhandlungen über den Atomkonsens hatten eine Vorgeschichte. Als niedersächsischer Ministerpräsident hatte Gerhard Schröder 1995 und 1997 Energiekonsensgespräche geführt, die zwar ohne greifbares Ergebnis blieben, aber immerhin einen Gesprächsfaden schufen und Vertrauen aufbauten. Zudem hatte Schröder in charakteristischer Abgrenzung von der SPD-Orthodoxie zu erkennen gegeben, dass ein Kompromiss sich wohl deutlich von der Beschlusslage der Parteitage unterscheiden würde.[5] Damit war ein Spielraum für Verhandlungen geschaffen, die dann nach monatelangem Ringen am erwähnten 15. Juni 2000 ihren Abschluss fanden. Die Stromkonzerne akzeptierten eine Restlaufzeit auf der Basis einer Reststrommenge, die auf eine Betriebsdauer von 32 Jahren hinauslief. Im Gegenzug gelobte die rot-grüne Bundesregierung, auf diskriminierende Maßnahmen wie etwa eine Steuer auf Brennelemente zu verzichten. Auf der Grundlage dieses Kompromisses trat am 27. April 2002 ein neues Atomgesetz in Kraft. Es machte Deutschland zum ersten großen Industrieland, das per Gesetz den Ausstieg aus der Atomkraft vollzog.[6]

Mit dem rot-grünen Atomkonsens waren freilich nicht alle Fragen beantwortet. Schließlich blieben die großen Fragen, etwa die nach den Folgen für die Klimapolitik oder die nach einer Strategie für den Ausbau erneuerbarer Energien. Es drohte ein Atomausstieg, der zugunsten der Kohleverstromung ausfiel, was zwar die politischen Instinkte der Sozialdemokratie bedient hätte, aber für die deutsche Klimabilanz das denkbar ungünstigste Szenario war. Auch Atomkraftwerke in deutschen Nachbarländern wären ein lohnendes Thema gewesen, etwa mit Blick auf grenznahe Anlagen wie Tihange in Belgien, Temelín in der Tschechischen Republik oder Cattenom und Fessenheim in Frankreich. Daneben gab es auch kleinere Fragen wie etwa das Bestreben, so rasch wie möglich das erste Atomkraftwerk abzuschalten. Tatsächlich ging 2003 das Atomkraftwerk Stade vom Netz, kurz vor dem Ende von Rot-Grün folgte noch Obrigheim.[7] Nur kümmerte das niemanden.

»Von allen Seiten hagelte es Kritik«[8], bilanziert Edgar Wolfrum das Echo auf den rot-grünen Atomkonsens. Der Kompromiss galt als Verrat am

4 Vgl. Edgar Wolfrum, Rot-Grün an der Macht. Deutschland 1998–2005, München 2013, S. 234.

5 Vgl. Gregor Schöllgen, Gerhard Schröder. Die Biographie, München 2015, S. 284 u. S. 305.

6 Vgl. Wolfrum, S. 238 u. S. 244.

7 Vgl. Falk Illing, Energiepolitik in Deutschland. Die energiepolitischen Maßnahmen der Bundesregierung 1949–2013, Baden-Baden 2012, S. 195.

8 Wolfrum, S. 239.

Atomausstieg, und Sozialdemokraten und Grüne waren fortan auf Anti-Atomkraft-Demonstrationen unerwünscht. Das war offenkundig mehr als ein strategischer Schachzug, um den Druck auf die rot-grüne Bundesregierung aufrechtzuerhalten. Es ging um die moralische Sauberkeit des Protests, die nach einem Ausdruck jenseits aller realpolitischen Kalküle verlangte. Eine realistische Alternative zum Atomkonsens war nämlich noch nicht einmal in Umrissen zu erkennen. Nach den nervenaufreibenden Verhandlungen hatten die Energieversorger keinen Grund, das Paket erneut aufzuschnüren; und so blieb innerhalb der Spielregeln des Rechtsstaats nur der zwangsweise Verkauf an den Staat mit der Auflage, die Kraftwerke sogleich stillzulegen – eine Strategie, die sich aufgrund der Kosten wohl auch dann verboten hätte, wenn nicht gerade durch den Kollaps der *New Economy* ökonomische Flaute geherrscht hätte.

Die Fixierung auf den sofortigen Atomausstieg hatte nicht nur zur Folge, dass andere energiepolitische Diskussionen in der öffentlichen Sphäre unter Kurs liefen; auch prägte sie das Bild der Kernkraft. Die moralische Verdammung jeder Restlaufzeit war ja nur dann plausibel, wenn man Atomkraftwerke vor allem aufgrund der Gefahr eines katastrophalen Unfalls ablehnte. So bereitete die Anti-Atomkraft-Bewegung den Boden für eine Art Dolchstoß-Legende der Atomkraft in Deutschland: Kernkraftwerke als an sich erfolgreiche Technologie, die nur leider an der Risikoaversion der breiten Öffentlichkeit gescheitert sei.[9] Der zweite Teil des deutschen Atomausstiegs sollte dieses Bild noch weiter zementieren.

FUKUSHIMA UND DER ZWEITE TEIL DES ATOMAUSSTIEGS

Dem rot-grünen Atomkonsens gingen jahrelange Verhandlungen zwischen zahlreichen Beteiligten voraus. Der zweite Teil des deutschen Atomausstiegs war das genaue Gegenteil: Er resultierte aus einem augenscheinlich einsamen Beschluss der Bundeskanzlerin Angela Merkel, die nach der Reaktorkatastrophe im japanischen Fukushima einen spektakulären Kurswechsel vollzog. Als Bundesumweltministerin unter Kohl hatte sich Merkel noch als unbeugsame Vorkämpferin der Atomkraft hervorgetan und in den Energiekonsensgesprächen mit Schröder sogar mit einer neuen Generation von Kernkraftwerken geliebäugelt.[10] Nur wenige Monate zuvor, am 28. Oktober 2010, hatte ihre schwarz-gelbe Koalition im Bundestag eine Verlängerung der Reaktorlaufzeiten um acht Jahre bei älteren Anlagen und um 14 Jahre bei jüngeren Anlagen beschlossen. Aber aus der Distanz erscheint die Hemdsärmeligkeit der Merkel'schen Wende gar nicht mehr so spektakulär. Auch die Laufzeitverlängerung von 2010 hatte schließlich einen Hauch von Improvisationstheater.

9 Vgl. Frank Uekötter, Die neue Dolchstoßlegende. Fukushima und die Mythen der atomaren Geschichte, in: Jochen Ostheimer u. Markus Vogt (Hg.), Die Moral der Energiewende. Risikowahrnehmung im Wandel am Beispiel der Atomenergie, Stuttgart 2014, S. 244–260.

10 Vgl. Hans-Peter Schwarz, Helmut Kohl. Eine politische Biographie, München 2012, S. 768.

Die Revision des rot-grünen Atomkonsenses war seit 2000 ein erklärtes Ziel der CDU; aber niemand fühlte sich bemüßigt, ein schlüssiges Konzept zu entwickeln. Nach der Bundestagswahl 2009 war die Debatte in der schwarz-gelben Koalition deshalb rasch von einem ziemlich freihändigen Jonglieren mit Zahlen geprägt. Es half nicht, dass die Stromkonzerne, allen voran RWE-Chef Jürgen Großmann, versuchten, die Bundesregierung mit aggressivem Auftreten unter Druck zu setzen. Auch gab es keine neue Sicherheitsphilosophie, die den langen Laufzeiten einen Anschein von Plausibilität hätte verleihen können, und letztlich auch keine Idee, wie sich dieser Schritt zum Ausbau der erneuerbaren Energien verhalten konnte. »Alles in allem ist festzuhalten, dass der Laufzeitverlängerung jegliche schlüssige energiewirtschaftliche Begründung und sicherheitstechnische Rechtfertigung fehlte, sie vielmehr nur politisch ›ausgehandelt‹ worden war und daher Aspekte des Willkürlichen aufwies«[11], schreiben Lothar Hahn und Joachim Radkau. Im europäischen Rahmen waren zu dieser Zeit indes Anzeichen für eine Renaissance der Atomkraft zu erkennen. Finnland und Frankreich bauten in Olkiluoto und Flamanville neue Reaktoren, in Großbritannien lief der Prozess, der später zum Vertrag über Hinckley Point C führte. Das deutsche Atomgesetz von 2010 wirkte da viel zaghafter. Das von Rot-Grün beschlossene Verbot neuer Atomkraftwerke blieb bestehen und die existierenden Kraftwerke wurden zur »Brückentechnologie« erklärt – eine geradezu lächerliche Schrumpfversion einstiger Utopien. Muss man noch ergänzen, dass auch nach Fukushima eine strategische Neuausrichtung der Energiepolitik unterblieb? Acht Kernkraftwerke wurden nach Fukushima auf Dauer stillgelegt, für die übrigen Reaktoren wurden Restlaufzeiten verfügt, die sich eng an dem Kompromiss von 2000 orientierten – und damit hatte sich die Sache. Das populäre Etikett »Energiewende« suggerierte eine konzeptionelle Klarheit, die in der Realität nie existierte.

Aber gab es für die regierenden Politiker überhaupt Anreize, einen klareren Kurs in der Atompolitik zu verfolgen? Die Magie, die das friedliche Atom in den 1950er und 1960er Jahren umwehte, hatte sich längst verzogen. Niemand hielt Atomkraft mehr für eine Schlüsseltechnologie, an der sich das Schicksal der Industrienation Deutschland entschied: Reaktoren waren lediglich ein recht kompliziertes Mittel zum Erhitzen von Wasser. Bei neuen Kraftwerksprojekten drohten jahrzehntelange Proteste, komplizierte Gerichtsverfahren und ein produktiver Ertrag in ferner Zukunft. Bei Sicherheitsfragen ging ohne Insiderkompetenz nichts. Und warum sollte man sich um eine Anti-Atomkraft-Bewegung kümmern, die ohnehin alles unterhalb des sofortigen Ausstiegs radikal ablehnte?

11 Radkau u. Hahn, S. 360. Im April 2017 wurde die Schludrigkeit des Gesetzeswerkes sogar höchstrichterlich bestätigt, als das Bundesverfassungsgericht die Brennelementesteuer aufhob und den Bund zur Rückzahlung der erhobenen Steuern verdonnerte; vgl. das Urteil des Bundesverfassungsgerichts vom 13. April 2017–2 BvL 6/13.

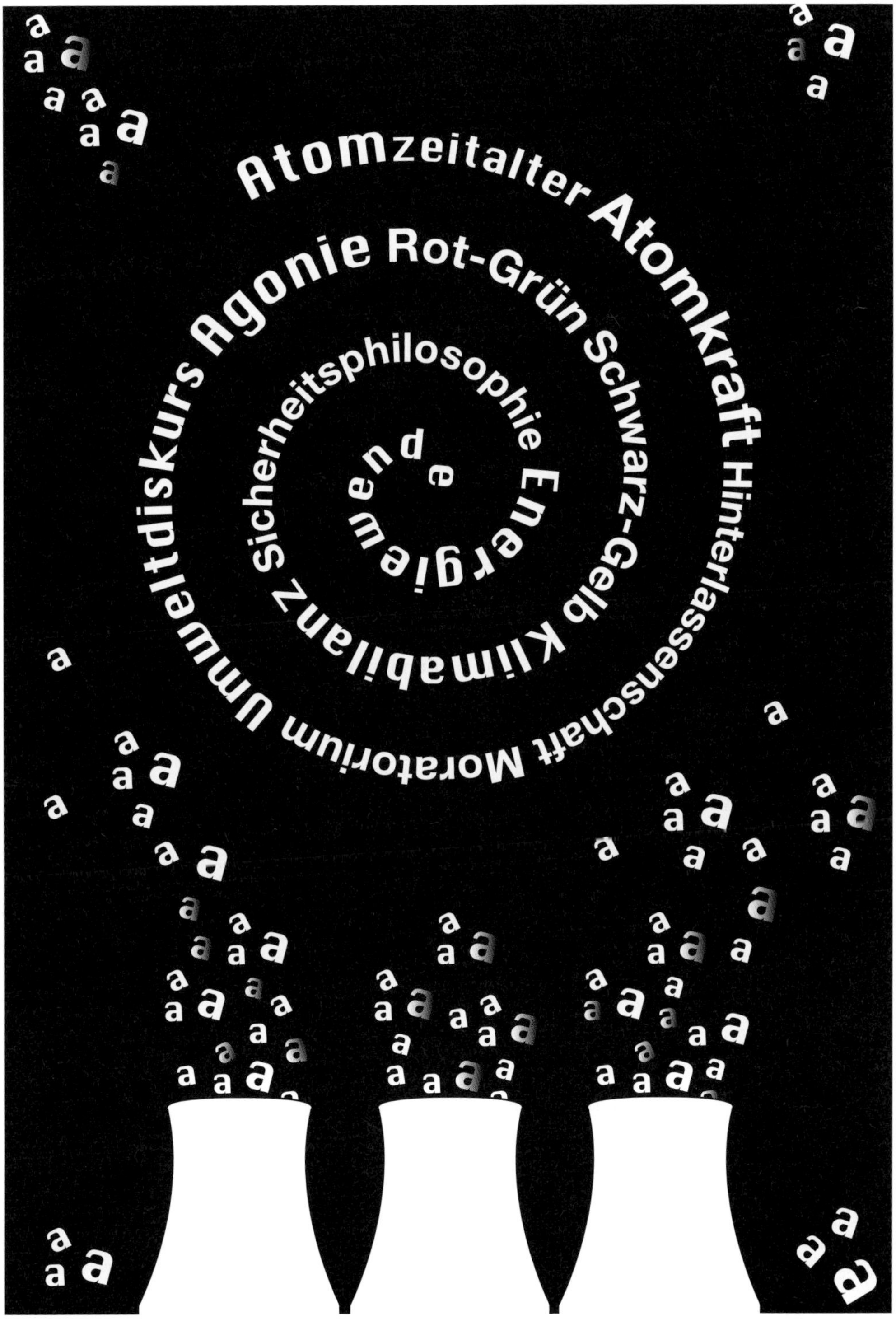
Atomzeitalter Atomkraft Hinterlassenschaft Moratorium Umweltdiskurs Agonie Rot-Grün Schwarz-Gelb Klimabilanz Sicherheitsphilosophie Energiewende

Politisch mochte die Entscheidung von 2010 ein letzter Sieg der Atomlobby gewesen sein, aber die kulturelle Hegemonie besaßen längst die Gegner. Die Farbkombination Gelb-Schwarz weckte einschlägige Assoziationen, die sich praktischerweise mit der Regierungskoalition verbinden ließen (wenn man davon absah, dass die CDU zwischenzeitlich ihre Liebe zu Orange entdeckt hatte). Der GAU, ursprünglich ein kerntechnischer Fachbegriff, galt in der Alltagssprache als Synonym für ein ordentliches Schlamassel.[12] Der Diskurs über die grüne Gentechnik folgte den Leitlinien der nuklearen Kontroverse mit Vorstellungen von unbeherrschbaren Risikotechnologien und Kontaminationen.[13] Wer brauchte da noch nukleare Realpolitik oder kerntechnisches Detailwissen? Im politischen Alltag kam man mit der gängigen atomkritischen Mythologie bestens durch. Es gab die materielle Realität der Atomkraft und die virtuelle Imagination des bösen Atoms; und seit den Beschlüssen von 2011 gab es keinen zwingenden Grund mehr, beides in Bezug zueinander zu setzen.

RESTLAUFZEITEN

Inzwischen haben sich die Hoffnungen verflüchtigt, im Zeichen des Klimawandels könne eine Renaissance der Kernkraft entstehen. Olkiluoto und Flamanville machen vor allem durch Verzögerungen und explodierende Budgets von sich reden. Der Finanzierungsplan von Hinckley Point C war jüngst Gegenstand eines vernichtenden Berichts des britischen National Audit Office, das eine Kostensteigerung von sechs auf dreißig Milliarden Pfund innerhalb von vier Jahren monierte – wohlgemerkt für ein Kraftwerk, dessen Bau gerade erst begonnen hat.[14] Man muss gar keine Angst vor Strahlen mehr haben, um der Atomkraft kritisch gegenüberzustehen. Es reicht ein nüchternes Kosten-Nutzen-Kalkül. Atomkraftwerke sind teuer im Bau, billig im Betrieb und teuer im Abriss. Im Casino des globalen Kapitalismus werden sie damit ganz von selbst zum Ladenhüter.

An neuen Kernkraftwerken sind Stromkonzerne auch deshalb nicht sonderlich interessiert, umso mehr jedoch an großzügigen Restlaufzeiten. Es lockt ein »goldenes Ende«, wenn die Anlagen abgeschrieben sind und dennoch weiter Strom produzieren. Die Brennelementesteuer war auch der Versuch der Regierung Merkel, diese üppig sprudelnden Einnahmen ein wenig abzuschöpfen. Weltweit wird deshalb um Laufzeitverlängerungen gerungen; und eigentlich wäre hier eine Anti-Atomkraft-Bewegung mit technischer Detailkompetenz gefragt. In den kommenden Jahren werden viele Anlagen ein Alter erreichen, für das jegliche Erfahrungswerte fehlen. Aber wer weiß heute noch, worum es beim Verspröden eines Druckbehälters geht? Oder warum

12 Vgl. Joachim Radkau, Der »Größte Anzunehmende Unfall«, in: Frank Uekötter (Hg.), Ökologische Erinnerungsorte, Göttingen 2014, S. 50–59.

13 Dazu vom Verfasser ausführlich Frank Uekötter, Am Ende der Gewissheiten. Die ökologische Frage im 21. Jahrhundert, Frankfurt 2011, S. 188.

14 Vgl. Adam Vaughan, Spending Watchdog Condemns ›Risky and Expensive‹ Hinckley Point, in: theguardian.com, 23.06.2017, URL: https://www.theguardian.com/uk-news/2017/jun/23/spending-watchdog-condemns-risky-expensive-hinkley-point-c-nuclear [zuletzt eingesehen am 26.06.2017].

es ein Indiz für Panik im Kontrollraum ist, wenn ein Reaktor durch Injektion von Bor heruntergefahren wird wie 2014 in Fessenheim?[15]

In der Bundesrepublik ist die Atomkraft seit 2011 aus der politischen Kontroverse verschwunden. Langsam rückt immerhin die Gefahr durch Reaktoren in Grenznähe ins Bewusstsein – was allerdings historisch gesehen eher eine Rückkehr zu einer längst gewonnenen Einsicht ist, da der legendäre Protest von Wyhl von Anfang an transnational gewesen war.[16] Aber von der bloßen Empörung zur kompetenten Kritik ist es ein langer Weg, den Umweltverbände und Politiker nur dann gehen, wenn es starke Anreize gibt. Und beweist der doppelte Atomausstieg denn, dass sich das Bohren dicker Bretter tatsächlich lohnt? Angela Merkel musste nach Fukushima mit einem diffusen Gegrummel vom konservativen Rand leben, gewann jedoch durch die Öffnung zu den Grünen neue Spielräume für künftige Koalitionsverhandlungen. Die rot-grüne Bundesregierung konnte dagegen nach nervenaufreibenden Verhandlungen keinen politischen Gewinn verbuchen. Politische Akteure auf der Suche nach Themen und Karrierepfaden werden es aufmerksam registrieren.

Im Atomkonflikt ging der Trend während der Nullerjahre zu einem moralischen Purismus, der die realen Probleme der Kernenergie in den Hintergrund drängte. Darin spiegelt sich womöglich eine umfassendere Entwicklung von Umweltpolitik und Umweltdiskurs wider. Die Nullerjahre waren das Jahrzehnt, in dem die Umweltpolitik mit den einfachen Themen endgültig durch war und die komplizierten Herausforderungen anstanden: Aufbau der erneuerbaren Energien, hartnäckige Verschmutzungsprobleme wie Feinstaub und Nitrate, Ökologisierung der Massentierhaltung – alles Themen, bei denen es auf Expertenwissen und einen langen Atem ankommt. Zugleich schwand jedoch die politische Virulenz: Während in den rot-grünen Jahren noch heftig über Ökosteuer und Dosenpfand gestritten wurde, vollzieht sich das Alltagsgeschäft der Umweltpolitik nunmehr weitgehend hinter den Kulissen. Zugleich gehört zum neudeutschen Selbstbild auch ein ausgeprägtes Umweltbewusstsein, das gerade auch in Abgrenzung zu anderen Ländern an Profil gewinnt. Aber zum ökologischen Musterland wird Deutschland nur durch tatkräftige Anwendung selektiver Wahrnehmung. Gut möglich, dass es schon bald ein böses Erwachen aus der virtuellen Wohlfühlsphäre des grünen Deutschlands gibt.

15 Vgl. Marlene Weiß, Panne im Atomkraftwerk Fessenheim war gravierender als gedacht, in: SZ.de, 04.03.2016, URL: http://www.sueddeutsche.de/wissen/frankreich-panne-im-akw-fessenheim-war-gravierender-als-gedacht-1.2890408 [eingesehen am 26.06.2017].

16 Vgl. Bernd-A. Rusinek, Wyhl, in: Etienne François u. Hagen Schulze (Hg.), Deutsche Erinnerungsorte II, München 2001, S. 652–666.

PD Dr. Frank Uekötter, geb. 1970, war Mitbegründer des Rachel Carson Center für Umwelt und Gesellschaft in München und lehrt seit September 2013 geisteswissenschaftliche Umweltforschung an der University of Birmingham. Sein Buch »Deutschland in Grün. Eine zwiespältige Erfolgsgeschichte« erschien 2015 im Verlag Vandenhoeck & Ruprecht.

VON SPIDER-MAN BIS WOLVERINE

DAS SUPERHELDENKINO AB DEM JAHR 2000

Ξ Jöran Klatt

Superhelden im Kino sind nichts Ungewöhnliches. Auffällig ist jedoch, dass sie ab dem Jahr 2000 erstaunlich häufig den Weg auf die Leinwand fanden. Nun sind Superhelden ein beliebtes Unterhaltungsformat, nicht nur im Film. Insbesondere durch Comics fanden die Übermenschen mit in der Regel besonderen Kräften ihren Platz in der Popkultur des 20. und 21. Jahrhunderts. Darin schlagen sie häufig epische und bildgewaltige Schlachten. Vielleicht ist auch das ein Grund, warum sie besonders im Kino der Nullerjahre auftreten.

Immerhin kommen in der Dekade ab 2000 zwei Dinge zusammen: Einerseits ist das Kino zu dieser Zeit nach wie vor ein Leitmedium und erfreut sich öffentlich einer besonderen Aufmerksamkeit. Kinofilme, insbesondere die *Blockbuster* aus Hollywood, um die es hier gehen soll, werden bei der Arbeit und in der Freizeit diskutiert, manchmal sogar im Feuilleton besprochen, sind also nicht nur reine Popkultur. Zuweilen kommt es in den Nullerjahren sogar vor, dass eine Kinopremiere – wie etwa ein neuer »Star Wars«-Film – Gegenstand der Berichterstattung in der »Tagesschau« ist. Andererseits kommen mit dem neuen Schub der Digitalisierung in den Nullerjahren auch für Filmemacher_innen ganz neue Möglichkeiten auf. So sind die Filme dieser Zeit vor allem für die Kunst der Postmoderne typische »Medienwechsel«, also die Übersetzung eines Mediums (hier des Comics) in ein anderes (hier das Kino). Der Begriff Verfilmung unterstützt diese These.

Die Renaissance des Superheldenkinos in den Nullerjahren und die neuen Verfilmungen alter Superheldengeschichten, die auch bereits früher – wie Superman, Batman oder Spider-Man – technisch weniger aufwändig umgesetzt worden waren, profitierten somit möglicherweise einfach von besserer Technik. Diese ließ es zumindest reizvoll erscheinen, die Filme neu zu machen – war man doch zuvor noch mehr auf die Bereitschaft des Betrachters angewiesen, sich auf das Vorgefundene einzulassen. Das Kino heute setzt sichtbar weniger auf diese Bereitschaft der Kinogänger_innen, traut ihnen offenbar auch weniger die Mitgestaltung der Bilder im Kopf zu. Mit besonders viel Technik, *Computer Generated Imagery (CGI)*, so die Hoffnung vieler Filmemacher_innen, lässt sich alter Stoff nun »richtig«, das heißt: besonders bildgewaltig und detailreich umsetzen. Die Paradoxie dabei ist, dass gerade die Simulationsmaschine der Technik dazu dienen soll, besonders glaubwürdige und realistische Bilder zu erzeugen: Man kann von einem hyperrealistischen Ideal sprechen. Die Medienwechsel, also Geschichten aus Büchern, Comics, Computerspielen oder einfach nur alten Filmen in neue Filme zu transportieren, dienen dabei einem Ziel: Die Geschichten aus dem Reich des Imaginären in das Reich des sinnlich Erfahrbaren zu holen.

Indes: Ein Blick auf die einzelnen Filme des Superheldenkinos der Nullerjahre zeigt uns, dass diese bei reiner Bildsprache nicht haltmachen, sogar durch gute Geschichten und interessante Bezüge auf die Zeit und Welt, aus der sie jeweils kommen, einen Platz irgendwo zwischen Unterhaltungskultur und Kunst einfordern, wie es die Popkultur seit jeher tut.

HARRY POTTER UND DIE X-MEN GEGEN DIE NAZIS

Den Anfang des Superheldenkinos der Nullerjahre machte direkt im Jahr 2000 gleich ein erstaunlich politischer Film. In »X-Men« (USA 2000) von Bryan Singer geht es um eine Welt, welche die unsere sein könnte und es zugleich doch nicht ist. Denn in ihr sind Mutanten – normale Menschen, die durch die Evolution besondere Fähigkeiten, de facto Superkräfte, entwickelt haben – ein Teil der Gesellschaft geworden. Die Menschen ohne Mutation fürchten sich nicht selten vor diesen und ihren Kräften. »X-Men« beginnt direkt in der Sphäre der Politik – in der Anfangsszene debattiert der amerikanische Kongress über ein mögliches Gesetz zur Meldepflicht der Mutanten.

Auch die Gruppe der Mutanten ist politisch gespalten. Eine Seite schart sich um den philanthropischen Akademiker Charles Xavier und bildet die namensgebende Heldengruppe X-Men, die andere um den Holocaust-Überlebenden Eric Lensherr. Lensherr, in Mutantenkreisen aufgrund seiner Fähigkeit, Magnetfelder zu kontrollieren, Magneto genannt, gibt den komplexen Antagonisten in der Reihe. Geprägt von der Erfahrung des Konzentrationslagers, dem Mord an seinen Eltern durch die Nazis, fürchtet er die moralischen Abgründe der Menschheit und glaubt, dass diese Mutanten niemals akzeptieren und es zum Krieg zwischen Mutanten und Nicht-Mutanten kommen werde. Da Lensherr und Xavier, obwohl zugleich Antagonisten, Freunde sind, trumpft der Film mit Dialogen auf, die im fantastischen Szenario Grundfragen der Moral, Toleranz und des Zionismus rekapitulieren.

Ein anderer Superheld, der ebenso die Thematik des Holocaust aufgreift und in den Nullerjahren das Kino eroberte, ist ein Zauberlehrling. Die Verfilmungen der siebenteiligen »Harry Potter«-Roman-Reihe von J.K. Rowling fanden, bis auf den letzten Teil, sämtlich in den Nullerjahren den Weg auf die Leinwände (GB/USA 2001–2011). Ein Merkmal, das man den sogenannten Millenials zuschreibt, also der Generation, die in dieser Zeit sozialisiert wurde, ist das gemeinsame Aufwachsen mit dem Zauberschüler. Denn im Zentrum steht die Hauptfigur Potter, der im Verlauf der Geschichte nicht nur in den Kampf zwischen Gut und Böse gerät, sondern auch den Übergang von der Pubertät in die Adoleszenz durchläuft.

Im Säuglingsalter überlebt er als einziger den Angriff des dunklen Magiers Voldemort auf seine Familie. Dieser selbst verschwand im Anschluss und seither fürchtet die Magierwelt seine Wiederkehr. Potter muss sich vor allem mit den Anhängern des »dunklen Lords«, den sogenannten Todessern, auseinandersetzen. Der Großkonflikt mit den dunklen Magiern, die oftmals nicht-magische Menschen, »Muggel«, oder Magier mit Muggel-Vorfahren abschätzig bis rassistisch betrachten und sie »Halb-« oder »Schlammblut« nennen, sowie die Elitenkontinuität mancher Todesser nach dem vermeintlichen Fall Voldemorts machten Rowlings »Harry Potter«-Bücher zur weltkriegsverarbeitenden Literatur.

SUPERREICHE SUPERHELDEN UND DIE STADT

Superhelden brauchen auch im 21. Jahrhundert offenbar die große Bühne. So wie ihre Eigenschaften besonders sind, soll es folglich auch der Schauplatz sein. Daher verwundert nicht, dass ein Großteil der Geschichten in der Stadt spielen – und wohl noch weniger, dass diese Stadt in der Regel New York ist. Aus der Perspektive des gleichnamigen Titelhelden aus »Spider-Man« (USA 2002) von Sam Raimi erleben die Zuschauer in ungewohnter Perspektive die Schluchten des urbanen Hochhäuserdschungels. Die Story des ersten Teils der Trilogie schmiegt sich eng an die Comicvorlage an: Der hochbegabte Schüler Peter Parker wird bei einem Laborbesuch von einer radioaktiven Spinne gebissen und erlangt daraufhin übermenschliche Kräfte. Peter kann nun das, was eine Spinne kann, wäre diese so groß wie ein Mensch. In der Folge schwingt sich Spider-Man auf seiner Mission der Verbrechensbekämpfung durch New York. Interessant ist vor allem der erste »Spider-Man«-Film, da dieser optisch noch stark den Stilmitteln der bunten 1990er Jahre folgt und so auch zeigt, was die restlichen Filme des folgenden Jahrzehnts anders machen. Spider-Man kann Wände hochkrabbeln, gigantische Spinnennetze weben und verfügt über enorme Sprungkraft. »Spider-Man« wird so optisch zu einer Art Gegenentwurf des Film noir, dem Genre, das New York erstmals als urbanen Dschungel von unten beschrieb, nicht als Zentrum der Übersicht, sondern aus der Perspektive des Sich-Drin-Verlierens.[1] Ganz anders Peter Parker. Mit Spider-Man gehen die Zuschauer_innen auf Achterbahnfahrt

1 Vgl. Jöran Klatt, Cyberpunk – Avantgarde der Science-Fiction, in: INDES. Zeitschrift für Politik und Gesellschaft, Jg. 3 (2014), H. 1, S. 75–83, hier S. 81 f.

und nehmen in einem fröhlichen Film die Panoramaperspektive von oben ein. Vor allem mit solchen Bildern bewarben seine Macher den Film in Trailern.

Getrübt wurde dieses Bild jedoch durch die Tatsache, dass in einem Trailer Spider-Man ein Spinnennetz zwischen den Türmen des World Trade Center spinnt und damit einen Helikopter einfängt. Das Studio zog diesen Trailer nach den Anschlägen vom 11. September 2001 zurück. Überhaupt sind die Auftaktfilme der »Spider-Man«- und »X-Men«-Reihen zwei der letzten großen New York-Filme vor den Anschlägen. Danach sollte das Thema Terrorismus auch die Superhelden beschäftigen. So brachte Christopher Nolan mit »Batman Begins« (USA 2005) den altbekannten Titelhelden zurück ins Kino, damit auch dessen Heimatstadt Gotham, die nicht direkt New York ist, aber zu einem großen Teil New York verkörpert. Gotham ist eine Multimillionenstadt, in der die Schere zwischen Arm und Reich weit geöffnet ist. Oberflächlich ist die Stadt ein Ort der Superreichen, doch unter der glänzenden Fassade brodelt kriminelle Energie in den *Slums*. In der »Batman«-Reihe geht es folglich auch um eine soziologisch tiefergreifende Frage: Ist Gotham – stellvertretend für die Stadt als solche – ein Ort der Zivilisation oder als Ausdruck der Hybris von Zivilisation eine Wildnis der Moderne?

In Gotham lebt Bruce Wayne, Erbe einer der reichsten Familien der Stadt. Als kleiner Junge war er Zeuge, wie seine Eltern bei einem Überfall erschossen wurden. Als erwachsener Mann versucht sich Wayne daran, mithilfe des Vermögens, das ihm seine Eltern hinterlassen haben, Verbrechen zu bekämpfen. Wayne ist, wie seine Eltern, superreich und Philanthrop. Sein Vater war von der Philosophie überzeugt, dass die Aufgabe der Reichen sei, für die Stadt und ihre Einwohner zu sorgen. Bruce Wayne versteckt sich, um dies zu erreichen und sein Umfeld zu schützen, hinter seinem öffentlichen Auftritt als Playboy und verschwenderischer Millionen-Erbe. Seine wahre Existenz ist indes der dunkle Ritter Batman. Dieser geht im Fledermauskostüm, mitsamt allerlei technischer Ausrüstung, die er aus dem Forschungsprogramm des Wayne'schen Rüstungskonzerns bezieht, nachts auf Verbrecherjagd. Dabei hilft ihm eine Ninja-Ausbildung, die er über mehrere Jahre in Bhutan erhielt.

Nolans »Batman«-Filme wollen möglichst wenig als Comic-Adaptionen wirken. Der Regisseur nutzt den Stoff, der ohnehin relativ wenig fantastische Elemente beinhaltet, um einen Superhelden-Film zu machen, der zuweilen mehr wie ein Politthriller wirkt. Die Antagonisten tragen spärliche Kostüme, sind keine bunten Comic-Superschurken, sondern Verbrecher in Camouflage oder Westen und korrupte Politiker im Anzug. Dadurch unterscheiden sich die Filme von denen der 1990er Jahre, also jenen Tim Burtons (USA/GB 1990 u. USA/GB 1992), der aus den Mitteln des Films und des

Comics einen surrealistischen Hybrid schuf, und Joel Schumachers (USA 1995 u. USA 1997), ebenfalls typischen 1990er-Jahre-Filmen, möglichst bunt und sehr actionreich.

Gleichzeitig wollen die Filme auch realistischer sein als die Superheldengeschichten bis dahin; vor allem, indem sie düsterer sind. Wo »Spider-Man« mit bunten Farben spielt, ist die urbane Realität von Gotham häufig in Schwarz und Grau gehalten, allenfalls flammend braun. Nolan entfernte sich als erster Regisseur des Superhelden-Kinos auch vom CGI-Hype – bis heute verweigert er sich sogar der 3D-Technologie. Mehr Pixel und mehr Details bedeuten für ihn nicht mehr Glaubwürdigkeit. Nicht nur seine »Batman«-Filme, auch »Inception« (USA/GB 2010) oder »Interstellar« (USA/GB 2014) sind Filme fürs Kino, nicht für HD-Fernseher und Virtual-Reality-Brillen.

»Batman« stellt dabei die Frage nach der Legitimität von politischer Aktion jenseits einer demokratisch gewählten Exekutive. Der dunkle Ritter bewegt sich an der Grenze des Gesetzes, sie dort dehnend, wo Polizei und Behörden die Hände gebunden sind. Im ersten Teil »Batman Begins« geht es um eine terroristische Organisation, die versucht, Gotham City zu zerstören. Sie hat Richter bestochen und die Politik unterwandert. Die Polizei ist hilflos, auch der moralisch integre Lt. Gordon, mit dem sich Batman heimlich verbündet. Batman erledigt nun die Drecksarbeit, wagt sich in Gefilde, die für Polizisten nicht mehr zugänglich sind, kann mithilfe seiner Maskerade ignorieren, was andere beachten müssen. Schließlich richtet die korrupte Terrororganisation ihre Drohungen vor allem gegen die Familien der Polizisten, Richter und Staatsanwälte von Gotham. So wird Batman zu einer ernst zu nehmenden Gefahr für die Bösen und einem Symbol für die Guten. Er steht außerhalb des Systems, wird selbst zum Terroristen, richtet seinen »guten Terror« aber gegen jene, die das System unterwandern wollen: »Batman« ist die Geschichte des Spannungsverhältnisses von Legalität und Legitimität.

Besonders Nolans zweiter »Batman«-Film, »The Dark Knight« (USA/GB 2008), erregte – schon allein aufgrund der »Oscar«-prämierten Darstellung Heath Ledgers als anarchistischer Antagonist Joker – große Aufmerksamkeit und ist bis heute einer der wirtschaftlich erfolgreichsten Filme aller Zeiten. In diesem, ebenso wie auch in der Fortsetzung »The Dark Knight Rises« (USA/GB 2012), entwickelt Nolan den Plot um Korruption und Ohnmacht der exekutiven Gewalt in Gotham weiter. Die gesamte »Dark Knight«-Trilogie von Nolan durchziehen demokratietheoretische Gedankenspiele. Im zweiten Teil werden die Fragen des amerikanischen Ideals von *Law and Order* sowie anarchistischer Terrorismus, im dritten Teil die Macht der Finanzmärkte und das Thema Revolution behandelt.[2]

2 Siehe hierzu Nils Kumkar, Männer mit Masken, in: Blog des Göttinger Instituts für Demokratieforschung, 09.08.2012, URL: http://www.demokratie-goettingen.de/blog/manner-mit-masken [eingesehen am 31.08.2017].

Ein anderer Superheld der Nullerjahre, der über keine physisch überlegene Kraft, sondern enormen Reichtum und Technik verfügt, ist Tony Stark, dessen Alter Ego der Titelheld von »Iron Man« (USA 2008) ist. Stark ist ein erfinderisches Genie, das trotz seines enormen Reichtums selbst einen Großteil der Innovationsarbeit des ihm gehörenden Rüstungskonzerns leitet. Dabei ist er zwar oberflächlich oft Zyniker, aber letzten Endes ein guter Mensch. Stark entwickelt einen Panzeranzug, der mit allerlei technologischen *Gadgets* ausgestattet ist. Zieht er diesen an, wird er zu Iron Man und kämpft gegen Terroristen, Verbrecher und, nicht unwichtig, gegen andere Kapitalisten, welche die Technologie seines Rüstungskonzerns missbrauchen, das heißt: an die Falschen verkaufen wollen. Tony Stark macht dabei in der Öffentlichkeit keinen Hehl daraus, dass er Iron Man ist. Ungewöhnlich für das Superheldengenre, legt er sich keine versteckte Identität zu.

Auf den ersten Blick gleichen sich Stark und Wayne: Beide sind schwerreich und setzen Technologie für die Verbrechensbekämpfung ein. Sie erinnern an die Klagen des marxistischen Philosophen Slavoj Žižek, dass die modernen kapitalistischen Führungskräfte im neoliberalen Kapitalismus nicht mehr Klassenkämpfer von oben seien, sondern vorgeben würden, als kumpelhafte Philanthropen die Gesellschaft positiv beeinflussen zu wollen.[3] Verkörperungen dieses Modells seien, nach Žižek, etwa Bill Gates oder George Soros – Multimilliardäre, die ihren Reichtum nun scheinbar einsetzen, um die Innovationsmaschinerie des Neoliberalismus in den Dienst des gesellschaftlichen Fortschritts zu stellen. Und tatsächlich zeigen Wayne und Stark, immerhin zwei der beliebtesten Superhelden der Nullerjahre, dass es in dieser Zeit zweifellos kein Manko sein muss, Großkapitalist zu sein. Beide kombinieren die Ideale des Kapitalismus mit jenen der Naturwissenschaften, vor allem des technischen Fortschritts, und setzen diese als ihre Superkräfte ein.

Dabei bedürfen ihre Kräfte eines dezenten Einsatzes von Science-Fiction, sind also äußerst anschlussfähig an die Welt des Möglichen. Starks Rüstung erlaubt noch viel intensivere Kräfte als die Batmans; dennoch sind beide eher Helden des technischen Rationalismus, sind sie Wissenschaftler und Erfinder, mit einer stark ausgeprägten Arbeitsmoral. An Batman zeigt sich das bereits daran, dass sein enormer Reichtum ihm sichtlich wenig bedeutet, er vielmehr die kalt-nasse Umgebung seiner Höhle seinem großen Anwesen, Luxushotels, Empfängen und Yachten, auf denen sich Bruce Wayne aufhält, um den Schein zu wahren, vorzieht. Nicht von ungefähr wird in »Batman« stets die Paradoxie betont, dass Wayne die Maskerade ist und die maskierte Fledermaus seine wahre Identität.

3 Vgl. Slavoj Žižek, Gewalt. Sechs abseitige Reflexionen, Hamburg 2011, S. 23.

HOFFNUNG
OFF
HOFFNUNG
FIKTION
POWER
GESCHICHTE
SCIENCE-FICTION
SUPERHELDEN
SUPERHELDEN
SUPERHELDEN
SUPERHELDEN
SUPERHELDEN
SUPERHELDEN
SUPERHELDEN

Bei Tony Stark ist dies auf den ersten Blick anders, genießt dieser doch sichtlich das Reichsein. Doch auch Starks Leben ist von Entbehrungen gekennzeichnet: Lange bleibt ihm die wahre Liebe versagt – und den Reichtum für das Gute einzusetzen, so behauptet der Film, macht ihn in der Welt der Reichen zum Außenseiter. Das Entbehrungsmotiv, wie man es aus der Antike in Form des Achilles kannte und das auch in der mittelalterlichen Heldenepik ein wiederkehrendes Motiv ist, scheint noch Anfang des 21. Jahrhunderts essenziell für den Heldenstoff zu sein.

KOMMT NACH 2010 DIE HELDENDÄMMERUNG?

Aufopferungsbereitschaft gehört also auch für den Helden von heute zum guten Ton, ebenso, ein wenig leiden zu müssen. Allzu viel Konformismus und Anpassung sind dagegen nach wie vor tabu. Immerhin geht es um das Besondere, nicht das Gewöhnliche. Auf diese Weise spiegeln Superheldengeschichten die gewöhnliche Existenz. Stets bleibt den Superhelden das Leben in der Normalität einer Familie, der Peripherie der Vorstadt und eines gewöhnlichen Lebens in der Mitte der Gesellschaft, aber am Rande der Bedeutungslosigkeit, versagt: »With great power comes great responsibillity«, heißt es in »Spider-Man«. Für nahezu alle Superhelden wird diese Rückkehr in den Schoß der Gesellschaft zum Sehnsuchtsort. Fast alle bezahlen einen teuren Preis für ihre Kräfte und ihr Titanensein und hadern mit der Bürde ihrer Aufgabe. Und so ist einer der wohl wahrsten Sätze, ebenfalls aus »Spider-Man«, wenn der Grüne Kobold, Spider-Mans Gegenspieler, ihm offenbart, dass die eine Sache, welche die Menschen lieber mögen würden als einen Helden, ein Held sei, der scheitert.

Ab dem Jahr 2010 wird dieses Motiv in den Superheldengeschichten auch immer stärker. Zwar haben bereits die meisten Comicvorlagen solche Elemente eingebaut; und mit »Hellboy« (GB 2004), »Hancock« (USA 2008), der »Blade«-Trilogie (USA 1998, USA 2002 u. USA 2004) und »Watchmen« (USA/Kanada/GB 2009) kannten auch die Nullerjahre Ambivalenzen des Heldenseins, ließen auch solche den Rand des persönlichen und öffentlichen Scheiterns längst übertreten. Doch wirklich erfolgreich wird das Motiv erst danach, jüngst nachzuvollziehen an »Logan – The Wolverine« (USA 2017), in dem die beliebteste und vermutlich ambivalenteste Figur aus der »X-Men«-Reihe, die bereits zuvor zwei eigene Filme, »X-Men Origins: Wolverine« (USA 2009) und »Wolverine: Weg des Kriegers« (USA 2013), bekam, ein weiteres Mal ausgekoppelt wird. Logan, der Mutant mit enormen Selbstheilungskräften und unzerstörbaren Metallklingen, einst nur Wolverine genannt, ist im Jahr 2029 sichtlich gealtert. Sein Leben neigt sich dem Ende zu. Mit den X-Men ist es vorbei. Die Welt ist ein Turbokapitalismus, in dem mächtige Konzerne und das große Geld sogar das Leben der Mutanten bestimmen. Die Nicht-Mutanten haben gewonnen. Viel hat sich dabei nicht geändert in dieser Zukunftsvision, außer vielleicht, dass nun selbstfahrende LKWs die Straßen bevölkern. Ein letztes Mal wird Logan, der nie Held, nie X-Men sein wollte, und es dennoch sein musste, gebraucht. Gemeinsam mit dem an einer neurodegenerativen Krankheit leidenden Charles Xavier muss er eine junge Mutantin über die Grenze raus aus den USA bringen, in Sicherheit vor dem Konzern, der sie aus dem Blut Wolverines geklont hat und für den sie nur ein Stück Biotechnologie ist, ein Rüstungsprojekt.

Der Film ist mutig und antikolonialistisch, indem er aus den USA einen Ort der Bedrohung macht, Mexiko als Kolonie der Superkonzerne hinstellt und den Sehnsuchtsort der Flüchtlinge in den Norden nach Kanada verlegt. Dabei werden direkte und indirekte Bezüge zum Westerngenre aufgebaut, der Mythos der *Frontier* aber zugleich negativ umgekehrt. Die *Frontier* ist hier nicht mehr die Grenze des Reichs des Guten, die erweitert werden sollte, sondern der Fluchtpunkt vor dem eskalierten Bösen im Zentrum der Zivilisation.

Die Figur Logan begeht in der ganzen Reihe sehr häufig die Flucht in die Peripherie. Er ist der Zivilisation, in der die X-Men versuchen, Gutes zu bewirken und sie zu verteidigen, genauso skeptisch gegenüber eingestellt wie der neuen posthumanen Ordnung, die Magnetos Mutanten anstreben. Logans Odyssee beginnt selbst schon in »X-Men« aus dem Jahr 2000 in der Wildnis. Dort trifft er die Mutantin Rogue, die, wie er, vor der Zivilisation geflüchtet ist. Der Einzelgänger Logan bleibt zu ihr, entsprechend seiner Heldenbiografie, stets auf Distanz, entwickelt zwar Beschützerinstinkte, hütet sich jedoch vor Vatergefühlen. Später kämpft er an der Seite der Guten, schließt sich ihnen aber nie richtig an. Er verhält sich moralisch integer, redet aber, als sähe er die Welt zynisch. Logan ist Antiheld und Held zugleich, stets nur ein Held aufgrund der Umstände, und macht es dann doch irgendwie ganz gut. Er drängt sich nie auf, was ihn vermutlich so beliebt macht. Gegen ihn scheint der etwas strebsam auftretende Captain America, der bewusst Anführer und Held sein will, erst recht als ein aus der Zeit gefallener Charakter.

Die Ausgangssituation von »Logan« trägt von allen Superheldengeschichten des 21. Jahrhunderts dabei die vermutlich bitterste Aussage: Die Superhelden könnten den Kampf um die Zivilisation, die Stadt und das Zentrum verlieren – denn in der radikalen Dystopie gibt es keine Helden mehr. Vielleicht brauchte das Kino ab 2000 sie daher so sehr.

Jöran Klatt, geb. 1986, ist Redakteur der Zeitschrift *INDES* und Mitarbeiter am Göttinger Institut für Demokratieforschung. Er promoviert an der Universität Hildesheim. Zu seinen Forschungsschwerpunkten gehören politische Kulturforschung sowie Sprach- und Kommunikationswissenschaften.

EIN DEUTSCHES JAHRZEHNT?

DER DEUTSCHE IDENTITÄTSDISKURS ALS EIN *HAPPY END* UNTER VORBEHALT

Ξ Eunike Piwoni

Der Flaggentaumel zur FIFA-Fußball-Weltmeisterschaft 2006 versetzte alle in Erstaunen – und ein wenig auch in Ehrfurcht. Schließlich wohnte man einem historischen Moment bei: dem der »Normalwerdung« der Deutschen. Was sich hier ereignete, war nichts Geringeres als die Enttabuisierung des Nationalen im öffentlichen Raum und – damit einhergehend – im Diskurs.

Bis dato waren positiv-emotionale Bekenntnisse zur Nation durch eine aus dem Tätertrauma erwachsene nationale Identität »ex negativo«[1] blockiert und im öffentlichen Diskurs konsequent stigmatisiert worden. Martin Walser brachte diese Blockade auf den Punkt, als er 1998 die (rhetorische) Frage stellte: »Aber in welchen Verdacht gerät man, wenn man sagt, die Deutschen seien jetzt ein normales Volk, eine gewöhnliche Gesellschaft?«[2] Noch 2001 hatte Bundesumweltminister Jürgen Trittin ebendiese Frage, wenn man so will, beantwortet, als er dem CDU-Generalsekretär Laurenz Meyer die »Mentalität eines Skinheads«[3] bescheinigte, weil dieser bekundet hatte, stolz darauf zu sein, Deutscher zu sein.

Dass das deutsche Sommermärchen als Moment der »Normalisierung« ins kollektive Gedächtnis der Deutschen eingehen konnte, hat nicht zuletzt damit zu tun, dass Deutungen der oben beschriebenen Art während der WM 2006 weitestgehend ausblieben. Genau genommen war die Patriotismusdebatte genau das nicht: eine ernsthafte Debatte. Selten war der Konsens zwischen den Eliten und der Bevölkerung einerseits und den verschiedenen intellektuellen Lagern der Republik andererseits so groß wie 2006. Auch wenn man sich nicht sicher war, ob das Feiern der Menschen auf den Straßen nur als *Partyotismus* oder doch als Patriotismus zu deuten war: Der Flaggentaumel wurde allenthalben begrüßt, und weder das eine – *Partyotismus* – noch das andere – Patriotismus – wurde von den Feuilletonisten der *Welt* oder der *taz* angesichts der deutschen Geschichte als Problem konstruiert.

Wie sehr sich das Meinungsklima gewandelt hatte, zeigen gerade die Reaktionen auf die wenigen Versuche einer Kritik am unbedarften Umgang mit nationalen Symbolen: Zu Beginn der WM hatte die Gewerkschaft Erziehung und Wissenschaft (GEW) eine Broschüre mit dem Titel »Argumente gegen das

1 Bernhard Giesen, Die Intellektuellen und die Nation. Eine deutsche Achsenzeit, Frankfurt a.M. 1993, S. 238.

2 Martin Walser, Erfahrungen beim Verfassen einer Sonntagsrede. 11.10.1998, in: Frank Schirrmacher (Hg.), Die Walser-Bubis-Debatte. Eine Dokumentation, Frankfurt a.M. 1999, S. 7–17, hier S. 13.

3 O.V., Schröder schaltet sich ein, in: Spiegel Online, 14.03.2001, URL: http://www.spiegel.de/politik/deutschland/0,1518,122479,00.html [eingesehen am 10.08.2017].

INDES, 2017–3, S. 83–92, © Vandenhoeck & Ruprecht GmbH & Co. KG, Göttingen, 2017, ISSN 2191-995X

Deutschlandlied – Geschichte und Gegenwart eines furchtbaren Lobliebes an die deutsche Nation« an hessische Schulen verschickt. Darin wurde argumentiert, dass die Nationalhymne zum reaktionären deutsch-nationalen Erbe gehöre und von den Nazis missbraucht worden sei.[4] Noch Ende Juni, und infolge massiver öffentlicher Kritik, entschuldigte sich der Vorsitzende der Gewerkschaft, Ulrich Thöne, für das Versenden der »Argumente gegen das Deutschlandlied« und gab an, dass die Broschüre »aus dem Museum« komme und nicht als aktueller Debattenbeitrag zum Thema Nationalbewusstsein zu verstehen sei.[5]

Aber warum sind während der WM kritische Stellungnahmen zum Flaggentaumel weitgehend ausgeblieben bzw. warum wurden diese, wie im Falle der GEW, marginalisiert? Die Gründe hierfür liegen, so meine These, nicht ausschließlich in der »Macht der Straße«, sondern in den diskursiven Verschiebungen, die sich im Zuge der sogenannten Vergangenheitsbewältigungsdebatten der 1990er Jahre ereigneten, und in dem Konsens, der sich trotz allen Dissenses in der Leitkulturdebatte herausbilden konnte.

DAS DISKURSIVE ERBE DER »VERGANGENHEITSBEWÄLTIGUNGS-DEBATTEN« DER 1990ER JAHRE

Die bundesrepublikanische Öffentlichkeit der 1990er Jahre war von Debatten geprägt, die sich vertieft mit der nationalsozialistischen Vergangenheit auseinandersetzten.[6] Die Planung und Realisierung des Holocaust-Mahnmals in Berlin erstreckte sich über 15 Jahre und wurde in dieser Zeit immer wieder kontrovers diskutiert. Die vom Hamburger Institut für Sozialforschung anlässlich des 50. Jahrestages des Kriegsendes initiierte Wehrmachtsausstellung erregte die Gemüter nicht weniger als Daniel Goldhagens im März 1996 veröffentlichte Dissertation »Hitler's Willing Executioners«[7]. Und die von Martin Walser und Ignatz Bubis maßgeblich geprägte Auseinandersetzung um die Frage der öffentlichen Erinnerung an die NS-Zeit, die im Herbst 1998 in Reaktion auf Walsers Friedenspreisrede und dessen Ablehnung einer »Instrumentalisierung des Holocaust« begonnen hatte, ist als Walser-Bubis-Debatte in die deutsche Diskursgeschichte eingegangen.[8]

Das Spektrum der in diesen Debatten vertretenen Positionen zum »richtigen« Umgang mit der NS-Vergangenheit war groß. Allein der in der Walser-Bubis-Debatte ausgetragene Konflikt über die Angemessenheit der Konzepte Schande, Schuld und Scham sprach Bände. Die vorgetragenen Argumente waren subtil, und es kam auf die Nuancen an. So wandte sich der Historiker Micha Brumlik zwar gegen die Idee von der Kollektivschuld – der Gedanke sei »widersinnig« –, plädierte aber für eine »kollektive[ ] Scham« der

4 Vgl. Pitt von Bebenburg, Nationalhymne stört die GEW, in: Frankfurter Rundschau, 14.06.2006; Martin Reim, Dissonanzen um die deutsche Hymne, in: Süddeutsche Zeitung, 16.06.2006.

5 Pitt von Bebenburg u. a., »Broschüre aus dem Museum«, Interview, in: Frankfurter Rundschau, 22.06.2006.

6 Vgl. Torben Fischer u. Matthias N. Lorenz (Hg.), Lexikon der »Vergangenheitsbewältigung« in Deutschland. Debatten- und Diskursgeschichte des Nationalsozialismus nach 1945, Bielefeld 2007; Klaus Große Kracht, Die zankende Zunft. Historische Kontroversen in Deutschland nach 1945, Göttingen 2005.

7 Daniel Jonah Goldhagen, Hitlers willige Vollstrecker. Ganz gewöhnliche Deutsche und der Holocaust, Berlin 1996.

8 Vgl. Schirrmacher.

Deutschen, d.h. für »das Bewusstsein, einem historischen und politischen Gemeinwesen anzugehören«. Diese kollektive Scham vermöge »die Schuld von Millionen einzelnen zwar nicht zu tilgen, aber doch durch tätiges Handeln zu erhellen«[9].

Die Auseinandersetzungen waren also vehement und vielschichtig. Und doch kristallisierte sich in den 1990er Jahren, und nicht zuletzt in der Walser-Bubis-Debatte, im Hinblick auf grundsätzliche Fragen zum Umgang mit dem NS-Erbe, eine Einigkeit heraus: Erstens entwickelte sich ein (wohl nicht immer bewusst reflektierter aber eben doch deutlich werdender) Konsens darüber, dass der Holocaust – für welche Zwecke auch immer – nicht instrumentalisiert werden dürfe. Zweitens artikulierte man über die streitenden Lager hinweg, dass mit Ritualen des Gedenkens vorsichtig umgegangen werden müsse, um Abstumpfung zu vermeiden. Und drittens wurde auch und gerade die Unabdingbarkeit öffentlichen Gedenkens an die NS-Zeit hervorgehoben. Um es mit den Worten eines Walser-Befürworters zu sagen: »Sollte aus seiner Frankfurter Rede jedoch herausgelesen werden, dass Auschwitz kein öffentliches Thema mehr sein sollte, dann wäre Walser vor sich selbst in Schutz zu nehmen.«[10]

Und noch in einer anderen Dimension des nationalen Identitätsdiskurses sollte bald ein Konsens erzielt werden: in der Frage des »richtigen« Nationsverständnisses. Auch diese Frage hat eine lange diskursive Vorgeschichte. Schon im Historikerstreit vertraten die sich gegenüberstehenden Lager nicht nur konträre Positionen zur Bedeutung des Holocaust, sondern auch zum Nationsverständnis. Während Jürgen Habermas für eine Staatsbürgernation nach westlichem Vorbild plädierte, verteidigte das Lager der konservativen Historiker das Modell einer ethnisch verfassten deutschen Kulturnation. Auch und gerade in den beiden Phasen der Vereinigungsdebatte (1989/90 und 1992–94) ergaben sich die Hauptkonfliktlinien aus unterschiedlichen Auffassungen darüber, wie die deutsche Nation zu definieren sei. Die Leitkulturdebatte der Jahre 2000 und 2001 (und ihre verschiedenen Nachfolgedebatten) sollte hier einen wichtigen Schritt in Richtung eines Konsenses markieren.

DIE DEBATTE UM DIE DEUTSCHE LEITKULTUR

Die Debatte um die Frage einer deutschen Leitkultur wurde im Oktober 2000 ausgelöst, als der CDU/CSU-Fraktionsvorsitzende Friedrich Merz eine stärkere Konzentration der CDU auf die Themen Einwanderung und Integration ankündigte und in diesem Kontext den Begriff der »deutschen Leitkultur« einbrachte, worunter er »Regeln des Zusammenlebens in Deutschland«[11] verstand. In der Folge entbrannte eine lebhafte Debatte über die

9 Micha Brumlik, Vom Alptraum nationalen Glücks, in: die tageszeitung, 15.10.1998.

10 Martin Ebel, Unser Auschwitz, in: Zeitung zum Sonntag, 18.10.1998.

11 Friedrich Merz, Einwanderung und Identität, in: Die Welt, 25.10.2000.

Angemessenheit des Begriffs Leitkultur, die einen ihrer Höhepunkte in Paul Spiegels Rede anlässlich einer Gedenkveranstaltung an die Reichspogromnacht fand, als er sich an die anwesenden Politiker mit den Worten wandte: »Was soll das Gerede um die Leitkultur? Ist es etwa deutsche Leitkultur, Fremde zu jagen, Synagogen anzuzünden, Obdachlose zu töten? [...] Meine Damen und Herren Politiker: Überlegen Sie, was Sie sagen, und hören Sie auf, verbal zu zündeln!«[12]

Der Präsident des Zentralrats der Juden in Deutschland stand mit seinen Bedenken nicht alleine. Der Begriff wurde mit »Überheblichkeit« und »Null-Toleranz«[13] assoziiert, und ihm wurde eine Nähe zum Gedankengut der *Neuen Rechten* bescheinigt[14]. Vergleicht man jedoch die Positionen, welche die verschiedenen Lager zum deutschen Nationsverständnis vorbrachten, bemerkt man Erstaunliches: Am Ende des Tages ist es kein kulturnational-völkisches Verständnis, das die größte Zustimmung erfährt – auch nicht von den Verteidigern des entsprechend konnotierten Begriffs der Leitkultur –, sondern die Vorstellung von einer staatsbürgerlich verfassten, pluralistischen Nation. Friedrich Merz selbst legte den von ihm ins Spiel gebrachten Begriff wie folgt aus: »Zur freiheitlichen Kultur unseres Landes gehört ganz wesentlich die Verfassungstradition unseres Grundgesetzes. [...] Das Grundgesetz ist damit wichtigster Ausdruck unserer Werteordnung [...]. Das kulturelle Miteinander und die gegenseitige Bereicherung durch kulturelle Erfahrungen aus anderen Ländern stößt an ihre Grenzen, wo der Minimalkonsens zur Freiheit, der Menschenwürde und der Gleichberechtigung nicht mehr eingehalten wird [...]. Eine erfolgreiche Einwanderungs- und Integrationspolitik muss darüber hinaus darauf bestehen, dass die deutsche Sprache verstanden und gesprochen wird. Dies ist nicht nationaler Sprachchauvinismus, sondern Grundvoraussetzung eines friedlichen Miteinanders in unserem Land, es ist die kulturelle Basis auch dann, wenn das Grundgesetz dazu schweigt.«[15]

Das hat, so muss man konstatieren, eigentlich nichts mehr mit der klassischerweise vom konservativen Lager favorisierten Idee einer deutschen Kulturnation zu tun. Eher erkennt man hier Elemente des von Jürgen Habermas vertretenen Verfassungspatriotismus. Dieses Konzept war nicht nur von Habermas selbst, sondern u. a. auch von Ralf Dahrendorf, Günter Grass und Dieter Oberndörfer im Historikerstreit und in den beiden Phasen der Vereinigungsdebatte immer wieder gegen eine Front konservativer Intellektueller – genannt seien hier mit Michael Stürmer, Karl Heinz Bohrer, Martin Walser, Botho Strauss und Brigitte Seebacher-Brandt die vielleicht prominentesten ihrer Vertreter – verteidigt worden.[16]

12 Paul Spiegel, »Hören Sie damit auf, verbal zu zündeln.« Rede des Präsidenten des Zentralrats der Juden anlässlich der Veranstaltung zum Gedenken an die Reichsprogromnacht am 9. November 1938, in: Die Welt, 10.11.2000.

13 Heribert Prantl, Die Logik der Knalltüten. Nicht die Einwanderer, sondern die Christdemokraten brauchen eine Leitkultur, in: Süddeutsche Zeitung, 30.10.2000.

14 Vgl. Justus Ulbricht, Auf der Suche nach der deutschen Leitkultur, in: die tageszeitung, 28.10.2000.

15 Friedrich Merz, Einwanderung und Identität, in: Die Welt, 25.10.2000.

16 Vgl. Eunike Piwoni, Nationale Identität im Wandel. Deutscher Intellektuellendiskurs zwischen Tradition und Weltkultur, Wiesbaden 2012, S. 95–193; Charles S. Maier, Die Gegenwart der Vergangenheit. Geschichte und die nationale Identität der Deutschen, Frankfurt a. M. 1992; Michael Schäfer, Die Vereinigungsdebatte. Deutsche Intellektuelle und deutsches Selbstverständnis 1989–1996, Baden-Baden 2002.

IDENTITÄT
VERGANGENHEITSBEWÄLTIGUNG
STOLZ
IDENTITÄTSDISKURS
BEKENNTNIS
LEITKULTUR
PATRIOTISMUSDEBATTE
VERGANGENHEIT
ERBE
NATION

Das eigentlich Erstaunliche an der Leitkulturdebatte ist die Vehemenz, mit der gegen die Idee einer deutschen Schicksals- und Abstammungsgemeinschaft argumentiert wurde – obgleich unklar ist, gegen wen genau diese Argumente in Stellung gebracht wurden, da in der öffentlichen Debatte selbst niemand für verengte Zugehörigkeitskriterien zur deutschen Nation wie etwa eine deutsche Abstammung eintrat. Oder, in den Worten eines Lesers der *taz:* »Bisher fiel den ProtagonistInnen von Leitlinien und Leitkultur wenig mehr ein, als Sprachkenntnisse und die Einhaltung des Grundgesetzes zu fordern. Das jedoch ist so selbstverständlich wie platt.«[17]

Im Lichte des deutschen Identitätsdiskurses war diese breite Zustimmung zu einem staatsbürgerlichen Verständnis der deutschen Nation freilich genau das nicht: selbstverständlich und platt. Im neuen Jahrtausend jedoch konnte sie sich nach über einem Jahrzehnt des Ringens mit traditionell-kulturnationalen Vorstellungen zur deutschen Nation als konsensuell durchsetzen und wurde jetzt, in den Nullerjahren, tatsächlich »selbstverständlich«.

DIE PATRIOTISMUSDEBATTE ALS *HAPPY END?*

Ebendiese Selbstverständlichkeit einer staatsbürgerlich verstandenen deutschen Nation hatte auch Konsequenzen für die Frage nach der Legitimität positiv-emotionaler Bekenntnisse zur Nation. Ebensolche Bekenntnisse waren von linksliberalen Kräften immer wieder als Ausdruck eines völkisch-kulturnationalen Verständnisses und als Versuch, die NS-Zeit zu relativieren, gedeutet und deshalb delegitimiert worden. Nachdem jedoch ein Konsens zum adäquaten Umgang mit der NS-Vergangenheit einerseits und zum deutschen Nationsverständnis andererseits gefunden worden war, konnte auch Patriotismus »freigegeben« werden.

Der Grund also, weshalb der Flaggentaumel zur WM auch von linksliberalen Intellektuellen und Eliten der Republik akzeptiert und respektiert wurde, war deren Überzeugung, dass die Emotionen der deutschen Bevölkerung nicht als Ausdruck eines Stolzes auf die deutsche Kulturnation oder gar eines ethnisch verstandenen deutschen Volkes zu lesen seien, sondern als Manifestation eines sich auf eine pluralistisch verstandene deutsche Nation beziehenden Patriotismus. So konnte sich auch der Grünen-Politiker Tarek Al-Wazir überzeugt zeigen: »Im Vergleich etwa zum Jahr 1990 ist die deutsche Flagge nicht mehr das Kampfsymbol einer rechten oder konservativen Weltanschauung. Ich finde es gut, wie eingebürgerte Deutsche oder in Deutschland lebende Migranten völlig selbstverständlich die deutsche Mannschaft anfeuern. Wenn man dann sieht, dass Miroslav Klose und Lukas Podolski

17 Wolfgang Faller, Antidiskriminierungsgesetz statt Leitkultur. Grüne Einheit statt bunte Vielfalt? Leserbrief, in: die tageszeitung, 08.11.2000.

in Polen geboren sind oder David Odonkor einen schwarzen Vater hat und endlich selbstverständlich als Deutscher betrachtet wird, dann zeigt das, dass sowohl die Fans als auch die Mannschaft und damit dieses Land sich positiv verändert haben.«[18]

Auch der aus den Vergangenheitsdebatten gewonnene Konsens spiegelte sich in der Patriotismusdebatte wider. Mithin konnte ganz selbstverständlich angenommen werden, dass die NS-Zeit fest im Gedächtnis der Nation verankert sei: »Die letzten Wochen haben es ganz praktisch beglaubigt: Die deutsche Nation ist weder geschichtsvergessen noch geschichtsversessen – sie ist eine weltoffene, demokratische und, ja, multikulturelle Republik. Und darauf kann man ja wohl ein bisschen stolz sein. Punkt. Aus. Ende der Durchsage.«[19] Gerade weil die NS-Zeit fest im Gedächtnis der Nation integriert sei, müsse sie emotionalen Bekenntnissen nicht im Wege stehen. Dass diese Schlussfolgerung heute überhaupt gezogen werden konnte, war eine Folge des Konsenses, der in den 1990er Jahren zur Frage des »richtigen« Umgangs mit der NS-Vergangenheit Deutschlands erzielt worden war.

Doch woher wussten die Kommentatoren, dass der Flaggentaumel sich auf ein staatsbürgerliches Nationsverständnis bezog und dass die Feiernden damit sicher keine Relativierung der NS-Vergangenheit meinten? Die Antwort lautet: Sie wussten es nicht. Die Freigabe von Patriotismus im öffentlichen Diskurs basierte auf intellektuellen Konstruktionen und ergab sich aus der Logik, mit welcher der deutsche Identitätsdiskurs seit den 1980er Jahren operiert hatte.

Die diskursive Freigabe von Patriotismus fiel nicht nur mit dem Flaggentaumel auf deutschen Straßen zusammen, sondern stellte sich auch und gerade in diskurshistorischer Perspektive als *Happy End* dar – als *Happy End* einer mindestens seit dem Historikerstreit der späten 1980er Jahre währenden Auseinandersetzung um das richtige Nationsverständnis (pluralistisch versus ethnisch/kulturnational), um den richtigen Umgang mit der deutschen Vergangenheit (Anerkennung der Einzigartigkeit der Verbrechen versus Relativierung) und um die richtige Haltung zur Nation (rationaler Verfassungspatriotismus versus emotionales Bekenntnis zur Nation). Emotionale Bekenntnisse zur Nation konnten freigegeben werden, weil nicht mehr in Zweifel stand, dass alle Teilnehmer am nationalen Identitätsdiskurs für ein pluralistisches und staatsbürgerliches Deutschland einstanden und keine Versuche unternehmen würden, die NS-Vergangenheit zu relativieren.

Ende gut, alles gut? Mitnichten. Denn nur kurze Zeit später schaffte es eine Figur auf das diskursive Parkett der deutschen Öffentlichkeit, die diese mühsam errungenen Gewissheiten herausfordern sollte: Thilo Sarrazin.

18 Pitt von Bebenburg u. Tarek Al-Wazir, »Die Flagge ist kein rechtes Symbol mehr«, in: Frankfurter Rundschau, 01.07.2006.

19 Reinhard Mohr, Mohrs Deutschlandgefühl. Oh Schreck, die Deutschen sind sympathisch, in: Die Welt, 10.07.2006.

DIE HERAUSFORDERUNG SARRAZIN

In seinem Bestseller »Deutschland schafft sich ab« argumentierte Sarrazin, zu diesem Zeitpunkt noch Vorstandsmitglied der Deutschen Bundesbank, dass die kulturelle Identität der Deutschen massiv gefährdet sei.[20] Während »autochthone« Deutsche eine sehr geringe Geburtenrate hätten, besäßen Einwanderer aus muslimischen Ländern eine extrem hohe, sodass Letztere die »autochthone« Bevölkerung im Jahre 2100 zahlenmäßig übertreffen würden.[21] Ferner glaubte Sarrazin, dass die Integration von Einwanderern aus muslimischen Ländern aufgrund deren kulturellen Hintergrundes schleppend verlaufe und dass striktere Maßnahmen zur Kontrolle ihrer »Integrationsleistung« in Anschlag gebracht werden müssten.[22] Sarrazin gab vor, sich Sorgen zu machen um »das Land [s]einer Enkel und Urenkel«, und er wünsche sich eine Wahrung der »kulturelle[n] Identität« Deutschlands.[23]

Im Verlauf der Debatte wurde auch klar, dass Sarrazin genetischen Dispositionen eine große Bedeutung beimaß. Er glaubte, dass Intelligenz zu »50 bis 80 Prozent« vererbbar sei und dass diejenigen Schichten, die über ein relativ geringes Einkommen verfügen, im Durchschnitt weniger intelligent seien.[24] Es waren speziell Sarrazins Verweise auf genetische Ursachen scheiternder Integration, die seine Einlassungen in den Augen der intellektuellen und politischen Elite »vollkommen inakzeptabel« erscheinen ließen, um mit Angela Merkel zu sprechen.[25]

Sarrazins Nationsverständnis kam auf der Oberfläche pluralistisch und staatsbürgerlich daher – er zeigte sich überzeugt, dass Deutschland Zuwanderer brauche und es darauf ankomme, dass sich diese den Grundsätzen der Verfassung verpflichtet fühlten und einen positiven Beitrag zu unserer Gesellschaft zu leisten in der Lage seien. Seine Argumentation war aber auch von diskursiv mittlerweile stark delegitimierten Ideen durchsetzt; denn letztlich lautete eine Variante seines Arguments: Wer türkischen oder arabischen Blutes ist bzw. dem muslimischen Kulturkreis angehört, kann nur schwer einen positiven Beitrag zur deutschen Nation leisten und sollte deshalb (nicht, weil er diese oder jene Herkunft hat, sondern weil er aufgrund dieser Herkunft höchstwahrscheinlich nicht gleichermaßen leistungsfähig ist) nicht nach Deutschland kommen dürfen.

Die intellektuelle und politische Elite von Frank Schirrmacher bis Sigmar Gabriel war durchaus in der Lage, diesen Impetus zu dekonstruieren, musste im Verlauf der Debatte aber zunehmend anerkennen, dass derselben kein schnelles Ende beschieden war. Das lag vor allem daran, dass Sarrazin auf eine alternative Ressource zurückgreifen konnte: eine massive Zustimmung in der deutschen Bevölkerung. Die intellektuelle und politische Elite sah sich

20 Siehe Thilo Sarrazin, Deutschland schafft sich ab. Wie wir unser Land aufs Spiel setzen, München 2010.

21 Ebd., S. 295 ff.

22 Siehe ebd., S. 305.

23 Ebd., S. 308 u. S. 290.

24 Ebd., u. a. S. XXXIV, vgl. hierzu Michael Kamann, Nur als Provokateur originell, in: Die Welt, 27.08.2010.

25 Siehe o.V., Merkel legt der Bundesbank Konsequenzen im Fall Sarrazin nahe, in: Frankfurter Allgemeine Zeitung, 30.08.2010.

nun mit der Aufgabe konfrontiert, den Konsens des Identitätsdiskurses, d. h. ein pluralistisches und staatsbürgerliches Nationsverständnis, zu verteidigen, obgleich Sarrazin als offenkundiger Vertreter kulturalistisch-ethnischer Ideen ein Höchstmaß an Zustimmung seitens der deutschen Bevölkerung zu bekommen schien. Wie gelang ihr das?

Indem sie – und hier zeigt sich eine interessante Parallele zur Patriotismusdebatte – die Motive der deutschen Bevölkerung entsprechend ausdeutete und einhegte. Altkanzler Helmut Schmidt bspw. zeigte sich überzeugt, dass Sarrazins Anhänger seine Sichtweisen zu den »Defizite[n] der Integration« teilen würden, aber »nicht alle seine sonstigen Äußerungen«.[26] Mit dieser Deutung war Schmidt nicht alleine – auch andere Kommentatoren zeigten sich davon überzeugt, dass es den Unterstützern nur um die bislang angeblich tabuisierte, wenig erfolgreiche Integration bestimmter Gruppen von Einwanderern ginge.[27] Diese Deutung des Sarrazin'schen Erfolgs erlaubte den Eliten, ihren errungenen Konsens zum pluralistischen Verständnis der deutschen Nation zu verteidigen und den thematischen Schwerpunkt der Debatte hin zu einer Diskussion der Voraussetzungen gelingender Integration zu verschieben.

IDENTITÄTSDISKURS *QUO VADIS?*

Vergleicht man den öffentlichen Diskurs über nationale Identität im Deutschland der Nullerjahre mit der Kontroverse, die sich seit dem Historikerstreit 1986/87 entfaltet und im wiedervereinigten Deutschland der 1990er Jahre in einer Vielzahl von Debatten niedergeschlagen hatte, so wird zunächst, wie bereits aufgezeigt, deutlich, dass die Nullerjahre von Konsensbildung zum deutschen Nationsverständnis und zur Frage nach der Legitimität von emotionalen Bekenntnissen zur Nation gekennzeichnet waren. Diese beiden Dimensionen des Identitätsdiskurses hatten seit dem Historikerstreit und in den Debatten der 1990er Jahre starke Fronten evoziert. Nun jedoch wurde das deutsche Nationsverständnis konsensuell als pluralistisch-staatsbürgerlich definiert und emotionale Bekenntnisse zu einer solcherart verstandenen Nation wurden legitim.

Neben diesen inhaltlichen Verschiebungen fällt mit Blick auf die Debatten der Nullerjahre aber auch auf, dass diese sich weniger komplex darstellten. Die Argumente waren der Tendenz nach intellektuell weniger anspruchsvoll, was wohl auch am veränderten Feld der an der Debatte Teilnehmenden lag. Der Historikerstreit bspw. war genau das gewesen: ein Streit, den in erster Linie Historiker untereinander austrugen (wenngleich in überaus öffentlicher Manier). So war Jürgen Habermas' »Einmischung« auch mit dem

26 Giovanni di Lorenzo u. Helmut Schmidt, Verstehen Sie das, Herr Schmidt?, in: Die Zeit, 16.09.2010.

27 Vgl. Hans-Ulrich Wehler, Ein Buch trifft ins Schwarze, in: Die Zeit, 07.10.2010; Günther Nonnenmacher, Die Verbannung, in: Frankfurter Allgemeine Zeitung, 04.09.2010.

Kommentar quittiert worden: »Hat denn der Mann nie ein historisches Proseminar besucht?«[28] Die Debatten der 1990er Jahre zeigten sich nicht weniger hermetisch, wenn etwa versucht wurde, Botho Strauß' »Bocksgesang«[29] auszudeuten.[30]

Dass neben Intellektuellen auch andere Personen des öffentlichen Lebens, d.h. vor allem Politiker, aber auch Unternehmer, Verbandsvertreter, Auslandskorrespondenten oder Prominente, im Identitätsdiskurs zu Wort kommen sollten, war ein Phänomen der Nullerjahre. Ebenfalls ein Phänomen dieser Dekade war das große Interesse an *Volkes Stimme*. Im Falle der Patriotismusdebatte und der Kontroverse um Thilo Sarrazin lässt sich sogar behaupten, dass diese Stimme den Verlauf der Debatte maßgeblich beeinflusst hat. Das intellektuelle Vakuum, in welchem der Identitätsdiskurs früher geführt worden war, hat sich in den Nullerjahren aufgelöst. Seitdem kommt er weniger elitär daher und wirkt stärker an gesellschaftliche Wirklichkeiten gekoppelt.[31]

Das heißt jedoch nicht, dass der Identitätsdiskurs seine Historie und seine Errungenschaften vergessen hätte. Wie nicht zuletzt die jüngsten Debatten über die völkischen Ideen der AfD und Björn Höckes Angriffe auf die Notwendigkeit des Gedenkens an den Holocaust gezeigt haben,[32] wird der diskursive Konsens zur nationalen Identität (auch) in den 2010er Jahren öffentlichkeitswirksam und vehement verteidigt.[33] Gleichwohl sei betont, dass der Identitätsdiskurs nicht einem Naturgesetz gleich funktioniert. Ob es bei den Konsensstrukturen der Gegenwart bleibt oder etwa ethnisch-kulturnationale Auffassungen wieder zunehmend an Legitimität gewinnen, kann deshalb nicht abschließend beantwortet, sondern muss weiterhin aufmerksam beobachtet werden.

Dr. Eunike Piwoni, geb. 1980, Akademische Rätin in der Abteilung Kultursoziologie an der Georg-August-Universität Göttingen, forscht zum deutschen Diskurs über Identität und Immigration aus repräsentationstheoretischer, historischer und emotionssoziologischer Perspektive. Ferner hat sie Projekte zur Formierung von Gegenöffentlichkeit in den Kommentarbereichen von Onlinezeitungen im Kontext der Berichterstattung über die AfD und zu Identitätskonstruktionen von internationalen Studierenden an einer Londoner Eliteuniversität durchgeführt.

28 Andreas Hillgruber, Leserbrief, in: Frankfurter Allgemeine Zeitung, 23.08.1986.

29 Botho Strauß, Anschwellender Bocksgesang, in: Der Spiegel, 08.02.1993.

30 Vgl. Ralf Havertz, Der Anstoß. Botho Strauß' Essay »Anschwellender Bocksgesang« und die neue Rechte. Eine kritische Diskursanalyse. 2 Bde., Berlin 2008.

31 Vgl. Eunike Piwoni, Claiming the nation for the people. The dynamics of representation in German public discourse about immigrant integration, in: Nations and Nationalism, Jg. (2015), H. 1, S. 83–101.

32 Vgl. Kai Biermann, »Völkisch« ist nicht irgendein Adjektiv, in: Zeit Online, 11.09.2016, URL: http://www.zeit.de/kultur/2016-09/frauke-petry-afd-voelkisch-volk-begriff-geschichte [eingesehen am 10.08.2017]; o.V., AfD-Mann Höcke löst mit Kritik an Holocaust-Gedenken Empörung aus, in: FAZ.net, 18.01.2017, URL: http://www.faz.net/aktuell/politik/inland/afd-geht-nach-umstrittener-rede-auf-distanz-zu-hoecke-14686499.html [eingesehen am 10.08.2017].

33 Vgl. Eunike Piwoni, Latent but not less significant. The Holocaust as an argumentative resource in German national identity discourse, in: German Politics and Society, Jg. 31 (2013), H. 3, S. 1–26.

MEDIEN- UND/ODER GESCHICHTSZEIT

VOM ENDE DER ERZÄHLBARKEIT

Ξ Wolfgang Ernst

BERLIN, 9. NOVEMBER 1989: BLITZESSCHNELLE

Mit dem Zusammenbruch sozialistischer Ostblockstaaten und Regime schien Ende 1989 zugleich das Ende der (Nachkriegs-)Geschichte nahe. Beim Berliner Mauerfall spielte das analoge Fernsehen eine mitauslösende, funkenschlagende Rolle am Ende einer DDR, deren Staatssicherheitsdiente ihrerseits an der Schwelle zum Digitalen standen. Zur Jahreswende 1999/2000 aber waren elektronische Medien nicht mehr schlicht Mitspieler der historischen Ereignisse, sondern erinnerten radikal daran, dass sie selbst eine von der Historie autonome Agentur kultureller Zeitlichkeit darstellen. Obgleich mit der (ihrerseits TV-vermittelten) Attacke auf das World Trade Center in New York am 11. September 2001 die geschichtliche Ereigniszeit scheinbar nochmals einkehrte, obsiegt seitdem in der Finanz-, Kommunikations- und Alltagswelt ein algorithmisches Regime, das der vor-historiografischen Annalistik des frühen Mittelalters näher steht als das Begreifen emphatischer Geschichtsphilosophie.

DURCHBRUCH DER JETZTZEIT

Die Übertragungskanäle von Nachrichten, die später zum Archiv der Historie gerinnen, sind längst nicht mehr durch typografische Zwischenspeicher wie die Zeitung gekennzeichnet, sondern durch vollelektronische Echtzeit-Medien und deren technische Ästhetik der *live*-Übertragung. Konkret war die publizistische Form der Zeitung noch größtenteils an das klassische, verzögernde Übertragungssystem Post gekoppelt und mithin an eine Rhythmisierung von Gegenwart, die in Form von Internet und E-Mails inzwischen zum verdichteten Jetzt tendiert. Die vertraute, bis weit in die Ursprünge der abendländischen Philosophie zurückreichende mentale Abfolge von Vergangenheit, Gegenwart und Zukunft im Zeit-Denken wird seit diesem Übergang durch die technologisch diskretisierte Zeit an einem empfindlichen Punkt verstört: der Jetztzeit.

Stellte sich das traditionelle Zeitverständnis stets als eine lineare, chronologische Reihe von Gegenwartsmomenten dar – in diesem Geschichtsbewusstsein

INDES, 2017–3, S. 93–100, © Vandenhoeck & Ruprecht GmbH & Co. KG, Göttingen, 2017, ISSN 2191-995X ist noch jeder Moment irgendwann einmal Gegenwart gewesen –, löst sich genau diese Linearität, an welcher der *Logos* von Historie als erfüllter Zeit hängt, in der symboltechnisch diskretisierten Zeit radikal auf. Denn im binären Code der algorithmisch gesteuerten Datenprozessierung ist kein Moment als solcher mehr existent, sondern eine mikrotemporale Differenz zu dem, was nicht mehr oder noch nicht ist. Entsprechend waren die Zeithistoriker bereits in Anbetracht der rastlosen Ereignisse im politischen Umbruch von 1989/90 zunehmend ratlos.

In der entscheidenden, die Berliner Mauer öffnenden Pressekonferenz antwortete das Politbüromitglied des einstigen Zentralkomitees der SED in Ost-Berlin, Günter Schabowski, am 9. November 1989 auf eine Rückfrage nach dem Inkrafttreten der neuen liberalen Reiseregelung für DDR-Bürger: »sofort, unverzüglich!«. Diese Artikulation hatte in Kopplung mit der audiovisuellen Sofortübertragung in elektronischen *live*-Medien einen Nebeneffekt: das Ende des noch weitgehend auf analogen Technologien beruhenden Staatsapparats der DDR. Just in dem Moment, da sie die Schwelle von analog zu digital zu übertreten ansetzte, brach sie zusammen. Mit der elektronischen Rundfunkmedienübertragung von Schabowskis »sofort, unverzüglich«[1] wurde die Fortschrittserfahrung, die Immanual Kants Begriff des *Geschichtszeichens* benennt, zum technischen Signal – als Operationsmodus eines Geschehens, das nicht mehr primär über die Verarbeitungsgeschwindigkeit menschlicher Sinneskanäle läuft, sondern ausgelöst wird durch einen Tastendruck, einen elektronischen Impuls.

IST GESCHICHTE NOCH MÖGLICH?

So werfen elektronische Medien die Frage nach der Möglichkeit von Geschichte neu auf. Die elektronische *live*-Übermittlung des »sofort, unverzüglich« deutete am 9. November 1989 an, dass Medien nicht mehr als Werkzeuge der menschlichen Geschichte zu betrachten sind: »Vielmehr greifen sie (beobachtend, prozessierend und auslösend) *selbst* in die Geschichte selbst ein, [...] und produzieren dabei Ereignisse, die im spezifischen Wortsinne ›Medienereignisse‹ sind.«[2]

Ernst Jünger diagnostizierte bereits 1934 angesichts elektrischer Blitzlichter: »In vielen Fällen tritt das Ereignis selbst ganz hinter der ›Übertragung‹ zurück; es wird also in hohem Maße zum Objekt. So kennen wir bereits politische Prozesse [...], deren eigentlicher Sinn darin besteht, Gegenstand einer planetarischen Übertragung zu sein.«[3] Auch im deutsch-deutschen Herbst 1989 vermochten Mauern und Elektrozäune Radiowellen und Fernsehfunk nicht aufzuhalten. Als wolle auch er Jean Baudrillards Thesen zur

1 Zit. nach: Hans-Hermann Hertle, Chronik des Mauerfalls. Die dramatischen Ereignisse um den 9. November 1989, Berlin 1996, S. 145.

2 Claus Pias, Synthetic History, in: Lorenz Engell (Hg.), Archiv für Mediengeschichte, Weimar 2001, S. 171–183, hier zit. nach URL: https://www.uni-due.de/~bj0063/texte/history.pdf [eingesehen am 30.08.2017], S. 7.

3 Ernst Jünger, Über den Schmerz, in: Ders., Blätter und Steine, Hamburg 1934, S. 157–216, hier S. 203.

Hyperrealität bestätigen, beschreibt Helmut Kohls damaliger Adjutant Eduard Ackermann in seinen Erinnerungen, wie er dem Kanzler in jenen Tagen die Glaubwürdigkeit der Maueröffnung erklärt habe: »Das Fernsehen überträgt *live* aus Berlin, ich kann es mit eigenen Augen sehen.«[4]

Keine historische Semantik vermag der Beschleunigung durch die technischen Medien der Nachrichtenübertragung standzuhalten. Ereignisse, so Baudrillard, haben keine Konsequenzen mehr, da sie zu schnell geschehen, um noch – historiografisch oder wie auch immer – kognitiv verarbeitet werden zu können. (Augen-)Zeugenschaft, also die Beobachtung zweiter Ordnung, wird unmöglich. Wenn Ereignisse in Echtzeit-Geschwindigkeit bereits zu »historischen« deklariert werden, also schon im Moment des Geschehens, dann wird der Begriff der Geschichte selbst inflationär und gerinnt zu einer direkten Funktion der medialen Übertragung. Denn historische Imagination bedarf eigentlich einer gewissen Verspätung, einer zeitlichen wie räumlichen Verzögerung. Die Echtzeitgeschwindigkeit elektronischer und digitaler Bildübertragung aber lässt keinen Raum mehr für solche Reflexion – und keine Zeit, dass Bilder sich sicher ins sogenannte kollektive Gedächtnis einzutragen vermögen. Das Gedächtnis wird zu einer Variablen, die willkürlich gefüllt oder entleert werden kann. »Kein Ereignis hat Folgen mehr«, kommentiert Baudrillard; »zu schnell, zu weit wird es verbreitet und von den Kreisläufen verschluckt. Nie wird es zurückkehren, um sich und seinen Sinn zu bezeugen.«[5]

Es war die Simultaneität des audiovisuellen Signaltransfers, welche unmittelbar zum Sturm auf die Ost-Berliner Grenzstationen führte – eine Simultaneität, die kein sequentielles Narrativ darzustellen vermag (also die Form historiografischer Nachträglichkeit): »Anders als bei früherer Nachrichtenübermittlung« drang mit den Ereignissen von 1989/90 die Erfahrung einer dynamisierten Geschichte »durch die Massenmedien tagtäglich ungebremst auf uns ein«.[6] Die Repräsentation der Wirklichkeit wurde durch elektronische Signalübermittlung in einen geschlossenen Schaltkreis überführt.

Paradoxerweise kehrte gerade dadurch ein alter Modus des Erzählens wieder; denn um den simultan einschlagenden Informationen Herr zu werden, griffen Historiker verstärkt wieder zur Form der *Chronik*, um »das dramatische Handlungsgeschehen des 9. und 10. November 1989 [...] authentisch zu rekonstruieren«[7]. So führt Hertles Chronik Schabowskis Pressekonferenz nicht mehr als Anfang einer Geschichte ein, sondern folgt dem Telegrammstil der Nachrichtenticker selbst: »Ost-Berlin, 9. November 1989, 18.53 Uhr«[8]. Reine Kalendarik, reine Daten – eine Rückkehr zu den Anfängen der Geschichtsschreibung selbst, den *Annalen* der römisch-republikanischen Antike und den Osterfestberechnungstafeln des Frühmittelalters.

4 Zit. nach Hans-Hermann Hertle, Der Fall der Mauer: Die unbeabsichtigte Selbstauflösung des SED-Staates, Opladen 1996, S. 276.

5 Jean Baudrillard, Das Jahr 2000 findet nicht statt, Berlin 1990, S. 9.

6 Arnold Esch, Geschichte im Entstehen. Der Historiker und die Erfahrung der Gegenwart, in: Frankfurter Allgemeine Zeitung, 14.07.1990.

7 Hertle, Chronik des Mauerfalls S. 9.

8 Ebd., S. 7.

Ereigniszeit Kontingenz Zeitverständnis
Algorithmisches Regime Medienereignis Algorith
Geschichtszeichen Medienkultur
Rhythmisierung der Gegenwart Rhythmisierung der
Live-Übertragung Übertragung Übertragungskanäle
Annalistik Millenium Bug Hyperrealität Annalistik

VON AKTEN ZU COMPUTERN

Das neue *Deutschland-Archiv* liegt auf Magnetbändern und Festplatten. Die EDV des Ministeriums für Staatssicherheit der DDR (MfS) speicherte zumeist Aktentitel und Stenogramme von Vorgängen (etwa Telefonabhörung), nicht aber den Volltext der Akte. Aus dem ehemaligen Zentralarchiv des MfS sind ca. 10.000 bespielte Bänder erhalten. Zwar wurden nach der Wende die Originalbänder gelöscht; da aber im Zuge des letzten technischen Systemwechsels von Siemens-Kompatibilität (Magnetbänder) auf DDR-autonome Robotron-Technik (Magnetplatten) in der zweiten Hälfte der 1980er Jahre Sicherheitskopien genommen worden waren, die vergessen lagerten, fiel der Behörde des Bundesbeauftragten für die Stasi-Unterlagen (BStU) dieser Bestand mit Personendaten unverhofft zu – trotz des Magnetbandlöschbeschlusses des Runden Tisches im Frühjahr 1990.

Gedächtnispolitisch relevant wird die Sortierung zerstörter Archive dort, wo die Kapazität des digitalen Rechners Dinge unterhalb der menschlichen Wahrnehmungsschwelle erkennt. In 15.000 Säcken lagerten die beim Zusammenbruch des Regimes der DDR rasch zerrissenen Stasi-Akten. Computer könnten das Puzzlespiel rasch lösen. In einer Außenstelle der BStU im fränkischen Zirndorf rekonstruierten Mitarbeiter Akten, die kurz vor dem Zusammenbruch des DDR-Staates zerrissen und in Säcken verstaut, nicht aber geschreddert worden waren. Die Firmen Siemens und SER (Neustadt/Wied) haben nun ein digitales Programm zur Zuordnung dieser Fragmente entwickelt, das die Operation von Jahren auf Minuten abkürzt – eine politische Notwendigkeit angesichts des möglichen Beweischarakters solcher Dokumente vor aktuellen parlamentarischen Untersuchungsausschüssen über verschwundene Akten aus dem Bundeskanzleramt der Kohl-Ära.

Digital, nicht durch Stahltüren, geschah nach der Wende von 1989/90 auch die Versiegelung der DDR-Daten. Zum Glück für die Bewahrung des künftigen Gedächtnisses wurden die elektronischen Daten aus der DDR in maschinennahen Formaten gespeichert; unglücklicherweise bedeutet dies aber auch die Abhängigkeit von Robotron-Hardware, die nach dem Ende der DDR blitzschnell zu Museumsgut wurde. Daran hat das Deutsche Historische Museum nicht gedacht, als es die Depots des zum Oktober 1990 aufgelösten Museums für deutsche Geschichte im Berliner Zeughaus Unter den Linden übernahm. Welches Archiv hält die relevante Hardware zur Lesung historischer Dokumente vor, die nicht mehr als Akten, sondern als *files* vorliegen? Welche Historiker schreiben nicht nur Geschichtsbücher über die Revolution von 1989 und das Ende der DDR, sondern auch Programme zur virtuellen Emulation versunkener DDR-Computer?

Kurzum: 1989 prallten nicht nur politische Ideologien, sondern auch Medienkulturen aufeinander – analoge Signale *versus* digitale Daten. Jenseits klassischer Archivöffnungen zählt hier der *access* zu den Datenbanken. Wenn historische Revolutionen und Neue Medien konvergieren, wird ihr Gedächtnis nicht mehr aus Stalin'schen Sondermappen, sondern aus den Festplatten der *Hacker* bestehen. Diese Speicher (samt ihres *Assemblercodes*) quellenkritisch zu lesen aber wird in historischen Seminaren nach wie vor kaum vermittelt – wobei sich im Fach Medienwissenschaft diese neue kulturtechnische Kompetenz immerhin andeutet.

Mit der Jahreswende 1999/2000 eskalierte der Konflikt zwischen Narration und Technik dann. Die Erzählung ist das klassische Format der historiografischen (also symbolischen) Zeitordnung. Doch alternativ zu dieser kulturellen Sinngebungstechnik praktizieren hochtechnische Medien differente Weisen des In-Beziehung-Setzens von Vergangenheit und Gegenwart. Komplexe Tempor(e)alität wird im Verhältnis von Maschinenzeit zum inneren Zeitbewusstsein der Menschen neu verhandelt.

Im Jahr 2000 hatten endzeitliche Phantasien Konjunktur. Mit der Zeitsekunde von Silvester zu Neujahr bildete das sogenannte *Jahr-2000-Problem*[9], der drohende Rücksprung der Datierung in Computern vom 31. Dezember 1999 auf das Datum des 1. Januar 1900, im techno-logischen und techno-traumatischen Sinne ein »Zeitreal« – denn ein ganzes Jahrhundert drohte in der symbolischen Ordnung der Maschine verschluckt zu werden. Der *millenium bug* war nicht allein ein Problem der Programmierung von Computern, sondern auch eine Herausforderung für eine Kultur, die Zeitweisen privilegiert in Begriffen von Erzählungen denkt. Angesichts funktechnisch übermittelter, algorithmisch berechneter und vernetzter Kommunikationsmedien plädierte Friedrich Kittler dafür, »die abwesende Anwesenheit von Medientechnologien zu denken, ohne einem neuen Historismus zu huldigen«[10]. Die digitale Epoche, heißt das, lässt sich nur noch oberflächlich narrativ dramatisieren.

Der drohende Rücksprung von 1999 zu 1900 war tatsächlich ein Kurzschluss, der nicht mehr von philosophischen Reden über das Ende der Geschichte, sondern von integrierten Schaltkreisen hervorgerufen wurde. Das digitale *Jahr-2000-Problem* als Computerzeitbombe erinnerte daran, dass Zeitordnung längst zu einer Funktion der Speicherökonomie geworden war. Computer setzen eine andere Zeit-Rechnung. Ein Intel-Prozessor merkt sich die Zeit als Anzahl von Sekunden. Die Ursache des *millenium bug* lag in der Ökonomie des Speicherns, in seiner Knappheit als Ressource zu Beginn des Computerzeitalters, die dazu verführte, in Jahresdaten die Jahrhundertziffern einfach auszulassen, weil sie in der Jahrhundertmitte nahezu selbstverständlich waren.

9 Technisch dazu der Artikel von Georges Brigham, The Year 2000, in: Communications of the ACM, Jg. 40 (1997), H. 5, S. 113–115, und Robert A. Wagner, Solving the Data Crisis, ebd., S. 115–117; ferner das Diskussionsforum »The Date Crisis«, ebd., S. 26–30.

10 Friedrich Kittler, Anmerkungen zum Volksempfang, in: Heidi Grundmann u. Robert Reitbauer (Hg.), Die Geometrie des Schweigens. Ein Symposium zur Theorie und Praxis einer Kunst im elektronischen Raum. Am Beispiel der Radiokunst, Wien 1991, o. S.

Die meisten Computer der Welt waren kurz vor der Jahrtausendwende derart programmiert, dass für sie der Schritt ins neue Jahrhundert ein anachronistischer Zeitsprung war. Die Kernstücke der meisten Programme für Datenbanken, etwa für Zins- und Rentenberechnungen, stammten geradezu noch aus der Prähistorie des Computers, als Speicherplatz kostbar war. Damals wurden Programmbefehle noch auf Lochkarten in einer Sprache geschrieben, »deren Namen Studenten der Informatik heute nur noch aus Geschichtsbüchern kennen«[11], nämlich in *Cobol.* Um Speicherplatz zu sparen, verzichteten die Programmierer damals darauf, Kalenderjahre vollständig auszuschreiben, um vielmehr lediglich die beiden Endziffern zu bezeichnen. Der Computer konnte demnach nur bis zum Jahr <19>99 rechnen, um dann auf <19>00 zurückzuspringen.

Das Problem der zweistelligen Datumsfelder betraf alle Formen der Datenverarbeitung, Betriebssysteme, Netzwerke, Inventarhaltung und Steuerungsprozesse – den Nuklearbereich eingeschlossen.[12] Insofern diese Daten auch den Chips selbst eingelötet waren, wurde aus der Soft- eine Hardwarefrage. *Cobol*-Programme im Umfang von mehr als sieben Milliarden Programmzeilen waren im Einsatz und im Korrekturgang zu durchforsten. Diese Zeilen einzeln auf jeden Datumseintrag durchzusehen und zu korrigieren, kostete ebenso viele Milliarden. Nicht Gedächtnis, sondern radikaler Abbruch, eine medienarchäologische Bruchstelle, stand hier zur Debatte.

Speicherplatz ist heute, im Unterschied zu den ersten Computern vor fünfzig Jahren, im nicht-militärischen Bereich kein wesentliches Problem mehr. Gemäß Moore's Law, demzufolge sich Speicherkapazität und Prozessormächtigkeit exponentiell alle 18 Monate verdoppeln, wurde aus einem Defizit ein Überschuss.

Das *Jahr-2000-Problem* aber war nicht allein eine Bedrohung der symbolischen Zeitordnung, sondern eröffnete ebenso eine Chance: fortan mit diskreten Sprüngen zu rechnen, mit archivischen Zuständen anstelle linearer Folgen, die als Fortschritt diskursiviert werden. Historiografische Erzählung hängt am irreversiblen Zeitpfeil, begründet im Zweiten Hauptsatz der Thermodynamik. Die Epoche des Digitalen aber ist die Zeit der Anachronismen. Die medienkulturelle Konsequenz lautet dementsprechend: »Mit dem Verlust von Geschichte und verbindlichem Kanon als Selektionskriterium auf der einen Seite und mit der technischen Machbarkeit auf der anderen geht der Trend heute dahin, einfach alles zu speichern.«[13]

Das Ende der Geschichten ist die Zukunft der dynamischen Speicher – und damit verbunden ist die wahrhaft post-historische Chance, nicht mehr in Stetigkeiten und Linearitäten, sondern in diskreten Zuständen, mithin:

11 Ebd.

12 Zu dem vom Bundesamt für Sicherheit in der Informationstechnik (BSI) 1997 erstellten Leitfaden zum Jahr-200-Problem in der Bürokommunikation siehe Stefan Krempl, Augen zu und beten, in: Die Zeit, 08.04.1990.

13 Volker Grassmuck, Das lebende Museum im Netz, in: Sigrid Schade u. Christoph Tholen (Hg.), Konfigurationen. Zwischen Kunst und Medien, München 1999, S. 231–251, hier S. 236.

archivisch zu denken. Während die historische Erzählung Entwicklungspfade (be-)schreibt, die Ereignisfolgen zum Sinnhorizont schließt, äußert sich das Zeitreale in Einbrüchen und Unterbrechungen vom Typus des *millenium bug* in der *Eigenzeit* der technischen Welt. Die Devise Gottfried Benns (»Rechne mit deinen Beständen«) hatte bereits Arnold Gehlen in ein Argument für den Ersatz der Ideengeschichte durch den nach-geschichtlichen Zustand umgemünzt, »wo das Erzählen wieder ins Aufzählen übergeht, *story* zu *storage* wird«[14] – das Reich der technischen Speicher.

VERDICHTETE GEGENWART

Im Übrigen war bereits die antike und frühmittelalterliche Annalistik nicht mehr von einer notwendig narrativen Verknüpfung zwischen den registrierten Ereignissen ausgegangen. Die jährlichen Eintragungen in den Listen zur Errechnung fluktuierender Ostertermine in den Klöstern (der sogenannte *computus*) sehen nicht nur aus wie frühe Computerprogramme, sondern erinnern sehr präzise an den Algorithmus hinter den eingetragenen Phänomenen (genannt göttlicher Heilsplan). Der Computer vermag allein in Zuständen zu kalkulieren; *er*zählen kann er nicht.

Heute stellt sich die Frage, in welchem Verhältnis *Software* zur Narrativität steht. In der digitalen Signalverarbeitung (zumal in der computerisierten Finanzwelt) tritt die Hochfrequenz an die Stelle der narrativen Logik der Ereignisse. Der Zeithistoriker Gerhard A. Ritter zog daraus die Konsequenz, von einer in den Ereignissen manifesten »Unberechenbarkeit der Geschichte«[15] zu sprechen.

Der Anspruch auf Wirklichkeit ist erst recht heute in Form historiografischer Narration schlechterdings nicht mehr plausibel. An ihre Stelle tritt – etwa im betriebswirtschaftlichen Prozessmanagement – die algorithmische Prozessierung und Analyse von *big data* als Versprechen, »dass die massenhafte Aggregation von Daten [...] und ihre induktive Korrelation uns näher als jemals zuvor an die ›Wirklichkeit‹ heranführen«[16]. Der *logos* der technomathematischen Medien verwandelt die gesprächigen Textdokumente in stumme Monumente zurück, in Daten, die von ihrem Kontext befreit werden müssen, um einer algorithmischen Analyse und Neuschreibung zugänglich zu werden.

An die Stelle einer narrativ geschlossenen Wirklichkeit tritt auf diese Weise ein Netz aus kontingenten Beziehungen, welches die emphatische Differenz von Vergangenheit und Zukunft zu einer verdichteten Gegenwart macht. Die Gabe, zu erzählen, löst sich heute zugunsten des Internets auf, dessen Zeitmodus nachrichtentechnisch (nicht geschichtsphilosophisch) asynchroner Datentransfer heißt.

14 Hartmut Böhme u. a., Orientierung Kulturwissenschaft. Was sie kann, was sie will, Reinbek bei Hamburg 2000, S. 148.

15 Friedrike Föcking, Primat der Kontingenz. Der Umbruch 1989 und die Geschichtswissenschaft, in: Frankfurter Allgemeine Zeitung, 22.05.1996.

16 Tyler Reigeluth, Warum »Daten« nicht genügen. Digitale Spuren als Kontrolle des Selbst und als Selbstkontrolle, in: Zeitschrift für Medienwissenschaft, Jg. 7 (2015), H. 2, S. 21–34, hier S. 21.

Prof. Dr. Wolfgang Ernst, geb. 1959, Studium (Geschichte, Lateinische Philologie, Theorie und Didaktik der Geschichte, teilweise Klassische Archäologie) in Köln und Bochum, war nach seiner Promotion zum Historiker zunächst Forschungsstipendiat am Deutschen Historischen Institut in Rom. Nach verschiedenen Gastprofessuren seit 2003 Ordentlicher Professor für Medientheorien an der Humboldt-Universität zu Berlin. Aktuelle Forschungsschwerpunkte: Speichertheorie; kulturelle Übertragungstechniken; technische Ästhetik und Theorie der zeitbasierten und zeitkritischen, besonders der sonischen Medien.

WHY DOES MY HEART FEEL SO BAD?

EIN ESSAY ÜBER DIE NULLERJAHRE

Ξ Alexa Hennig von Lange

Ich muss leider sagen: Die Jahre nach der Jahrtausendwende habe ich als nicht sonderlich inspirierend in Erinnerung. Irgendwie war nicht mehr so richtig was Euphorisches los. Vermutlich lag das daran, dass die Menschen bereits vor der Jahrtausendwende ihr gesamtes Pulver verschossen hatten; weil eben zu Silvester 1999 tendenziell mit dem Weltuntergang gerechnet wurde. Jedenfalls erinnere ich mich noch genau, wie ich als geschockte Dreizehnjährige hinten im Auto hockte, mein Vater am Steuer, und wir hörten Radio. Draußen flogen leuchtend gelbe Rapsfelder vorbei. Es wurde Sommer. Die Sonne flirrte durch die blätterbepackten Zweige und in der Sendung wurde darüber geredet, dass es zum Jahrtausendwechsel mit uns und dem gesamten Universum vorbei sein werde. Wie bitte? Papa! Gleich mit dem ganzen Universum? Mit mir? Meinen Händen, meinen Beinen, meinem Körper, mit meinem Leben? Poch. Poch. Poch. Mein Herz! In meinem Kopf fing es gewaltig an zu rauschen.

Das war 1986. Schnell rechnete ich nach, wie alt ich zur Jahrtausendwende sein würde! Poch. Poch. Poch. Siebenundzwanzig Jahre alt? Erst? Heilige Scheiße! Sofort erstellte ich meinen ultimativen Lebensplan – was von mir bis zu diesem alles auslöschenden Weltuntergang erledigt werden musste. Ohne Chance auf eine Abweichung. Bis zur Jahrtausendwende musste ich ein Buch geschrieben haben und Mutter sein. Beides habe ich geschafft. Dank der Radiosendung. Dank des prognostizierten Weltuntergangs. Durch wen eigentlich? Und ich denke, vielen Menschen ging es so wie mir: Sie haben ihr Leben nur bis zur Jahrtausendwende geplant und vollbracht. Danach war für sie Feierabend. Ende Allende. Kein Saft mehr. Keine Kraft mehr. Total ausgepowert.

Ich meine, ist es ein Wunder, dass *Grunge* in den Neunzigern entstand? Total ursprüngliches Gitarrenschräbbeln. Fliegende Haare. Das Leben ergründend. Wild. Leidenschaftlich. Gefühlsgetränkt und bedingungslos! Für mich ganz klar der Beweis dafür, dass hier noch mal Großes vor der Apokalypse geschaffen werden sollte. Etwas Echtes. Für die pochenden Herzen. Ich komme ja aus Hannover. Hannover ist meine absolute Lieblingsstadt; der Inbegriff des Punk, des Rock'n Roll, des Grunge, generell jeder wichtigen Musik- und Kulturbewegung vor der Jahrtausendwende. Ich muss niemandem sagen, dass der Dadaismus quasi in Hannover durch Kurt Schwitters überhaupt erst zu wahrer Größe und Bedeutung fand. Natürlich vor der Jahrtausendwende! Bis in die 1990er Jahre waren wir Heimat der Chaostage für Punks und andere Nonkonformisten – nicht, dass ich da jemals mitgemischt hätte; es gab ja genügend andere Alternativen für mich als jungen Menschen.

Ich weiß nicht, was mit Hannovers Außenwirkung schiefgelaufen ist, woran es liegt, dass der Ruf meiner Geburtsstadt so niederschmetternd unzutreffend ist. Weil Hannover auf den ersten Blick, wenn man aus dem Bahnhof kommt, so langweilig wirkt? Das reicht schon, um diese märchenhafte Stadt als uninspirierend abzustempeln? Bitte! Hannovers Kern glüht. Das wissen die, die dort aufgewachsen sind. Die dort leben. Ich sage nur: Die Scorpions! Wie kam ich jetzt darauf? Genau! Ich wollte sagen, dass gerade Hannover vor der Jahrtausendwende die absolut aufregendste, wildeste, tollste, facettenreichste Stadt aller Städte war – nicht nur im Kern –, weswegen ich kurz nach der Jahrtausendwende, bei der ja eben doch

nicht die Welt untergegangen ist, aus Berlin wieder nach Hannover zurückkehrte, um dort noch einmal die Zeit meines Lebens zu erleben. Mein Herz schlug so heftig, bei der Erinnerung an meine großartige Jugend Anfang der Neunziger. Es hatte unzählige Jugendbewegungen gegeben. Bands! Junge Maler! Fotografen! Grandiose Ausstellungen! Aufstrebende Jungdesigner von der Kunsthochschule! Und was für ein Downer, als ich mich Anfang 2000 zu meinen Sehnsuchtsplätzen aufmachte. Vergeblich hielt ich Ausschau nach den lebenshungrigen Geschöpfen, aus denen meine Heimatstadt noch bis vor ein paar Jahren bestanden hatte. Aus langhaarigen, tätowierten Jungs, die alle aussahen wie Axl Rose. Keiner mehr da – alle weg!

Die Jahrtausendwende hatte es offenbar sogar geschafft, Hannovers unbeugsamen *Spirit* zu killen. Und dann sah ich an mir herunter und bemerkte, dass ich inzwischen auch nicht mehr so leicht als unkonventionelle Type auszumachen war. Auch mein Spirit war gekillt! Die Jahrtausendwende hatte das Universum nicht im materiellen Sinn ausgelöscht, sondern im geistigen Sinn. Ich steckte in Klamotten von Mango, gemixt mit Zara und H&M, der typischen Kleiderkombination des jungen Jahrtausends! Bis heute muss ich – über mich selbst verblüfft – den Kopf schütteln, dass ich tatsächlich sogar schon zur entsprechenden Silvesterparty in einem silbern glitzernden Kleid von Mango erschienen war! Obwohl ich zu dem Zeitpunkt sogar noch davon ausging, dass die Welt wahrscheinlich untergeht! In einem Kleid von Mango wollte ich damals tatsächlich das Zeitliche segnen! Nichts gegen Mango – jeder soll tragen, was er möchte! Aber musste ich deswegen gleich wie Britney Spears bei der *MTV*-Music-Awards-Verleihung aussehen – nur in Bleich und mit rotem Haar. Ist es nicht erstaunlich! Da meint man, total bewusst zu sein, wartet mit weit geöffneten Augen und voller Anspannung auf den Weltuntergang, fragt die besten Freunde: »Meint Ihr, es passiert wirklich?« Dabei passiert es längst! Mit einem selbst, mit der ganzen Welt! Still und heimlich. Ganz dezent und doch unaufhaltsam.

Ebenfalls: Nichts gegen Britney Spears. Ich liebe sie wirklich. Ich finde sie ganz großartig. Ich bewundere sie sehr. In so jungen Jahren hat sie es so weit gebracht – ihren ersten großen Hit kurz vor der Jahrtausendwende! Wir wissen, warum! Auch sie wollte mit ihren 17 Jahren vermutlich nicht unbemerkt verglühen. Nur, nachdem die Welt – im materiellen Sinne – nicht untergegangen war, hat sich eben der gesamte Weltenlook so dramatisch verändert. Ohne Pepp! Er ist so einheitlich geworden. So Mango-Zara-H&M-mäßig – wobei ich sagen muss, dass auch wir Rock/Hippie/Grunge-Girls uns vor der Jahrtausendwende gerne kleine Blümchenkleider von H&M übergeworfen haben. Als H&M noch Grunge war! Denn auch H&M war in den Neunzigern noch Grunge. Es war so megamäßig Grunge! Und Rock! Blümchenkleider im romantischen Zusammenspiel mit Biker-Boots. Der Look ist ja bekannt, aus dem 1993er Aerosmith-Video »Crazy« mit Alicia Silverstone und Steven Tylers Tochter Liv. Aber als sich dann die Welt weiterdrehte und klar war, dass wir jetzt nicht alle in wildem Aufruhr, totaler Hemmungslosigkeit, mit Pauken und Trompeten im All verglühen, sind wir so seltsam konformistisch geworden. Plötzlich trugen alle Nike Air Max. Plötzlich liebten alle Soaps. »Big Brother« wurde zum ersten Mal im Jahr 2000 von *RTL II* ausgestrahlt. Der »Armageddon«-Katastrophenfilm, in dem die Erde von einem Mega-Meteoriten bedroht und 1998 durch Bruce Willis in letzter Sekunde gerettet wurde – übrigens wieder mit Liv Tyler –, hatte vielleicht kurz vor knapp noch einmal versucht, das stimmungsmäßige Ruder herumzureißen. Denn keine geringere Rock-Band als – wieder mal! – Aerosmith interpretierten den Soundtrack zum Movie. Ebenfalls mit Pauken und Trompeten, begleitet von einem riesigen Orchester! Bombast-Rock! Herzklopfen! Poch! Poch! Poch! Stichwort: »I Don't Want to Miss a Thing«. So nach dem Motto: »Lebe Dein Leben bewusst!« Mit offenen Augen. Steven Tyler bettelte: »Don't want to fall asleep!« Und so weiter und so fort.

Aber danach war Ende mit der Bedingungslosigkeit, der Romantik, der Leidenschaft, der Wachheit. Ich glaube auch, dass wir Frauen zu dieser Zeit irgendwie aufgegeben haben. Ich meine, das Frauenbild, was Anfang des neuen Jahrtausends propagiert wurde, war irgendwie niederschmetternd. Sehr künstlich. Sehr operiert. Ich erinnere nur an die damalige Victoria Beckham, die ihre zarten, knalligen Versace-Kleidchen an ihrer barbiemäßigen Oberweite befestigte. Christina Aguilera, sehr abgemagert mit durch den Stimmenverzerrer geschickter Stimme und so weiter. Lauter Pop-Girls, die extrem nach Künstlichkeit aussahen. Nichts war mehr echt. Ich muss an dieser Stelle aufhören, mich über die kulturelle Vernichtungswelle Anfang der Nullerjahre auszulassen, weil das nirgendwo hinführt. Ich bin ja auch gar nicht grundsätzlich gegen Pop.

Mich bekümmert nur Eindimensionalität. Aber auch die hat ihre Berechtigung. Nach der überbordenden Fülle der Neunziger – es entstand formvollendete Literatur über das alltägliche Leben, das noch literaturfähig war – »Faserland« von Christian Kracht, um nur einen zu nennen. Dann kam Fantasy – und irgendwie zeigte sich ja auch darin die ganze Depression der Menschheit, die plötzlich einsehen musste, dass sie weiterleben muss, geschüttelt von unfassbarem Terror, Wirtschaftskrisen, verheerenden Naturkatastrophen, unaufhaltsamem Klimawandel und anderen schlimmen, schlimmen Krisen und Kriegen. Wir alle kennen die entsetzlichen Ereignisse,

Bilder, Schmerz, Verzweiflung und Trauer, von denen die Welt und das junge Jahrtausend heimgesucht wurden; und mit ihnen wurden wir nicht immer mutiger und ausgelassener, um dem Irrsinn etwas entgegenzusetzen – so, wie es die Hippies noch zu Zeiten des Vietnamkrieges schwungvoll und lebensbejahend getan hatten –, sondern wir implodierten. Wir zogen uns zurück in unsere Fantasy- und Bis(s)-zum-Morgengrauen-Welten, in denen sich Vampire in Menschenmädchen verlieben, wurden wackliger und stiller. Zumindest kommt es mir so vor. Vielleicht muss ich kurz innehalten und erinnere einfach noch mal schnell an Moby, den großen Vorboten der um sich greifenden Sprachlosigkeit, mit seinem 2000er Hit »Why Does My Heart Feel So Bad?«. Eine von nur zwei (!) Liedzeilen im gesamten Musikstück. Und dann hatte das Internet den Durchbruch. Smartphones zogen uns in ihren Bann und all die anderen Geräte, die uns zu weggetretenen Salatblättern machten.

An dieser Stelle will ich noch ein letztes Mal auf Hannover zurückkommen, meine geliebte Heimatstadt als Symbol betrachten. Als mutmachendes Symbol. Ich möchte Hannover mit den Nullerjahren vergleichen – äußerlich erscheint es vielleicht erst einmal uninspiriert, langweilig, monoton, brav und irgendwie belanglos. Aber gerade dieser niederschmetternde Blick hat immer wieder dazu geführt, dass Hannover seinen kreativen Kern zum Glühen und Explodieren gebracht hat. Wunderbares, Welterneuerndes, Berauschendes und Lebendiges ist entstanden. Und darum habe ich Hoffnung für uns Menschen. Denn aus den ungnädigen Zeiten kann sich ja nur der bunte Vogel Zukunft mit seinem glimmernden Gefieder emporschwingen und die Welt zu neuem Schwung und neuer Kreativität aus dem Tiefschlaf der Niedergedrücktheit erwecken. Denn: »The sweetest dream will never do« (»Armageddon«).

Alexa Hennig von Lange, geb. 1973, begann bereits mit acht Jahren zu schreiben. 1997 erschien ihr Debütroman »Relax«, mit dem sie über Nacht zur Stimme ihrer Generation wurde. 2002 bekam sie den Deutschen Jugendliteraturpreis für »Ich habe einfach Glück«. Es folgten zahlreiche Romane für Erwachsene wie für Jugendliche und Kinder. Alexa Hennig von Lange lebt mit ihrem Mann Marcus Jauer und ihren fünf Kindern in Berlin.

PERSPEKTIVEN

»MEHR ALS DAS LEIDEN AN BESCHÄFTIGUNGS-BEDINGUNGEN«[1]

ZUR LAGE DEUTSCHER UNIVERSITÄTEN

Ξ Katia H. Backhaus

An deutschen Universitäten gewinnt die Disziplin der Kritik wieder mehr Relevanz. Doch dieses Mal geht es nicht um Kritik als theoretisches Instrument, sondern als Grundlage einer geforderten praktischen Veränderung der wissenschaftlichen Welt. Denn die Institution Universität steckt in einer unvollkommenen Transformation zwischen altehrwürdiger Alma Mater und leistungsstark-exzellentem Forschungsstandort fest. Die derzeitigen Debatten über eine notwendige Veränderung dieser Lage zeigen, dass dabei manche der akademischen (hochschulpolitischen? organisatorischen?) Grundfesten erschüttert werden könnten bzw. erschüttert werden sollten.

Zunächst möchte ich erläutern, was ich mit der unvollkommenen Transformation der deutschen Hochschullandschaft meine, die seit der Öffnung der Universitäten für die Vielen in den 1970er Jahren bis zur neuen Auslese der Exzellenten in den 2000er Jahren stattgefunden hat. Die Probleme, die aus diesem Wandlungsprozess entstanden sind, bilden heute das Kernstück der Diskussion um die Lage der deutschen Universitäten und derjenigen, die dort arbeiten und studieren. Diese Debatte lässt sich anhand der Schlagworte Befristungspraxis, Abhängigkeit und veränderte Wissenschaftskultur auf drei konkrete Aspekte fokussieren, die in diesem Text aufgegriffen werden. Sie verweisen auf bereits deutlich sichtbare Risse in den akademischen Grundfesten.

1. ZURÜCK ZUR TRADITION? DIE UNVOLLKOMMENE TRANSFORMATION DER HOCHSCHULLANDSCHAFT

Das Bild der altehrwürdigen Universität, wie es Standorte wie Heidelberg oder Tübingen verkörpern, hat eine Renaissance in neuem Gewand erfahren,

1 Peter Ullrich, Prekäre Wissensarbeit im akademischen Kapitalismus (Teil 3), in: SozBlog, 17.05.2016, URL: http://soziologie.de/blog/2016/05/prekaere-wissensarbeit-teil-3/ [eingesehen am 06.09.2017].

die allerdings – dank einer nur unvollkommenen Transformation – einige Mängel aufweist. Ende der 1960er Jahre machten die Studierenden deutlich, dass sie nicht gewillt waren, dem »Muff«, der sich über die Jahrhunderte »unter den Talaren« angesammelt hatte, besondere Ehrfurcht zu erweisen. Und als der Hochschulzugang in den 1970er Jahren durch den »Öffnungsbeschluss« als Folge der Diagnose einer deutschen »Bildungskatastrophe«[2] und durch zahlreiche Neugründungen von Universitäten erleichtert wurde, entwickelte sich die Hochschule zu einer modernen, lebendigen und offenen Institution, an der viele teilhaben konnten. Doch diese Phase währte nicht lange, die Gelder der »Bildungsexpansion« wurden nicht verstetigt, Finanzierungsmängel und Massenveranstaltungen wurden das neue Aushängeschild deutscher Hochschulen. Da sich eine »Bildungsrepublik«[3] mit solchen Zuständen wahrlich nicht schmücken kann, wurde eine Generation später ein neuer Schwenk in der hochschulpolitischen Ausrichtung vorgenommen. Forschungsstärke sollte bewiesen und der Aufstieg in den globalen Markt der Wissensproduktion geschafft werden – und so kam man wieder auf die altehrwürdigen Hochschulstandorte zurück.

Man verlieh einigen, darunter auch Heidelberg und Tübingen, den Titel »Eliteuniversität«, stattete sie mit üppigen Geldern aus und kann als Folge dessen nun beobachten, wie sich die deutsche Universitätslandschaft zunehmend in Statusgruppen formiert. Der Haken daran ist, dass diese vertikale Aufteilung in »Elite«- sowie mittlere und kleinere Peripherie-Standorte vermutlich kein Abbild der tatsächlichen wissenschaftlichen Leistungen ist. Wie Richard Münch in seiner Studie »Die akademische Elite« aus dem 2007 ausführlich darlegt, ist die deutsche Hochschullandschaft zu Beginn des neuen Jahrtausends (und damit auch zu Beginn der ersten Runde der Exzellenzinitiative 2005) in Bezug auf die Publikationszahlen ihrer Forscher_innen eine recht homogene. Ein Vergleich der Anzahl der Publikationen pro Professor_in etwa zeigt, dass die Exzellenz-Gewinner im Schnitt 14,62 Publikationen aufweisen konnten, die Exzellenz-Verlierer im Schnitt 13,02.[4] Akzeptiert man diese Kennzahl als Leistungsmaßstab, lässt sich daraus schließen, dass in der Regel keine extremen Leistungsgefälle bestanden haben.

Große Unterschiede sind hingegen beim symbolischen Kapital der Gewinner und der Verlierer zu erkennen, das Münch durch die Zählung der Anzahl der Mitglieder in DFG-Ausschüssen operationalisiert. Der Wert der »exzellenten« Universitäten liegt im Schnitt bei 51,86, jener der nicht in der Initiative erfolgreichen bei 5,95.[5] Ähnlich deutlich ist der Einfluss des vorhandenen ökonomischen Kapitals, das anhand der jeweiligen von der DFG bewilligten Summen für Forschungsprojekte an den Universitäten in den

2 Vgl. Georg Picht, Die deutsche Bildungskatastrophe, Analyse und Dokumentation, Freiburg i. Br. 1964.

3 Angela Merkel rief im Juni 2008 in einer Rede zum 60. Jahrestag der sozialen Marktwirtschaft die »Bildungsrepublik« aus und verkündete, man müsse als rohstoffarmes Land in Zukunft einen besonderen Fokus auf die Bildung legen; o.V., Merkel ruft »Bildungsrepublik« aus, in: sueddeutsche.de, 17.05.2010, URL: http://www.sueddeutsche.de/karriere/mehr-chancengleichheit-merkel-ruft-bildungsrepublik-aus-1.210376 [eingesehen am 06.09.2017]. Auch Johanna Wanka, derzeit Bildungsministerin, hat diesen Begriff 2015 aufgegriffen. Allerdings bestätigt sowohl der Bildungsbericht von 2008 als auch der von 2014, dass gravierende Probleme im System bestehen und nicht genug Gelder für Bildung bereitgestellt werden; siehe o.V., »Deutschland ist eine Bildungsrepublik«, in: sueddeutsche.de, 16.01.2015, URL: http://www.sueddeutsche.de/bildung/bildungsbericht-deutschland-ist-eine-bildungsrepublik-1.2306843 [eingesehen am 06.09.2017].

4 Vgl. Richard Münch, Die akademische Elite, Frankfurt a.M. 2007, S. 64f.

5 Vgl. ebd. Münch beschreibt diesen Aspekt wie folgt: »Die 22 Gewinner der ersten Runde der Exzellenzinitiative verfügen mit 969 Sitzen über mehr als die Hälfte der 1881 von Hochschulen besetzten Ausschusssitze der DFG, die weiteren leer ausgegangenen 57 im DFG-Förder-Ranking aufgelisteten Hochschulen teilen sich weniger als die Hälfte der Ausschusssitze.« Ebd., S. 62.

Jahren unmittelbar vor Beginn der Exzellenzinitiative gemessen wird. Hier verfügten die Gewinner im Schnitt über mehr als das Doppelte als die Verlierer (79,23 zu 33,67).[6] Wer also großen personellen Einfluss in der DFG sowie eine gewisse finanzielle Stärke vorweisen konnte, war klar im Vorteil.

Das Problem, vor dem Hintergrund einer recht gleichmäßig verteilten Forschungsleistung (gemessen am Publikations-Output) der Anforderung der Kür einiger weniger Exzellenzinstitutionen nachzukommen, liegt auf der Hand. Hinzu kommt, dass die Förderanträge naturgemäß sehr unterschiedlich und inhaltlich kaum vergleichbar sind und kaum absehbar ist, wie viele Publikationen an einem Standort in Zukunft entstehen werden, d. h., wie effizient Forscher_innen in Zukunft arbeiten. Dieser Unsicherheit ist es geschuldet, so Münch, dass »sich Merkmale als Maßstab durchgesetzt [haben], die auf die Größe, das absolute Drittmittel- und Publikationsvolumen, benachbarte außeruniversitäre Großforschungseinrichtungen, den Traditionsstatus einer Universität und die Attraktivität einer Stadt für ausländische Gäste setzen«[7].

Doch die Fusion neuer Anforderungen (Forschungsstärke im internationalen Wissensproduktionswettbewerb) mit alten Werten (Elite, Exzellenz, Traditionsstatus) hat zu einer unvollkommenen Transformation geführt, die sich nun der Kritik ausgesetzt sieht. Die Platzierung einiger Eliteuniversitäten und mehrerer exzellenter Forschungscluster im deutschen Hochschullandschaftsplateau hat nicht dazu beigetragen, die durch Unterfinanzierung im gesamten Hochschulsystem hervorgebrachten Mängel zu beseitigen. Vielmehr haben die neuen Strukturen und Verfahren, die mit dem Antragswettbewerb und der Projektarbeit immer mehr an Bedeutung gewinnen, Abhängigkeitsverhältnisse zementiert, die bereits in den 1960er Jahren der Kritik ausgesetzt waren.

Und zusätzliche Probleme entstanden, die weder der altehrwürdigen Tradition würdig noch der verlangten Forschungsstärke zuträglich sind: große Zahlen an mehr oder weniger perspektivlosen und zu prekären Bedingungen beschäftigten wissenschaftlichen Mitarbeiter_innen, durch Zeit- und Geldmangel erzeugter Konformitätsdruck in der Forschung und, als Konsequenz der Antragslogik, die notwendige Einstellung von immer mehr forschungsfernem Personal, das die Bürokratie und das Management der Wissenschaft übernimmt. So heißt es im Bericht der sogenannten Imboden-Kommission von Anfang 2016, die Exzellenzinitiative sei insgesamt in ihrer »Sinnhaftigkeit« als »überaus positiv« zu bewerten; sie habe »eine neue Dynamik in das deutsche Universitätssystem gebracht«.[8] Doch wenn es um die Lage der nicht-professoralen Mitarbeiter_innen geht, wird der Exzellenzinitiative kein gutes Zeugnis ausgestellt. Zwar sind vermehrt Stellen geschaffen worden;

6 Vgl. ebd., S. 64 f.

7 Ebd., S. 67. Zur Frage, inwiefern absolute Zahlen in den Vordergrund gerückt werden und so der Output einer ganzen Institution gegenüber dem relativen Output eines einzelnen Forschers bzw. einer einzelnen Forscherin betont wird, vgl. ebd., Kap. I.3.

8 Internationale Expertenkommission zur Evaluation der Exzellenzinitiative, Endbericht, Januar 2016, S. 1, URL: http://www.gwk-bonn.de/fileadmin/Papers/Imboden-Bericht-2016.pdf [eingesehen am 06.09.2017]. Siehe hierzu auch Katia Backhaus, Von Stellen und Baustellen: Der Imboden-Bericht zur Exzellenzinitiative aus Nachwuchs-Perspektive, in: theorieblog.de,09.02.2016, URL: http://www.theorieblog.de/index.php/2016/02/stellen-und-baustellen-der-imboden-bericht-nachwuchs-perspektive/ [eingesehen am 06.09.2017].

diese sind jedoch nicht von Dauer und verschieben damit die sogenannte Flaschenhalsproblematik in der Lebenszeit weiter nach hinten. Zu viele Bewerber_innen, zu wenig unbefristete Stellen und eine immer längere Warte- und Hoffnungszeit, das ist das Problem. Imboden u. a. werden in diesem Punkt trotz grundlegenden Lobes der Exzellenzinitiative kritisch: »Die Situation ist nicht ganz frei von Zynismus, als die Universitäten immens davon profitieren, dass sich eine große Zahl junger Menschen darauf einlässt – in der Hoffnung auf eine akademische Karriere – die produktivsten Jahre ihres Lebens auf schlecht bezahlten und befristeten PostDoc-Stellen zu verbringen. [...] Was *prima vista* für die Universitäten durchaus vorteilhaft scheint, ist jedenfalls ethisch problematisch und birgt auch die Gefahr, dass es nicht unbedingt die vielbeschworenen ›besten Köpfe‹ sind, die sich auf dieses Vabanquespiel einlassen.«[9]

2. RISSE IN DEN AKADEMISCHEN GRUNDFESTEN: BEFRISTUNGSPRAXIS, ABHÄNGIGKEIT, VERÄNDERTE WISSENSCHAFTSKULTUR

An diesem Punkt der universitären Entwicklung, an dem die akuten Probleme für einen Großteil der Beschäftigten auf der Hand liegen und die Unvollkommenheit der Transformationsbemühungen sichtbar wird, ist es an der Zeit, die diversen Risse in den akademischen Grundfesten zu benennen und kritisch zu beleuchten. Ebendies ist in den vergangenen Monaten auf Veranstaltungen, in analysierenden Artikeln und aus der Perspektive verschiedener Akteure des Hochschulsystems sowie der Politik geschehen. Dabei wurden sowohl Probleme der »alten« als auch der »neuen« Strukturen in den Blick genommen.

Das ebenso offensichtliche wie drängende Problem der geltenden Befristungspraxis und die damit verbundenen (schlechten) Karriereaussichten des sogenannten wissenschaftlichen »Nachwuchses« sind Anlass, nicht nur die konkrete Praxis und ihre gesetzliche Grundlage, das Wissenschaftszeitvertragsgesetz (WissZeitVG), zu hinterfragen, sondern auch die Tatsache, dass das deutsche System allein die Professur als unbefristete Stelle vorsieht. Nicht nur schlechte Aussichten aufgrund der verhältnismäßig geringen Anzahl solcher Stellen, sondern auch die Abhängigkeit, die mit der befristeten Beschäftigung, die an eine Professur gebunden ist, einhergeht, wird problematisiert. Abhängigkeiten prägen – aus mancher Perspektive in geradezu feudaler Art und Weise[10] – die Organisationsstruktur der Universität und damit auch ihre Angehörigen in erheblichem Maße: nämlich vom Studium bis zur Habilitation.

9 Internationale Expertenkommission zur Evaluation der Exzellenzinitiative, S. 26.

10 So sprechen etwa Silke van Dyk u. Tilman Reitz vom »akademischen (Neo-)Feudalismus«; vgl. Dies., Projektförmige Polis und akademische Prekarität im universitären Feudalsystem, in: SozBlog, 09.06.2016, URL: http://soziologie.de/blog/2016/06/projektfoermige-polis-und-refeudalisierung/ sowie URL: http://soziologie.de/blog/2016/06/projektfoermige-polis-und-refeudalisierung-teil-2/ [eingesehen am 06.09.2017].

Der dritte zentrale Aspekt in den gegenwärtigen Debatten betrifft die Wissenschaftskultur. Sie hat, so die Kritik, durch die zunehmend unternehmerische Ausrichtung der Universitäten, die Anpassung des wissenschaftlichen Arbeitens an ökonomische Wettbewerbsvorstellungen und die Ausrichtung an Kennzahlen an Geist, Kreativität und Freiheit verloren. Forschungsfreiheit ist nicht nur durch politisches Diktat und angepasste »Wahrheiten« bedroht, sondern auch durch die fortschreitende Verschlechterung der Arbeitsbedingungen an den Universitäten und die damit einhergehende Unsicherheit, die sich nicht zuletzt in den Inhalten und dem Stil der Forschungsergebnisse niederschlägt.[11]

Ein Einblick in einige aktuelle Standpunkte und Aspekte dieser beiden Kerndebatten kann den eingangs skizzierten breiteren Kontext, in dem sie geführt werden, nicht ignorieren. Aktuelle Symptome stehen eindeutig in einer Wechselbeziehung zu den weiter zurückliegenden Ursachen, d.h. sowohl zu wegweisenden (hochschul-)politischen Entscheidungen als auch zu konkreten Maßnahmen an einzelnen Standorten. Risse in den akademischen Grundfesten und mögliche neue Perspektiven aufzuzeigen, kann dementsprechend nicht als Kritik an einer einzigen Entscheidung, wie etwa dem Ausrufen der Exzellenzinitiative, gelesen werden. Denn gleichermaßen wie es verfehlt erscheint, dass Bildung und Forschung statt Kohle und Stahl nun zu den zukunftsträchtigen Ressourcen der Bundesrepublik erklärt werden – als könnte man sie ebenso produzieren und exportieren wie jene Güter –, erscheint es zu kurz gegriffen, den aktuellen Stand der Organisationsstruktur der deutschen Universitäten und den Wandel der Wissenschaftskultur lediglich auf eine einzige bildungspolitische Entscheidung zurückzuführen. Zweitens erscheint entscheidend, nicht einen Punkt isoliert von den anderen zu betrachten – etwa die Befristungspraxis verändern zu wollen, ohne ihre Einbindung in die Verschiebung der Finanzierungsstrukturen der Universitäten zu untersuchen – und damit lediglich an einzelnen Stellschrauben zu drehen, die jedoch keinen Wandel des Gesamtgefüges hervorbringen können. Demzufolge werden die drei zentralen Aspekte der Befristungspraxis, der Abhängigkeit und der veränderten Wissenschaftskultur im Folgenden nicht ganz trennscharf behandelt.

3. RAUS AUS DER ABHÄNGIGKEIT? AKADEMISCHE FEUDALITÄT VS. DEPARTMENT-STRUKTUREN

Laut Silke van Dyk und Tilman Reitz (beide Universität Jena) ist die Verbindung der beiden genannten Aspekte des gegenwärtigen Hochschulsystems – die organisatorische Prägung durch Abhängigkeitsverhältnisse und

11 Der »March for Science«, der am 22. April 2017 zahlreiche Menschen an über 600 Orten auf der ganzen Welt auf die Straßen gebracht hat, um für die Wissenschaft, deren Freiheit und Bedeutung für die Gesellschaft zu demonstrieren, hat leider dem Aspekt der konkreten Arbeitsbedingungen ebenso wenig Aufmerksamkeit verliehen wie den Geistes- und Sozialwissenschaften als reflektierenden, nicht auf das Schema von »wahr« oder »falsch« reduzierbaren Disziplinen.

der Wandel der Wissenschaftskultur durch ökonomisch-unternehmerische Impulse – einzigartig. Ihre soziologische Analyse der Situation geht davon aus, dass »Ansätze, die eine Entprekarisierung des Mittelbaus anstreben, ohne die wettbewerbsbasierte (Unter-)Finanzierung von Forschung und Lehre einerseits und die feudale Privilegierung von Professor*innen andererseits zum Thema zu machen, [...] keine strukturellen Verbesserungen erreichen«[12] werden. Denn: »Das einzigartige Konglomerat aus – als Ökonomisierung verkleideten – Einsparungsimperativen, Drittmittelwettbewerb und ständischer Privilegierung bringt ein Ausbeutungssystem ganz eigener Qualität hervor.«[13] Nötig wären, so van Dyk und Reitz, Schritte, »die das System akademischer Feudalität mitsamt seiner strukturellen Indienstnahme des prekarisierten Mittelbaus grundsätzlich durchkreuzen«[14]. Diese Analyse brachten beide auch bei der Tagung zu akademischen Karriereaussichten, zu der fünf geistes- und sozialwissenschaftliche Fachvereinigungen nach Darmstadt[15] eingeladen hatten, vor.

Als Gegenmodell wird häufig (so auch in Darmstadt) das sogenannte Department-Modell ins Spiel gebracht, das in Anlehnung an die Organisationsstruktur US-amerikanischer Universitäten das Ideal der Kollegialität auf Augenhöhe propagiert. Ziel dieses Vorschlags ist, die Abhängigkeiten, die durch die hierzulande gängige Organisationsstruktur von Zentrum (Professor_in) und abhängiger Peripherie (befristet beschäftigte Mitarbeiter_innen und Hilfskräfte) entstehen, aufzulösen. Daraus folgt, dass die professorale Personalunion von Vorgesetztem, Betreuer bzw. Mentor und Forscher aufgebrochen wird und es möglich wird, dass freiere und kollegialere, weil gleichberechtigte, Arbeitsverhältnisse in Instituten entstehen.

Konkret wird derzeit an der Universität Bremen diskutiert, das politikwissenschaftliche Institut zum Department umzuwandeln. Dort sieht die Umsetzungsstrategie vor, die befristeten wissenschaftlichen Mitarbeiter_innenstellen zugunsten von W1-Professuren abzuschaffen. Auch wenn es sich dabei um die am schlechtesten bezahlten Professuren handelt, gewinnen die Beschäftigten damit die Option, eigenverantwortlich Anträge für Forschungsgelder zu stellen. Das ist derzeit ein ausschließliches Privileg der Professor_innen – ohne den Titel kann zwar mitbeantragt werden, aber nicht eigenständig. Untermauert wird diese Tatsache von einem Blick in das Hochschulrahmengesetz (HRG), dem zufolge allein die Hochschullehrer_innen »selbstständig« den Aufgaben der Forschung und Lehre nachgehen, während den wissenschaftlichen und künstlerischen Mitarbeiter_innen »wissenschaftliche Dienstleistungen obliegen«.[16]

Die Bremer (Wunsch-)Praxis ist auf ähnliche Art und Weise bereits 2013 theoretisch vorgeschlagen worden.[17] Unter der Prämisse, einen

12 Reitz u. van Dyk.

13 Ebd.

14 Ebd.

15 Unter dem Titel »War die Zukunft früher besser? Akademische und außerakademische Berufsperspektiven in den Geistes- und Gesellschaftswissenschaften« haben die fünf Fachgesellschaften DGfE, DGS, DVPW, DGPuK und VHD vom 9.–10. Februar 2017 in Darmstadt diskutiert; siehe URL: https://www.schader-stiftung.de/veranstaltungen/aktuell/artikel/war-die-zukunft-frueher-besser-akademische-und-ausserakademische-berufsperspektiven-in-den-geistes-u/ [eingesehen am 06.09.2017].

16 Vgl. HRG, 3. Kapitel, 2. Abschnitt, §§ 43 u. 53. Hierzu aktuell und kritisch Jan-Martin Wiarda, Was heißt hier eigentlich Wissenschaftsfreiheit?, in: jmwiarda.de, 11.05.2017, URL: https://www.jmwiarda.de/2017/05/11/was-hei%C3%9Ft-hier-eigentlich-wissenschaftsfreiheit/ [eingesehen am 06.09.2017].

17 Die Junge Akademie arbeitet derzeit an einem aktuellen Positionspapier zum Thema Department-Strukturen.

»kostenneutralen« Vorschlag vorlegen zu wollen, hat die Junge Akademie in einem Papier argumentiert, das Lehrstuhlsystem müsse abgeschafft und ein Großteil der befristeten Qualifikationsstellen in befristete Juniorprofessuren (W1) und unbefristete Professuren (W2/W3) umgewandelt werden. Die Grundmittel sollten dabei allein für die Professuren verwendet werden; weiterhin vorhandene, aber in der Zahl stark reduzierte befristete Stellen unterhalb der Professur sollten vollständig drittmittelfinanziert sein.[18]

Aber auch die Department-Struktur hat Schwachstellen. So verwies etwa Stephan Lessenich (LMU München) darauf, dass die Überführung von Mitarbeiter_innenstellen in Professuren eine Verringerung der insgesamten Stellenanzahl mit sich bringe, solange man den gegebenen Finanzrahmen berücksichtigen müsse. Eine Bestätigung dieser Befürchtung ist die Beispielrechnung der Jungen Akademie: Einer insgesamten Zunahme der Professuren um 30.000 Stellen steht eine Reduktion der Mitarbeiter_innenstellen um 50.000 gegenüber – insgesamt also ein Stellenabbau im Umfang von 20.000.[19] Das sei selbstverständlich nicht von allen gewollt – und könne gerade jene Umstrukturierungsprozesse, die von den Mitarbeiter_innen selbst angestoßen werden, im Keim ersticken. So etwa sei es jüngst an der LMU München geschehen.

Auch Jens Borchert (Universität Frankfurt) benannte einige Nachteile des Department-Modells. Er warnte davor, dass unbeliebte Aufgaben einfach »outgesourct« werden könnten und damit eine noch stärker benachteiligte akademische Gruppe entstände. Die Entwicklung neuer, informeller Hierarchien innerhalb des Kollegiums sei nur schwer zu verhindern und die externe Kontrolle des wissenschaftlichen Betriebs durch professionelle Dekan_innen, wie sie in den USA üblich ist, erscheint Borchert nur wenig attraktiv. Während es in Deutschland üblich ist, dass Professor_innen die Dekanatsaufgaben übernehmen, gehört diese Aufgabe in den USA zum Zweig des Wissenschaftsmanagements.[20] Seiner Ansicht nach müsse die Einführung von Departmentstrukturen als Teil einer neoliberalen Hochschulreform betrachtet werden.

Bei beiden in Darmstadt diskutierten Vorschlägen sind mit Mitarbeiter_innen diejenigen gemeint, die ihre Promotion bereits abgeschlossen haben und sich bereits in der Post-Doc-Phase befinden. Das ist einerseits sinnvoll, wirft andererseits aber auch die Frage auf, wie die erste Qualifikationsphase nach dem Studium finanziert und organisiert sein sollte. In Bezug darauf ist zu beobachten, dass – gerade in Kombination mit der Entfristungsthematik (s. u.) – in der Regel eine befristete Anstellung oder auch eine Finanzierung durch (externe) Stipendien akzeptabel erscheint. Inzwischen ist jedoch auch

18 Vgkl. Cornelis Menke u. a., Nach der Exzellenzinitiative: Personalstruktur als Schlüssel zu leistungsfähigeren Universitäten. Positionspapier der AG Wissenschaftspolitik: Nach der Exzellenzinitiative der Jungen Akademie, Berlin 2013.

19 Vgl. ebd., S. 10.

20 Interessanterweise ist eine solche Verschiebung auch in Deutschland bereits erkennbar; so sehen einige Landeshochschulgesetze die Möglichkeit vor, Dekanate mit Wissenschaftsmanager_innen zu besetzen.

mehr oder weniger *common sense*, dass Stipendien keine gute Option sind. Mehrere Jahre lang eigenständig Versicherungsbeiträge zu zahlen, nach Ende des Stipendiums weder eine Verlängerung noch Arbeitslosengeld bekommen zu können, sondern direkt Hartz IV beantragen zu müssen, ist wenig attraktiv. Doch auch die andere, derzeit übliche Option – nämlich beim Betreuer bzw. der Betreuerin selbst eine Stelle inne zu haben – ist nicht optimal. Denn während einerseits ein vertrauensvolles Verhältnis zur Betreuungsperson wichtig ist, ist andererseits problematisch, wenn die Rollen Betreuer_in, Gutachter_in und Vorgesetzte_r in eins fallen.

Zwei Vorschläge sollen Abhilfe schaffen: Erstens der Versuch, das Vertrauensverhältnis zwischen Promovend_in und Betreuungsperson durch sogenannte Betreuungsvereinbarungen zu formalisieren;[21] und zweitens der Vorschlag, die Aufgabe der Begutachtung einer Doktorarbeit von der Aufgabe der Betreuung von Doktorand_innen zu trennen. Eine Formalisierung durch eine schriftliche Vereinbarung, die in Graduiertenschulen die Regel ist, ist jedoch auch eine Regulierung: Werden Fristen nicht eingehalten oder vereinbarte *benchmarks* nicht erreicht, gleicht dies einem Vertragsbruch – eine Basis für ein vertrauensvolles Ursachengespräch oder für die Berücksichtigung individueller Entwicklungen ist damit nur schwerlich gegeben. Vor allem gilt dies, wenn eine Höchstdauer der Promotionszeit vereinbart wird. Auch die Aufgabentrennung hat, neben dem Vorteil der Reduktion persönlicher Abhängigkeit, einen Nachteil. Denn zu erwarten ist, dass besonders solche Themen und Ansätze, die nicht »mehrheitskompatibel« sind oder der Fachkultur widersprechen, es schwer haben. Kritische Forschung, Randthemen oder spezielle Perspektiven, die nur von wenigen im Fach vertreten werden, würden wahrscheinlich in Doktorarbeiten weniger aufgegriffen werden – aus der Sorge heraus, dass zwar die betreuende, nicht aber die begutachtende Person eine solche Arbeit angemessen würdigen kann bzw. wird. Der daraus entstehende Konformitätsdruck kann kein erwünschter wissenschaftskultureller Effekt sein.[22]

4. HÖRT DIE QUALIFIZIERUNG JEMALS AUF? BEFRISTUNGSPRAXIS ANGREIFEN

Als erste Anforderung für die Verbesserung der akademischen Arbeitsverhältnisse unterhalb der Professur ergibt sich aus diesen Diskussionen und Überlegungen, dass ein Weg gefunden werden muss, um sowohl Prae- als auch Post-Doc-Stellen von den Professuren zu entkoppeln und damit größere Unabhängigkeit zu schaffen. Doch zugleich darf nicht vergessen werden, dass befristete Unabhängigkeit keine hinreichende Sicherheit schafft.

21 Inwiefern eine solche Formalisierung und auch die Debatte um die Trennung von Betreuung und Begutachtung der Doktorarbeit Anzeichen für eine europäische Harmonisierung der Promotion im Sinne eines dritten »Bologna-Zyklus« sind, diskutiert bspw. Thomas Kathöfer, Bologna für die Promotion?, in: academics. de, o. D., URL: https://www.academics.de/wissenschaft/bologna-fuer-die-promotion_57312.html [eingesehen am 06.09.2017].

22 Eine aktuelle Studie über das Verhalten sogenannter *Early Career Researchers* (»wissenschaftlicher Nachwuchs«) stellt fest, dass die Möglichkeiten für Veränderungen zwar gesehen, jedoch nicht wahrgenommen werden: »ECRs see the opportunities of change, but do not take the opportunity to do so because they just do not have the time and space in an insecure and busy environment. This is also, possibly, the reason why harbingers of change are thin on the ground, for the moment.« Early Career Researchers, The harbingers of change? Final report from CIBER, 2017, S. 52, URL: http://ciber-research.eu/download/20161120-ECR_Year_1_final_report_071116.pdf [eingesehen am 06.09.2017]. Siehe hierzu auch den Artikel von Dave Nicholas, A system that prioritises publications means early career researchers' scholarly attitudes and behaviours remain conservative, in: LSE Impact Blog, 09.05.2017, URL: http://blogs.lse.ac.uk/impactofsocialsciences/2017/05/09/a-system-that-prioritises-publications-means-early-career-researchers-scholarly-attitudes-and-behaviours-remain-conservative/ [eingesehen am 06.09.2017].

Die Befristungspraxis der Universitäten ist ein Thema, das inzwischen nicht nur bei der GEW ganz vorne steht, sondern auch die öffentlichen Medien regelmäßig erreicht.

Kurz zusammengefasst sieht die Befristungssituation des nicht-professoralen wissenschaftlichen Personals derzeit wie folgt aus: 93 Prozent des wissenschaftlichen und künstlerischen Hochschulpersonals sind befristet angestellt;[23] betrachtet man nur die Gruppe der hauptberuflich in der Wissenschaft Beschäftigen, sind es insgesamt 82 Prozent. Dabei sind unter 35-Jährige fast ausschließlich nur auf Zeit angestellt (98 Prozent Befristungsanteil), bei den unter 45-Jährigen sinkt der Wert auf achtzig Prozent.[24] Im jüngst veröffentlichten »Bundesbericht Wissenschaftlicher Nachwuchs« heißt es: »Deutlich wird, dass der oft als Normalarbeitsverhältnis bezeichnete Beschäftigungstyp Vollzeit und unbefristet beim wissenschaftlichen Nachwuchs mit 14 % an außeruniversitären Forschungseinrichtungen und nur 5 % an Universitäten und gleichgestellten Hochschulen äußerst selten vorzufinden ist.«[25] Verschärfend kommen kurze Vertragslaufzeiten, Ungleichheiten zwischen den Geschlechtern und fachabhängige Arbeitsüberbelastungen, etwa durch halbe statt voller Stellen, hinzu.[26]

Eine solche Situation konnte entstehen, indem das Gesetz, das dazu gedacht war, die ausufernde Befristungspraxis einzudämmen, eine konträre Wirkung entfaltet hat und bis heute nicht zureichend novelliert worden ist. Das WissZeitVG sieht vor, dass befristete Beschäftigung für eine maximale Dauer von je sechs Jahren vor und nach der Promotion zulässig ist und nur dann, »wenn die befristete Beschäftigung zur Förderung der eigenen wissenschaftlichen oder künstlerischen Qualifizierung erfolgt«[27]. Die Intention des Gesetzes, im Anschluss an die Befristung Personal zu entfristen, hat, wie an den Zahlen deutlich zu sehen ist, jedoch in der Realität kaum Anwendung gefunden. Außerdem verhilft das Schlupfloch der nicht weiter spezifizierten »Qualifizierung« den Universitäten zu Massen befristet angestellter Mitarbeiter_innen, die auf Zeit Daueraufgaben erledigen und im Konkurrenzkampf um die einzigen unbefristeten Stellen, die Professuren, hart und verlässlich arbeiten.

Die Novelle des WissZeitVG, die im vergangenen Jahr in Kraft trat, hat in Bezug auf den Befristungsgrund »Qualifizierung« keinerlei Verbesserung erbracht. In der Antwort der Bundesregierung auf eine diesbezügliche Kleine Anfrage der LINKEN wird deutlich, dass die Schwammigkeit dieses Befristungsgrundes durchaus gewollt ist. Zwar solle die Novelle, so heißt es in der Antwort, den »Fehlentwicklungen in der Befristungspraxis entgegenwirken«; und »bei der sachgrundlosen Befristung [muss] die Laufzeit des jeweiligen

23 Vgl. Konsortium Bundesbericht Wissenschaftlicher Nachwuchs, Bundesbericht Wissenschaftlicher Nachwuchs (BuWin) 2017. Statistische Daten und Forschungsbefunde zu Promovierenden und Promovierten in Deutschland, Bielefeld 2017, S. 128, URL: http://www.buwin.de/dateien/buwin-2017.pdf [eingesehen am 06.09.2017]. Das soll allerdings nicht heißen, dass Professor_innen immer unbefristet angestellt sind. Den höchsten Befristungsanteil von Professor_innen hat die FU Berlin mit 31,6 Prozent (2014), im Schnitt sind 8,8 Prozent der Professor_innen an deutschen Universitäten befristet; siehe URL: https://www.kodex-check.de/kodex-check/ [eingesehen am 06.09.2017].

24 Vgl. Konsortium Bundesbericht Wissenschaftlicher Nachwuchs, S. 126 f.

25 Ebd., S. 139.

26 Daten zur Vertragsdauer sind nur eingeschränkt vorhanden; es lässt sich jedoch sagen, dass etwa ein Viertel der Beschäftigten an Hochschulen Verträge mit einer Laufzeit von unter einem Jahr haben und die durchschnittliche Vertragsdauer etwa 28 Monate beträgt (vgl. ebd., S. 132). Frauen sind häufiger befristet angestellt als Männer und seltener in Vollzeit beschäftigt (vgl. ebd., S. 103 u. S. 137). Was den Beschäftigungsumfang angeht, besteht eine klare Trennung zwischen naturwissenschaftlichen/technischen Fächern und geistes-/kulturwissenschaftlichen Fächern: So sind in den Ingenieurwissenschaften 82 Prozent in Vollzeit (mind. Zweidrittelstellen) beschäftigt, in den Sprach- und Kulturwissenschaften lediglich 42 Prozent. Dieser Unterschied verringert sich in der Post-Doc-Phase etwas (vgl. ebd., S. 136 f.).

27 WissZeitVG, § 2, Satz 1.

Vertrages der angestrebten wissenschaftlichen Qualifizierung angemessen sein«.[28] Weiter wird ausgeführt: »Wissenschaftliche Qualifizierung ist nicht beschränkt auf den Erwerb einer formalen Qualifikation wie der Promotion oder der Habilitation. Vielmehr ist sie als auf den Erwerb wissenschaftlicher Kompetenzen gerichtet zu sehen.« Beispiele für solche Kompetenzen sind etwa der Erwerb von Projektmanagementfähigkeiten oder allgemeine »organisatorische und managementbezogene Tätigkeiten«, solange sie nicht in den Bereich der Verwaltungsaufgaben fallen.[29] Diese weite Definition »lässt den Hochschulen und Forschungseinrichtungen damit den nötigen Spielraum, um festzulegen, welche spezifischen Qualifikationen im konkreten Einzelfall erworben werden sollen«[30]. Anders ausgedrückt: Die Hochschulen und Forschungseinrichtungen haben dadurch ausreichend Spielraum, um Befristungen immer wieder neu zu begründen.

Angesichts dieser Lage erscheinen die von der GEW geforderten »Dauerstellen für Daueraufgaben«[31] nahezu revolutionär. Denn bedenkt man, dass die grundgesetzlich verankerten »Daueraufgaben« der Universität in der Forschung und Lehre liegen, dann müsste sich daraus ergeben, dass nicht nur Verwaltungstätigkeiten, sondern auch die der Lehre und der Forschung Entfristungsgründe sein müssten. Für die GEW ergibt sich daraus die Forderung nach 40.000 unbefristeten Stellen unterhalb der Professur – geschaffen worden ist bislang allerdings keine einzige. Nimmt man übrigens die oben zitierte Qualifizierungsdefinition ernst, dann kann man auch infrage stellen, dass Professuren unbefristete Stellen seien. Denn aus dem zitierten Qualifikationsbegriff ließe sich auch ableiten, dass Professor_innen sich anscheinend nicht mehr (weiter) qualifizieren (müssten) – diese Haltung würde aber eine Gleichsetzung von Qualifikation und Evaluation voraussetzen, die von einem befremdlichen Wissenschaftsverständnis zeugte. Denn nur weil man nicht mehr evaluiert wird, bedeutet das ja nicht, dass man sich nicht weiter qualifiziert.

Während die eine Konsequenz aus der WissZeitVG-Novelle also darin besteht, alles zur Qualifizierung zu erklären, ist die andere Konsequenz die Vermeidung der Befristung nach WissZeitVG. Das hat zur Folge, dass auf die Möglichkeit der Befristung nach dem Teilzeit- und Befristungsgesetz (TzBfG) zurückgegriffen wird. Dabei werden Mehrfachanstellungen in der Regel vermieden, denn laut TzBfG ist die »Befristung eines Arbeitsvertrages ohne Vorliegen eines sachlichen Grundes [...] bis zur Dauer von zwei Jahren zulässig; bis zu dieser Gesamtdauer von zwei Jahren ist auch die höchstens dreimalige Verlängerung eines kalendermäßig befristeten Arbeitsvertrages zulässig«[32]. Hat man zuvor schon bei demselben Arbeitgeber gearbeitet, ist eine solche

28 Kleine Anfrage der Abgeordneten Nicole Gohlke, Sigrid Hupach u. a. und der Fraktion DIE LINKE, »Prekäre Beschäftigung in der Wissenschaft und Auswirkungen der Novelle des Wissenschaftszeitvertragsgesetzes vom 17. März 2016«, S. 7 (Antwort auf Frage Nr. 13), URL: http://mittelbau.net/wp-content/uploads/sites/51/2017/03/Kleine-Anfrage-KF_18_11465.pdf [eingesehen am 06.09.2017].

29 Vgl. ebd., S. 7 f. (Antwort auf Frage Nr. 14).

30 Ebd.

31 Gewerkschaft Erziehung und Wissenschaft (GEW), Wittenberger Erklärung vom 19. September 2016, URL: https://www.gew.de/wissenschaft/wittenberger-erklaerung/ [eingesehen am 06.09.2017].

32 Gesetz über Teilzeitarbeit und befristete Arbeitsverträge (Teilzeit- und Befristungsgesetz – TzBfG), § 14, Satz 2.

Befristung nicht mehr zulässig. Und: »Ist die Befristung rechtsunwirksam, so gilt der befristete Arbeitsvertrag als auf unbestimmte Zeit geschlossen«[33]. Die im Gesetz genannten sachlichen Gründe für eine Befristung hingegen (Vertretung, Stelle auf Probe, Übergangsstelle, Projektarbeit etc.) sind auf wissenschaftliche Mitarbeiter_innenstellen nicht einfach anwendbar. In Stellenausschreibungen werden die Auswirkungen dieser neuen Befristungspraxis bereits deutlich: Es wird teilweise unmöglich, mehrere befristete Arbeitsverträge hintereinander in demselben Bundesland zu bekommen.

Es bleibt also, darauf hinzuweisen, dass die Novelle noch nicht weit genug geht; darüber ist man sich auch bei der GEW einig. Einige ihrer Forderungen, etwa die rechtliche Sicherung der familien- und behindertenpolitischen Komponente, die eine Vertragsverlängerung aufgrund von Betreuungsaufgaben vorsieht, oder auch die Ausweitung der Möglichkeit einer Vertragsverlängerung für drittmittelfinanzierte Stellen, sind nicht erfüllt worden.

Als Lösung des Befristungsdilemmas kann sich Andreas Keller, stellvertretender GEW-Vorsitzender, etwa eine Quote für unbefristete Stellen vorstellen, so die Aussage in Darmstadt. Die jeweilige Quote sollte sich nach den Erfordernissen der Universitäten richten, etwa nach den Studierendenzahlen.[34] Interessanterweise hat das neueste Instrument der GEW, die Website »Kodex-Check«,[35] gezeigt, dass bereits heute die Befristungsquoten an Universitäten bundesweit zwischen etwa siebzig Prozent und annähernd hundert Prozent variieren. Daran wird auch deutlich, dass die Frage von Befristung und Entfristung sehr viel mit lokalen und persönlichen Entscheidungen vor Ort zu tun hat – ein guter Grund dafür, dass auf den verschiedenen Veranstaltungen immer wieder hervorgehoben wird, dass die Handlungsspielräume wesentlich größer sind, als es den Betroffenen erscheint. Doch genau hier liegt eine weitere Krux: Die Entscheidungsträger_innen haben eine etwas andere Perspektive auf die gegenwärtige Situation des deutschen Hochschulsystems als die befristet Beschäftigten.

5. EINE NEUE WISSENSCHAFTSKULTUR? PERSPEKTIVENUNTERSCHIEDE ZWISCHEN ENTSCHEIDUNGSTRÄGER_INNEN UND ABHÄNGIG BESCHÄFTIGTEN

Zu den Entscheidungsträger_innen gehören zum einen die Professurinhaber_innen, die ganz im Sinne der akademischen Selbstverwaltung und dem entsprechenden Bundesverfassungsgerichtsurteil zur professoralen Mehrheit in paritätisch besetzten Gremien[36] eine entscheidende Instanz an den einzelnen Hochschulen sind, und zum anderen die Präsidien und Hochschulleitungen sowie die jeweiligen Zusammenschlüsse, in denen diese sich organisieren.[37]

33 TzBfG, § 16.

34 Die GEW hat einen Vorschlag formuliert, der sich an dem 1980er Betreuungsverhältnis von 1:13 (wissenschaftliches Personal: Studierende) orientiert; vgl. GEW, Bildungsfinanzierung der öffentlichen Hand – Stand und Herausforderungen, Februar 2016, S. 61–65, URL: https://www.gew.de/index.php?eID=dumpFile&t=f&f=40253&token=65e24e03e16d29927429cf2164a6d4d7af44dc37&sdownload=&n=Bildungsfinanzierung_der_oeffentlichen_Hand_-_Stand_und_Herausforderungen__Februar_2016_.pdf [eingesehen am 06.09.2017].

35 URL: https://www.kodex-check.de/.

36 Gemeint ist das sogenannte Hochschul-Urteil vom 29. Mai 1973; vgl. Bundesverfassungsgericht (Hg.), Entscheidungen des Bundesverfassungsgerichts (BVerfGE), Bd. 35, Tübingen 1974, S. 79–170.

37 Ein Beispiel ist der Verein German U 15, der sich selbst als »strategische Interessenvertretung 15 forschungsstarker und international sichtbarer deutscher Universitäten« beschreibt; vgl. die Website: http://www.german-u15.de/statements/Wissenschaftskarrieren/index.html [eingesehen am 06.09.2017].

Natürlich spielen auch politische Akteure eine wichtige Rolle; sie sollen hier aber nicht vordergründig betrachtet werden, da die inneruniversitäre Sicht auf die Organisation der Wissenschaft und die Auswirkungen auf die Wissenschaftskultur von größerem Interesse erscheint.

An den ersten Auswertungen des aktuellen *Hochschul-Barometers*, einer repräsentativen Befragung der Hochschulleitungen, ist klar zu sehen, dass die Misere der hohen Befristungsanteile denjenigen, die darüber entscheiden können, nicht besonders problematisch erscheint. Sie wollen den Anteil der befristet Beschäftigten lediglich um 5,5 Prozent senken – was in etwa der Entfristung jeder elften Stelle an der Universität entspricht.[38] Diese Position begründet Pascal Hetze, Programmleiter für Analysen und Innovationspolitik des Stifterverbands, im Interview damit, dass ein großer Anteil der befristet Beschäftigten ja schließlich nur für die eigene Qualifizierung an der Universität sei – um dann, nach erfolgreich abgeschlossener Promotion, die Hochschule zu verlassen und in der Wirtschaft bzw. dem außeruniversitären Arbeitsmarkt zu arbeiten: »Diese Nachwuchswissenschaftler sehen auch gar nicht ihre zentrale Funktion darin, ihr Leben lang an der Hochschule zu bleiben.«[39] Tautologischer kann eine Erklärung wohl kaum sein. Ein anderer Grund wird in der *Hochschul-Barometer*-Befragung selbst genannt, nämlich die »Flexibilität […], die sich bei Hochschulentwicklung und der Weiterqualifizierung des wissenschaftlichen Nachwuchses durch Zeitverträge ergibt«.[40] Und liest man bei Peter Gruss, dem ehemaligen Präsidenten der Max-Planck-Gesellschaft, nach, wird noch ein anderer Befristungsgrund denkbar: »Wenn man Dauerstellen direkt im Anschluss an die Doktorarbeit vergibt, gibt es viele, die dann nicht mehr entsprechende Höchstleistungen erbringen. Und damit immer wieder auch frischer Wind und neue Ideen einkehren, braucht es dauerhaft eine Balance zwischen Stabilität und Wandel.«[41]

Einen interessanten Einblick bietet auch der Bericht vom XII. Hochschulsymposium der Hanns Martin Schleyer-Stiftung, auf dem »Wissenschaft als Beruf und Berufung« diskutiert wurde. In Tilman Reitz' Schilderung ist nachzulesen: »Beteiligte aus dem Kreis des wissenschaftlichen ›Nachwuchses‹, um dessen Lage es im Kern ging, fehlten dagegen sowohl auf den Podien als auch unter den über 250 als Publikum zugelassenen Interessierten (auf eine entsprechende Nachfrage hoben sich etwa fünf Hände). Generell dominierten ältere Männer.«[42] Bei der Veranstaltung blieben zentrale Fragen auf eine Art und Weise offen, die viel über das Denken der dort Anwesenden verriet; so etwa »die aus dem Publikum an Wintermantel, Rüdiger und die anderen Teilnehmer des Abschlusspodiums herangetragene Überlegung, ob nicht auch Wissenschaftler_innen ohne das Lebensziel Professur legitime Ansprüche auf

38 Im *Hochschul-Barometer* wird von einem allgemeinen Befristungsanteil von 62,9 Prozent des wissenschaftlichen Personals an Universitäten ausgegangen. Vgl. für die ersten Ergebnisse URL: http://www.hochschul-barometer.de/ [eingesehen am 06.09.2017]; die komplette Studie wird im Herbst 2017 veröffentlicht.

39 Das Interview zum Nachhören URL: http://ondemand-mp3.dradio.de/file/dradio/2017/04/24/hochschul_barometer_2017_interview_mit_pascal_hetze_dlf_20170424_1436_744fdf7d.mp3.

40 Vgl. Hochschul-Barometer.

41 Diese Antwort gab Gruss Ende 2013 in einem Interview auf die Frage: »Warum wehrt man sich dann hierzulande so gegen Dauerstellen nach dem Doktor?«; vgl. Joachim Müller-Jung (Interview mit Peter Gruss), »Dann müssen wir halt umdenken«, in: faz.net, 10.12.2013, URL: http://www.faz.net/aktuell/wissen/nobelpreise/max-planck-praesident-gruss-dann-muessen-wir-halt-umdenken-12702336-p3.html [eingesehen am 06.09.2017].

42 Tilman Reitz, Wie das Hochschulmanagement denkt, in: Soziopolis (Blog), 22.03.2017, URL: http://soziopolis.de/vernetzen/veranstaltungsberichte/artikel/wie-das-hochschulmanagement-denkt/ [eingesehen am 06.09.2017].

Verbleib im System haben«[43]. Eine deutliche Antwort gab es jedoch, so Reitz' Zusammenfassung, auf das Problem der hohen Nachwuchszahlen: »[U]m die verbleibenden Probleme akademischer Beschäftigung zu lösen, empfahl man vor allem, dem nichtexzellenten wissenschaftlichen Nachwuchs ehrlich zum Ausstieg zu raten«[44].

Doch während es den einen an Problembewusstsein mangelt, wird den anderen bereits die negative Auswirkung der miserablen Lage, in der sich Nachwuchswissenschaftler_innen nicht nur im Hinblick auf die Arbeitsbedingungen, sondern auch im Hinblick auf den sich daraus ergebenden Konformitätsdruck befinden, deutlich. Ein Beispiel dafür ist die Debatte um den aktuellen Stand der deutschen Politikwissenschaft.[45] Im April 2016 beklagten Frank Decker und Eckhard Jesse, diese sei zu einem *Fach ohne Ausstrahlung* geworden: »Nach der Gründungsphase [...] haben die Vertreter der zweiten und dritten Politologengeneration bedeutende Beiträge zur Demokratieforschung geleistet. Was auffällt, ist das weitgehende Fehlen solcher Beiträge aus der Feder der unter Fünfzigjährigen. Dies allein mit den veränderten wissenschaftlichen und universitären Rahmenbedingungen zu erklären greift zu kurz.«[46] In einem anderen Beitrag beklagt Carlo Masala: »Der Disziplin fehlt Mut! [...] An die Stelle großer Entwürfe – die sich notgedrungen auf unsicherem Terrain bewegen – tritt das Abschreiten sicherer Wege, um bloß die eigene akademische Karriere nicht zu gefährden.«[47]

Es mag sein, dass diese Beiträge, die das Problem beim Schopf der Wissenschaftskultur packen, mehr bewirken als die politischen Forderungen nach besseren Beschäftigungsbedingungen, die möglicherweise auf Kosten der Privilegien anderer gehen. Doch ob die Konformitätsdrohung ausreichend Druck erzeugt, kann bezweifelt werden. Denn solange die Strukturen der Abhängigkeit und die Verteilung der Entscheidungsmacht an den Universitäten bestehen bleiben, wie sie sind, sind Veränderungsforderungen auf Kooperation angewiesen. Denn, so schreiben Reitz und van Dyk: »Die tendenziell nur noch ›aufstiegsmobilen‹ Professor*innen können [...] entscheiden, zu welchen Anteilen sie sich an der Ausbeutung der Projektmitarbeiter*innen beteiligen oder sich mitausbeuten lassen. Damit ist eine weitere Besonderheit der akademischen, projektbasierten Polis benannt: Sie ist in einem ständisch geprägten, durch feudale Strukturen der Abhängigkeit geprägten System situiert, dessen Hauptfiguren, die Professor*innen, in vielerlei Hinsicht aus der Zeit gefallen zu sein scheinen.«[48]

Viele Texte und Redebeiträge, die sich kritisch mit der derzeitigen Situation beschäftigen, münden in einen Appell, etwas zu tun und konkret anzupacken. Die Spielräume seien ja vorhanden. Das ist richtig – sie sind auf der

43 Ebd.

44 Ebd.

45 Für einen umfassenden Überblick siehe den Text von Thorsten Thiel, Politikwissenschaft – Krise, Zukunft?!, in: theorieblog.de, 24.03.2017, URL: https://www.theorieblog.de/index.php/2017/03/politik-wissenschaft-krise-zukunft/ [eingesehen am 06.09.2017].

46 Frank Decker u. Eckhard Jesse, Fach ohne Ausstrahlung, in: Frankfurter Allgemeine Zeitung, 20.04.2016, URL: http://www.faz.net/aktuell/feuilleton/forschung-und-lehre/politikwissenschaft-und-ihre-lage-der-in-der-oeffentlichkeit-14186054-p2.html [eingesehen am 06.09.2017].

47 Carlo Masala, Auf dem Rückzug, in: Zeit Campus, 23.02.2017, URL: http://www.zeit.de/2017/07/politikwissenschaft-wissenschaftler-forschung-gesellschaftliche-relevanz [eingesehen am 06.09.2017].

48 Reitz u. van Dyk.

Seite derjenigen vorhanden, die in den Präsidien und an den Instituten das Sagen haben. Und natürlich ist es wichtig und gut zu sehen, dass sich inzwischen an verschiedenen Hochschulstandorten Initiativen gegründet haben, die Ziele wie mehr Partizipation an der Universität oder eine Verbesserung der Situation des »wissenschaftlichen Nachwuchses« verfolgen.[49] Dabei geht es, wie Peter Ullrich, einer der Gründer des Netzwerks für Gute Arbeit in der Wissenschaft (NGA), in seiner Analyse zur »Prekären Wissensarbeit im akademischen Kapitalismus« festgestellt hat, »tatsächlich noch um mehr als nur das Leiden an Beschäftigungsbedingungen«[50]. Seiner Ansicht nach seien »die Frage nach der Möglichkeit von Kritik und der Art und Weise des Umgangs der Hochschule als Institution mit ihren Mitgliedern [...] eng miteinander verwoben«. Ansätze lägen »in der Organisierung gruppenübergreifender Solidarität, in der Politisierung neuer Arenen für diese Auseinandersetzung, in der Erhöhung des Organisierungsgrades und damit der Konfliktfähigkeit der Beschäftigten und in der Wiederanhebung ihrer Anspruchsniveaus. Ihnen stehen Strukturmerkmale entgegen, die von personaler Abhängigkeit, verschärftem Wettbewerb, Subjektivierung, Vereinzelung und Wissenschaftsfeindlichkeit geprägt sind.«[51]

Wie dieser Einblick in die aktuellen Debatten zeigt, muss dabei an verschiedenen Punkten an- bzw. eingegriffen werden: bei der herrschenden Befristungspraxis, den Abhängigkeitsstrukturen und nicht zuletzt bei der Wissenschaftskultur. Das kann aber nicht nur »von unten« geschehen – auch von anderen Positionen aus ist es nötig, die Risse in den akademischen Grundfesten ernst zu nehmen und zu fragen, welche Veränderungen nötig und wünschenswert sind. Eine entscheidende Rolle spielen dabei auch die jeweilige Perspektive und die angewandten Deutungsmuster über bestimmte Entwicklungen. Inwieweit etwa eine Ausweitung von Dauerstellen auch unterhalb der Professur als Beschneidung professoraler Privilegien und nicht als begrüßenswerte Pluralisierung von Karrierewegen gesehen wird, ist ein Beispiel dafür.

49 Eine kleine Übersicht findet sich etwa auf der Seite des noch jungen Netzwerks für Gute Arbeit in der Wissenschaft (NGA), URL: http://mittelbau.net/netzwerkpartner/ [eingesehen am 06.09.2017].

50 Ullrich, Teil 3.

51 Ebd.

Katia Henriette Backhaus, geb. 1986, schreibt am Exzellenzcluster »Die Herausbildung normativer Ordnungen« der Goethe-Universität Frankfurt a. M. eine Doktorarbeit über das Verhältnis von Freiheit und ökologischer Nachhaltigkeit. An der Christian-Albrechts-Universität zu Kiel erwarb sie ihren Magisterabschluss in Politikwissenschaft, Neuester Geschichte und Psychologie.

KEHRSEITE DES TECHNOKRATISMUS

VERGLEICHENDE NOTIZEN ZUM NEUEREN WESTLICHEN RECHTSPOPULISMUS

Ξ Detlef Lehnert

Einer der bedeutenden Demokratietheoretiker des 20. Jahrhunderts, Hans Kelsen, lieferte bereits ein Stichwort für gedankliche Populismus-Resistenz, indem er schrieb: Es sei »nichts problematischer als gerade jene Einheit, die unter dem Namen des Volkes auftritt. Von nationalen, religiösen und wirtschaftlichen Gegensätzen gespalten, stellt es – seinem soziologischen Befunde nach – eher ein Bündel von Gruppen als eine zusammenhängende Masse eines und desselben Aggregatzustandes dar.«[1] Das ist ein Ausgangspunkt der pluralistischen Demokratielehren, die jeden Anspruch bestreiten, einen homogenen Gemeinwillen »des« Volkes gegen den aus heterogenen, teilweise sogar antagonistischen Kräften sich bildenden politischen Gesamtwillen ausspielen zu können. Auf die Leitfrage: »Was ist Populismus?«, gibt der einschlägige Text von Jan-Werner Müller im Sinne einer klaren Antithese folgende Antwort: »Populisten sind zwangsläufig antipluralistisch [...]. Demokratie ist ohne Pluralität jedoch nicht zu haben; wie Jürgen Habermas es einmal kurz und bündig formulierte: Das Volk ›tritt nur im Plural auf‹.«[2] Populismus stelle ferner »einem moralisch reinen, homogenen Volk stets unmoralische, korrupte und parasitäre Eliten« gegenüber. Typisch sei dabei auch ein Affekt gegen jede etablierte Partei; denn »wie der Name schon sagt, ist man nur ein ›Part‹ und vertritt nicht das Ganze«. Dem ist aber im Blickwinkel pluralistischer Demokratietheorien entgegenzuhalten: »*A priori* kann niemand den Volkswillen kennen; wir erfahren immer erst *a posteriori* von (häufig nur relativen) Mehrheiten.« Schließlich meint dies auch keine inhaltsarme oder beliebige Vielfalt: »Pluralismus ist immer Pluralismus von irgendetwas – zum Beispiel von Werten oder wirtschaftlichen Interessen oder Lebensstilen«.[3]

1 Hans Kelsen, Vom Wesen und Wert der Demokratie, Tübingen 1929, S. 15.

2 Jan-Werner Müller, Was ist Populismus?, Berlin 2017, S. 19; Zitat bei Jürgen Habermas, Faktizität und Geltung, Frankfurt a. M. 1994, S. 607.

3 Müller, S. 42, S. 57, S. 62 u. S. 98.

I.

Wie groß das Potenzial des Rechtspopulismus hierzulande bemessen werden kann, wurde jüngst in einer Umfrage ermittelt.[4] Dabei ist zwischen der mit 29 Prozent recht verbreiteten Zustimmung zu den – als Kriterien der Empfänglichkeit für Populismus geltenden – pauschalen Ressentiments eines vermeintlich einigen Volkes gegen die etablierten Politiker und einem rechtslastigen Profil dahinter zu unterscheiden. Bei aller Skepsis gegenüber Selbsteinstufungen auf einer Links-Rechts-Skala ist doch aufschlussreich, wie sich angesichts der Zustimmung zu *allen* erfragten populistischen Aussagen die Vergleichszahlen der für solchen Populismus anfälligen Richtungsprofile gestalten: Am ehesten resistent ist ein Spektrum mitte-links mit nur zwanzig Prozent, gefolgt von mitte-rechts mit 24 Prozent sowie weit links, mit 26 Prozent auch noch unterhalb des Durchschnittswerts von 29 Prozent. Dieser wird aber von einer (offenbar recht diffusen) Mitte mit 31 Prozent etwas und allein bei deutlich rechter Selbsteinschätzung mit 43 Prozent erheblich übertroffen. Natürlich gibt es auch – ganz unpopulistische – elitäre und/oder systemzufriedene Rechte, was dazu führt, dass bei populistisch eingestimmten äußersten Rechten sich fast zwei Drittel als AfD-Wähler bekennen, von den nicht-populistischen aber nur zwanzig Prozent. Wenn beide Segmente rechts der vorgestellten Mitte zusammengezogen werden, resultieren daraus insgesamt 8,5 Prozent rechtspopulistisches Potenzial (bei insgesamt 29 Prozent Selbsteinstufungen rechts der politischen Mitte).

Zusätzlich zu bedenken ist dabei natürlich, dass sich manche etwas Rechtslastige hinter einer Selbstzuschreibung als vermeintliche »Mitte« verstecken, während die Bekenntnisneigung links von solcher Mitte mit 35 Prozent ausgeprägter ist. Dementierbar sind zunächst Behauptungen, dass Populismus *gleichermaßen* weit links wie rechts anzutreffen sei;[5] der Begriff *Rechts*populismus macht also empirisch durchaus eigenen Sinn, ohne das Thema zu erschöpfen. Zu bedenken ist aber zugleich aus diesem aktuellen Befund, dass sich populistische Stimmungslagen überproportional bei Nichtwählern, ferner einem Teil der offenbar politisch diffusen »Mitte«, doch auffallend wenig (14 Prozent) im bildungsnäheren Wahlvolk mit zumindest Fachhochschulreife finden. Man wird das teils mit erfahrenem Politikunterricht und eigener Lektüre, teils mit weniger Anlass zur Selbstwahrnehmung als materiell und/oder kulturell irgendwie »abgehängt« in Verbindung bringen dürfen. Über den Rechtspopulismus hinaus ist wenig zu schlussfolgern, weil zum Beispiel ein niedriger Wert der Populismusneigung bei der CDU/CSU-Anhängerschaft (fast in der Nähe der vor allem bildungsprivilegierten Grünen) wohl aus höherer System- und Regierungszufriedenheit resultiert.[6]

4 Robert Vehrkamp u. Christopher Wratil, Die Stunde der Populisten? Populistische Einstellungen bei Wählern und Nichtwählern vor der Bundestagswahl 2017, Gütersloh 2017, URL: https://www.bertelsmann-stiftung.de/fileadmin/files/BSt/Publikationen/GrauePublikationen/ZD_Studie_Populismus_DE.pdf [eingesehen am 30.08.2017], S. 11, S. 15 f., S. 20–22 u. S. 64 (Belege für diesen Absatz).

5 Dem widerspricht auch nicht eine Inhaltsanalyse europäischer Parteiprogramme, die linksaußen drei und rechtsaußen sieben Fälle von ausgeprägtem Populismus gefunden hat, so das Schaubild bei Laurenz Ennser-Jedenastik, Was Populismus ist – und was nicht, in: derstandard.at, URL: http://derstandard.at/2000049230303/Was-Populismus-ist-und-was-nicht [eingesehen am 30.08.2017] (wenn man dort mindestens zehn Populismuspunkte und die Ziffern 0–2 sowie 8–10 auf der Links-Rechts-Skala um eine Mitte 5 zugrunde legt – und weiß, dass in der südeuropäischen Linken eher populistische Töne anzutreffen sind, die in Griechenland auch zu eigentümlichen Mehrheitsbildungen führten).

6 Nur als Fußnote, weil der Beitrag ein ganz anderes Thema hat: Die wochenlang geradezu sensationellen Umfragewerte für eine Martin-Schulz-SPD dürften auch mit den dann enttäuschten Hoffnungen eines diffus teil- (und nicht rechts-)populistisch disponierten Publikums in Verbindung gestanden haben, dass hier jemand den etablierten Politikbetrieb nennenswert »aufmischen« könnte. Ein deutlicher Hinweis in diese Richtung ist der Umfragebefund (Vehrkamp u. Wratil, S. 64), dass bei »Mitte«-Positionierten mit Empfänglichkeit für (Unzufriedenheit signalisierenden) Populismus vierzig Prozent eine SPD-Präferenz nannten gegenüber je zwanzig Prozent für CDU/CSU und AfD.

Allerdings ist diese Studie in der öffentlichen Verbreitung auch ein Beispiel für zumindest fahrlässige Meinungsmache. Die Presseversion behauptet nämlich: »Die Partei mit den unpopulistischsten Wählern ist die CDU.«[7] Die Website-Kurzfassung formuliert es aber so: »Laut der Studie haben die CDU, auch in ihrer Wahlverbindung mit der CSU, und die Grünen die unpopulistischsten Wähler.«[8] Noch richtiger zeigt es das Schaubild gleich darunter: Am wenigsten auf Anfälligkeit für Populismus hin interpretierte Antworten gab die Wählerschaft der Grünen, gefolgt von jener der CDU/CSU. Da in der Studie diesbezüglich CDU und CSU nicht getrennt ausgewiesen sind, wäre es Spekulation, aus dem statistisch eher geringen Einfluss der bayerischen Partei von einem fast identischen Wert allein der CDU mit den Grünen auszugehen. Am Publikationstag der Studie, dem 25. Juli 2017, (unter-)titelte *FAZ.net* fast triumphierend: »Keine Chance für Populisten in Deutschland. [...] Am wenigsten empfänglich sind CDU-Wähler«. Und auch *Welt, Zeit* und *Spiegel* meldeten dies ähnlich, wenn auch vereinzelt nachkorrigiert wurde.

Weitgehend unerwähnt blieb – wohl auch wegen des Nichtlesens der Langfassung – in der geradezu CDU-affirmativen Engführung der signifikante Befund, dass mehr europäische Zusammenarbeit und mehr Umverteilung (Steuern für Reiche) dort als die *einzigen* zu deutlich mehr Parteienunterstützung führenden Themen hervortreten; und in der ebenfalls wichtigen Flüchtlingsfrage werden differenzierte Konzepte gleichermaßen von Unions- und SPD-Anhängern präferiert.[9] Die tendenziöse Überschrift »Flüchtlingspolitik und Umverteilung als populistische Mobilisierungsthemen«[10] geben die sehr viel differenzierteren Befunde gar nicht her. Höhere »Reichensteuern« zu fordern (die übrigens im Nachbarland Österreich 55 Prozent und nicht wie hierzulande 45 Prozent betragen), ist nicht per se schon populistisch; das wäre es nur, wenn »die Reichen« pauschal mit Klischees wie »Kuponschneider und Volksbetrüger« bedacht würden (wo dann in früheren Zeiten zum Beispiel auch das antisemitische Ressentiment nicht fern war), statt im Gerechtigkeitsdiskurs auf die gestiegene Verantwortung für das Gemeinwesen bei auch ganz erheblich erhöhten Kapital- und Immobilienwerten in Gegenüberstellung zum Nullzinssparen der breiten Masse hinzuweisen.

Problematisiert werden sollte insbesondere auch ein Wortgebrauch, der befragte wahlberechtigte *Bevölkerungs*teile in »Populisten und Nichtpopulisten« aufgliedert.[11] Davon abgesehen, dass bei solchen Einteilungen (und einer Zwischengruppe) immer an einer geeigneten Stelle »im Sinne der hier verwendeten Operationalisierung« oder dergleichen zu lesen sein müsste, um einer zum vereinfachenden Populismus beitragenden Verbreitung der

7 O.V., Populistische Einstellungen sind bei deutschen Wählern nicht mehrheitsfähig, 25.07.2017, in: bertelsmann-stiftung.de, URL: https://www.bertelsmann-stiftung.de/de/presse/pressemitteilungen/pressemitteilung/pid/populistische-einstellungen-sind-bei-deutschen-waehlern-nicht-mehrheitsfaehig [eingesehen am 30.08.2017].

8 O.V., Vor der Bundestagswahl: Mehrzahl der Deutschen lehnt populistische Positionen ab, in: bertelsmann-stiftung.de, 25.07.2017, URL: https://www.bertelsmann-stiftung.de/de/themen/aktuelle-meldungen/2017/juli/vor-der-bundestagswahl-mehrzahl-der-deutschen-lehnt-populistische-positionen-ab [eingesehen am 30.08.2017].

9 Vgl. Vehrkamp u. Wratil, S. 34 ff.

10 Ebd., S. 39.

11 Siehe ebd., S. 11 u. passim.

Befunde entgegenzuwirken: Als Populisten in einem sinnvoll eingegrenzten Sprachgebrauch können plausibler die politisch über breite Öffentlichkeiten verbal oder sonst expressiv Agierenden bezeichnet werden, also die *Sender* populistischer Botschaften, nicht die Empfänger, die lediglich entsprechend disponiert erscheinen.

Das Problem liegt nicht primär bei einer kaum jemals durch politische Bildung von den allzu schlichten Vorstellungen des »anständigen normalen Volkes« und einer wenn nicht korrupten, dann jedenfalls »abgehobenen politischen Elite« differenzierend fernzuhaltenden Wählerschaft, sondern vielmehr bei jenen politisch Agierenden, einschließlich von wirkungsmächtigen Medienmachern, die dies ohne Rücksicht auf Nebenfolgen hemmungslos ausnutzen. Für den »Brexit« und seine inner- wie außerbritischen Konsequenzen ist neben populistischen Akteuren wie UKIP um Nigel Farage und dem bei den Konservativen zuweilen ebenso clownesk auftretenden Machtopportunisten Boris Johnson wesentlich die Kampagnenpresse des Murdoch-Medienkonzerns mitverantwortlich, der ebenso in den USA mit *Fox News* eine informationelle Parallelwelt mitgeschaffen hat. Darin wucherten dann auch kaum noch mit der traditionellen Republikanischen Partei vergleichbare Phänomene wie die marktradikal-rechtsideologische *Tea Party* und die davon zu unterscheidende rechtspopulistische Trump-Kandidatur. Wenn kürzlich ermittelt wurde, dass jeweils eine deutliche relative Mehrheit aller über 65-Jährigen[12], aller Männer und aller konservativen Wähler, die für den »Brexit« stimmten, diesen sogar den »Preis« der Arbeitslosigkeit eines Familienmitglieds »wert« erklärten[13], wird man solches kaum unter der Kategorie des Populismus abhandeln können. Vielmehr artikuliert sich hier eine sogar innerfamiliär empathiearme ideologische Verhärtung, für die nationalkonservative alte Männer in früheren Zeiten ihre Söhne noch in den »Heldentod« geschickt haben.

Auch wer zum Beispiel den Politikstil von Margaret Thatcher als teilweise populistisch empfand, sollte nicht verkennen, dass sie nach ihren neokonservativen Überzeugungen handelte, so wie Ronald Reagan als US-Gegenstück, der zwar ursprünglich Schauspieler, aber weit vor seiner Präsidentschaft (anders als der Politiklaie Trump) langjähriger Gouverneur von Kalifornien gewesen war. In zeitgleicher bundesdeutscher Perspektive wird man einen auch stark popularisierend auftretenden bayerischen Ministerpräsidenten und CDU/CSU-Kanzlerkandidaten 1980, Franz Josef Strauß, nicht als Populisten einsortieren können; denn in Fragen »großer Politik«, wie Außenbeziehungen und Wirtschaft/Finanzen, kam er durchaus expertokratisch daher und zelebrierte seine Lateinkenntnisse (»pacta sunt servanda«). Neben solcher Inszenierung von Überlegenheit beschränkte sich die »Anbiederung«

12 Auch parteipolitisch trat in den Unterhauswahlen 2017 ein singulärer Generationenkontrast hervor, indem bei Gleichstand in den mittleren Altersgruppen einerseits Labour bei den 18- bis 34-Jährigen einen erdrutschartigen Erfolg mit 63 Prozent zu nur 27 Prozent der Konservativen erreichte und andererseits die über 55-Jährigen mit ebenso drastischen 59 Prozent zu 23 Prozent die knappe konservative (relative) Mehrheit herbeiführten – beides zweifellos auch von deren gegensätzlichen »Brexit«-Präferenzen getragen; siehe Matthias Breitinger u. a., Junge Briten stimmten mit deutlicher Mehrheit für Labour, in: Zeit Online, 09.06.2017, URL: http://www.zeit.de/politik/ausland/2017-06/parlamentswahl-grossbritannien-tories-labour-waehler-wahlanalyse [eingesehen am 30.08.2017].

13 Siehe o.V., YouGov Survey Results, URL: https://d25d2506sfb94s.cloudfront.net/cumulus_uploads/document/6z56phuq56/InternalResults_170421_BrexitExtremism_W.pdf [eingesehen am 30.08.2017]. Von allen konservativen *Remain*-Wählern würden dieser Erhebung zufolge übrigens nur sieben Prozent einen solchen Preis zahlen wollen und sind auch darin mit der »postheroischen« zentraleuropäischen Mentalität kompatibel.

an sein Publikum auf die »kleine Politik«, wo er – stellvertretend für solche Politiker jener Zeiten herausgegriffen – dann zwar auch gezielt Stimmungslagen und Vorurteile bediente, dabei aber das angeblich »gesunde« Volksempfinden wesentlich nur mit linksintellektuellen *Gegen*eliten demagogisch konfrontierend.

Solange die äußere Ost-West-Polarität bestand, also zumindest noch bis knapp über die Mitte der 1980er Jahre hinweg, bevor die umgestaltende Öffnung (*Glasnost* und *Perestroika*) unter Gorbatschow die Endphase der Sowjetunion einleitete, war politisch rechts und rechtsaußen die Unterstellung gegen alle irgendwie Linksstehenden, den Kommunisten gegenüber wenigstens zu nachgiebig aufzutreten, wenn nicht gar deren Interessen zu dienen, eindeutig dominant gegenüber dann später auch etablierte Konservative einschließender Unterstellung, »das Establishment« (aus der »68er«-Sprache umfunktioniert) sei gegenüber »dem Volk« abgehoben und selbstbedienerisch. Nötig ist also ein zeitgeschichtlicher Rückgriff auf die rechtspopulistische *Neu*konfiguration nach dem Ende des Ost-West-Konflikts *alter* Prägung um das Jahr 1990; denn für den Zeitenbruch ist u. a. bezeichnend, dass Putin-Russland heute die Sympathien vieler Rechtspopulisten gelten – und umgekehrt, weil diese aus einer solchen »östlichen« Sicht noch nicht von »westlicher Dekadenz« angesteckt seien.

II.

Für die Zäsur um 1990 kommt neben der auch »den Westen« nicht unberührt lassenden Auflösung des vormaligen »Sowjetblocks« hinzu, dass nun auch die politisch aktive Zeit der NS-belasteten Kriegsgeneration sich dem Ende zuneigte und die NSDAP-Wählerschaft von 1932/33 bis auf Restanteile allmählich verstorben war. Wenn 1989 rechtsaußen »Die Republikaner« exakt gleiche 7,1 Prozent Stimmenanteil bei der Europawahl erzielten hatten wie dann 2014 die AfD, stand wohl noch ein Rest jenes 1981 publizierten Bekenntnisses des Republikaner-Chefs Franz Schönhuber zu seiner SS-Vergangenheit (»Ich war dabei«) mit im Hintergrund. Das galt für den eine volle Generation jüngeren Jörg Haider im benachbarten Österreich insofern ähnlich, als seine Wahl zum FPÖ-Vorsitzenden 1986 von gestrigen Deutschnationalen und Rechtsradikalen getragen wurde. Als 1992 die auf Originalzitaten beruhende Entlarvungsschrift eines liberalen österreichischen Journalisten unter dem Titel »Haiders Kampf« erschien, wurde in der *Zeit* kommentiert, dieser sei »längst keine Kopie mehr von chauvinistischen Populisten wie Schönhuber oder Le Pen. […] Haider ist das Original.«[14] Während die deutschen »Republikaner« schon bei der Bundestagswahl 1990 mit nur 2,1 Prozent scheiterten

14 Werner A. Perger, Extremismus ohne Hitler, in: Die Zeit, 13.11.1992. Auch das frühe Original des älteren Rechtspopulismus ist österreichischer Herkunft: Der christlichsozial-antisemitische Bürgermeister Wiens (1897–1910), Karl Lueger, war ursprünglich als Gegner des Honoratiorenliberalismus ein Exponent von (kleinbürgerlicher) Demokratie, merkte aber in Volksversammlungen, dass antijüdische Bemerkungen beim Publikum »zündeten«. Daraufhin machte er daraus ein regelmäßiges Agitationsmittel – freilich gemäß dem ausgewählte (bspw. geschäftliche) Kontakte einschließenden Motto: »Wer Jude ist, bestimme ich.« Hitler mag zwar vom Propagandaerfolg Luegers beeindruckt gewesen sein, folgte ideologisch aber einem deutschnationalen Rassenantisemitismus und war deshalb rechtsextremistischer Gesinnungstäter, nicht Rechtspopulist.

(Schönhuber kooperierte im Europaparlament mit Jean-Marie Le Pen und widmete diesem gar den 1997 erschienenen Band »Der Rebell«), wurde Haiders FPÖ seit den 1990er Jahren tatsächlich zum Modell des neueren Rechtspopulismus. Von vornherein war klar, dass diese – sich nun zunehmend als »Bewegung« präsentierende – vormalige Regierungspartei (1983–1986 in vorübergehend etwas liberalisierter Gestalt in einer Koalition mit der SPÖ) *rechts*gerichtet auftrat. Der von der Klein- zur großen Mittelpartei hinführende *populistische* Grundzug trat dann im Abwerfen von bisherigem »ideologischen Ballast« zugunsten der Stimmenmaximierung zutage. Besonders auffällig war diesbezüglich nach der Grenzöffnungszäsur von 1989/90 der Kurswechsel von früheren EU-Beitrittsforderungen der FPÖ, noch in gewollter Deutschlandnähe bei Ablehnung der Existenz einer österreichischen Nation, zur polemischen Nein-Kampagne gegen den EU-Beitritt Österreichs 1994.

Zuvor diente 1993 »Österreich zuerst« (weit vor Trumps *America first*) als offizielles Motto für ein (Anti-)Ausländervolksbegehren, das zum Parteiaustritt der verbliebenen Liberalen um Heide Schmidt führte und die FPÖ seither innerparteilich unwidersprochen rechtspopulistisch positionierte. Auch wenn rechtsradikale Tendenzen immer wieder zutage traten und treten, fehlt zum Rechtsextremismus eine insgesamt konsistentere Ideologiebindung. Ein Beispiel waren unter Haider noch häufigere antisemitische Anspielungen und eher manche pro-arabischen Neigungen, was in der Nach-Haider-Periode zunehmend vom Anti-Islamismus ersetzt wurde.[15] Jedenfalls: Die *neuere* Entwicklungsphase kann erst nach Ende des »Ostblocks« mit allen Begleiterscheinungen auch der osteuropäischen Zuwanderung sinnvoll angenommen werden. Die häufig vorschnell mit westlichen Beispielen parallelisierten rechtskatholisch-nationalpopulistischen ungarischen und polnischen Gruppierungen *Fidesz* (Orbán) und *PiS* (Kaczyński) gehören wohl noch immer wesentlich einer anderen, zu Vergleichen weiter als bis zu den 1990er Jahren in die Vergangenheit zurückverweisenden historischen Formation an.

Die geringe Ankopplung des östlicheren und auch des südlicheren Raums bestätigt eine aktuelle (2016/17) Netzwerkanalyse der äußersten Rechten in Europa:[16] Wirklich massiv sind die Verbindungen zwischen Deutschland und Österreich (primär AfD/FPÖ), gefolgt von Deutschland/Schweiz (AfD/SVP) und Österreich/Schweiz (FPÖ/SVP). Mit einem solchen deutschsprachigen Dreieck sind schon die Finnen und Polen (geschweige denn Balkanstaaten) sowie Portugiesen und Spanier gar nicht vernetzt. Die unübersichtlichere Sondersituation in Italien bestätigt sich in einer marginalen Verbindung allein zur Schweiz, von Ungarn (und der Slowakei) bestehen, historisch bedingt, Kontakte primär nach Österreich, von Tschechien (minimal) auch nach

15 Das entsprach schon 2008 in Umfragen auch den Vorurteilspräferenzen der FPÖ-Anhängerschaft, die Muslime zu gut der Hälfte, Juden auch damals noch zu gut einem Viertel zu unerwünschten Nachbarn stigmatisierte; Laurenz Ennser-Jedenastik, Einer von sechs Österreichern will Boateng nicht als Nachbarn, in: derstandard.at, 31.05.2016, URL: http://derstandard.at/2000037944314/Einer-von-sechs-Oesterreichern-will-Boateng-nicht-als-Nachbarn [eingesehen am 30.08.2017].

16 Vgl. Noura Maan u. Fabian Schmid, Le Pen schenkt HC ein Like: Wie sich Europas Rechte vernetzen, in: derstandard.at, 24.05.2017, URL: http://derstandard.at/2000058082824/Le-Pen-schenkt-HC-ein-Like-Wie-sich-Europas-Rechte [eingesehen am 30.08.2017] – »im Rahmen eines von der Volkswagenstiftung geförderten Forschungsprojekts zu »Wissenschaft und Datenjournalismus« entstanden.

Deutschland. Auffällig tritt die geringere (Landesgrenzen überschreitende) Vernetzung bei den stark auf nur eine Person zugeschnittenen Rechtsparteien wie UKIP/Farage, PVV/Wilders und Marine Le Pen zutage – deren *Front National*, vielleicht überraschend angesichts der langen Existenz und Wahlstärke, aber eben auch dem Namen entsprechend, in jeder Hinsicht nationalfranzösisch konturiert ist. Daran ändern wenige inszenierte Treffen in Deutschland und Österreich (dort 2016 am spektakulärsten mit dem »Patriotischen Frühling«) nur wenig.[17] Der Blick auf die Medienvernetzung ist auch deshalb unverzichtbar, weil die qualitativ ungefilterte, zugleich durch sogenannte Filterblasen und Echokammern[18] quantitativ gesteuerte Massenkommunikation des Internetzeitalters zu den zeittypischen Produktivkräften für die Wachstumskonjunkturen des neuen Rechtspopulismus gerechnet werden muss.

Auch bei Zugrundelegung eines (für datentechnische Zwecke stets allzu) weiten Verständnisses des untersuchten Richtungsspektrums fällt auf, dass die historisch singuläre »westliche« ökonomische Aufschwungperiode 1950–1970 noch kaum Nährboden für den älteren Rechtspopulismus bot; hingegen konzentrierte sich dessen forcierte Wachstumsphase auch im OECD-Gesamtvergleich auf die 1990er Jahre.[19] Um diesen aus Umfangsgründen nicht zu vertiefenden Seitenblick in Datensätze hiermit abzuschließen: Schon das traditionell mehr personalisierte als durchorganisierte, dem Egomanen Trump die populistische Eroberung der republikanischen Kandidatur ermöglichende Parteiengefüge der USA und ähnliche Befunde für Italien[20] infolge der wesentlich korruptionsbedingten Auflösung des vormaligen Parteiensystems zeigen die Grenzen des Vergleichs mit »Westeuropa« (in politisch-ökonomischem Sinne, also ohne den vormaligen »Osten« und den »Süden«). Während die Lega Nord ihrem Namen entsprechend auch wesentlich regionalistisch und die Fünf-Sterne-Bewegung Beppo Grillos nicht einfach als rechts zu verstehen ist, hatte die Formation Forza Italia Silvio Berlusconis vor allem die konservativen Stimmpotenziale der früheren Christdemokraten geerbt; sie zeigte eine extreme, allenfalls bei Trump noch übertroffene Fixierung auf die Person eines demagogischen Milliardärs, sodass man auch Italien wohl nur stark landes- und fallspezifisch betrachtend gerecht werden kann. Hingegen wurde die FPÖ vom politischen Absturz Haiders schon vor dessen Unfalltod 2008, kulminierend in der BZÖ-Abspaltung infolge der Parteikrise während der Regierungsbeteiligung, nur vorübergehend geschwächt. Auch hinter dem Nachfolger H.-C. Strache (mit klar rechtsextremistischer Vergangenheit) steht der zweimal nur äußerst bzw. relativ knapp unterlegene Präsidentschaftskandidat Norbert Hofer mit einer politischen Funktionskarriere bis hin zum dritten Parlamentspräsidenten als ein Parteirepräsentant des längst etablierten Status quo bereit.

17 Vgl. o.V., Le Pen, Petry, Wilders und Vilimsky treffen einander in Koblenz, in: derstandard.at, 10.01.2017, URL: http://derstandard.at/2000050459194/Le-Pen-Petry-Wilders-und-Vilimsky-treffen-einander-in-Koblenz [eingesehen am 30.08.2017].

18 Eine *Facebook*-Auswertung zeigt die intern geschlossene, aber von sämtlichen anderen Parteirichtungen isolierte Position der AfD; vgl. Antonie Rietzschel, Wie es in Facebooks Echokammern aussieht – von links bis rechts, in: sueddeutsche.de, 11.07.2017, URL: http://www.sueddeutsche.de/politik/mein-facebook-dein-facebook-wie-es-in-den-echokammern-von-links-bis-rechts-aussieht-1.3576513 [eingesehen am 11.07.2017].

19 Vgl. Washingtonpost.com, 11.03.2016, 17.05.2017 (Datenanalysen der in Harvard lehrenden australischen Professorin Pippa Norris).

20 Vgl. ebd., 08.04.2016 (Darin Self, Doktorand).

Sogar die auch wegen des Gründungsjahres 1995 vielleicht am ehesten mit der damaligen Haider-FPÖ vergleichbare Dänische Volkspartei zeigt jenseits eines ähnlich fremdenfeindlichen Kleinstaatsnationalismus nahezu ausschließlich Unterschiede:[21] Die Parteigründerin Pia Kjærsgaard hatte sich vom (einschlägig vorbestraften) Steuerverweigerer Mogens Glistrup – als Exponenten eines älteren staatsnegierenden mittelständischen Rechtspopulismus – getrennt und tolerierte seit 2001 rechtsliberale Minderheitsregierungen. Historisch nicht überraschend ist die Dänische Volkspartei in deutlichem Kontrast zum früheren, bei Burschenschaftlern und deren Alten Herren noch fortwirkenden Deutschnationalismus der FPÖ wie manche anderen nachbarlichen Rechtspopulisten antideutsch gestimmt, bis hin zu anklingenden Schleswig'schen Gebietsansprüchen.[22] Wie Großbritannien bereits seit 1973 EU-Mitglied und fast gleich den Briten auf Sonderregelungen (kein Euro usw.) bedacht, fehlten in Dänemark nach dem Fall des »Eisernen Vorhangs« 1989 auch die unmittelbaren südöstlichen Grenzlagenerfahrungen Österreichs. Unterschiede der nordeuropäischen gegenüber west- und mitteleuropäischen äußersten Rechten offenbart auch die kürzlich erfolgte Spaltung der »Wahren Finnen« in eine rechtsextrem-fundamentaloppositionelle und eine rechtskonservativ-gouvernementale Fraktionsgruppierung.

Eher könnte die Schweizerische Volkspartei (SVP) als der FPÖ benachbart erscheinen: Sie ging aus einer Traditionspartei des primär ländlichen alten Mittelstandes hervor und begann ihren Aufstieg in den 1990er Jahren nach einer gewonnenen Kampagne gegen den EWR-Beitritt der Schweiz 1992 mit dann zunehmend fremdenfeindlichen Tendenzen. Ansonsten überwiegen bei näherer Betrachtung erneut Differenzen, beginnend mit einem an den angelsächsischen Neokonservatismus der Reagan/Thatcher-Ära erinnernden Wirtschaftsliberalismus unter dem Einfluss des Milliardärs Christoph Blocher. Man könnte insofern auch bezweifeln, ob gewissermaßen eine rechtsorientierte Internationale von Milliardären wie Trump, Berlusconi, Blocher (und dem Medienmogul Murdoch) überhaupt sinnvoll mit dem Populismusbegriff zu fassen ist – oder ob deren rechtspopulistische Propagandamittel nicht vielmehr eine zugleich neokonservativ-großkapitalistische Machtstrategie flankieren. Dafür spricht jedenfalls die geschäftsorientierte Beweglichkeit, mit der Berlusconi (den Sozialisten Craxi), Trump (manche US-Demokraten) und Murdoch (den New-Labour-Premier Blair) zuweilen Nicht-Konservative förderten, wenn sie eigenen Belangen oder der Blockade grundsätzlicherer Alternativen dienlich erschienen. Andererseits könnte solche keiner Weltanschauung allzu stark verpflichtete politische Flexibilität auch zu den Merkmalen des massenwirksam eingesetzten neuen Rechtspopulismus gezählt werden. Dann stünde

21 Die Literatur zum Rechtspopulismus/Rechtsradikalismus ist mittlerweile unübersichtlich geworden. Exemplarisch mit vielen Länderbeiträgen: Frank Decker u. a. (Hg.), Rechtspopulismus und Rechtsextremismus in Europa. Die Herausforderung der Zivilgesellschaft durch alte Ideologien und neue Medien, Baden-Baden 2015.

22 Erhoben vom Parteivizechef Søren Espersen, obwohl die dänische Minoritätspartei SSW 2012 bis 2017 an der schleswig-holsteinischen »Küstenkoalition« mit der Justiz-, Europa- und Kulturministerin Anke Spoorendonk partnerschaftlich beteiligt war, beiderseits eine prägnante Zeichensetzung gegen wiederaufkeimenden Nationalismus.

die Blocher-SVP (soweit nicht von ihrem Finanzier sich allmählich entfernend) als eine im Kern trotz auch dort sehr erheblicher Arbeiterstimmen im Eigenprofil traditionell rechtsbürgerliche Partei mit lediglich populistischen Kampagnenformen etwas am Rande des sonstigen »westlichen« Spektrums.

III.

Auch wenn man natürlich darüber streiten könnte, wird hier Linkspopulismus jedenfalls in Europa und den USA als kein analytisch sinnvoller oder gar positiv instrumentalisierbarer Begriff angesehen, weil nur (im demokratischen, nicht extremistischen Sinne) »links« genannt werden sollte, wer von stets konfliktträchtigen sozioökonomischen und/oder soziokulturellen Differenzierungen als Grundlage von Politik ausgeht; dies also jenseits der Homogenisierungsannahmen des (rechten) Populismus mit dessen Ausnahmen der Abgrenzung zu moralisch diskreditierten Eliten und Minoritäten.[23] Wie »Establishment« ist übrigens auch »Machtelite« ein ursprünglich neu-linker Polarisierungsbegriff (der US-Soziologe C. Wright Mills schrieb bereits 1956 über *The Power Elite*, anstelle alt-linker Klassenherrschaftstheoreme). Solche Diffusion angesichts der willkürlichen Begriffsentlehnung unterscheidet den neuen Rechtspopulismus vom alten ideologischen Rechtsextremismus.

Wenn ferner die Schriftstellerin Jana Hensel jüngst bei *Zeit Online* nicht ohne Besorgnis fragte: »Sind Frauen die besseren Rechtspopulisten?«[24], so wird man ihren prominenten Beispielen »Petry, Szydło, Le Pen« zwar entgegenhalten müssen: Frauke Petry/AfD war schon bei Erscheinen des Artikels (Juli 2017) de facto weithin entmachtet;[25] hinter Beata Szydło/PiS bestimmt wohl immer noch Parteichef Jarosław Kaczyński den Kurs; und Marine Le Pen übernahm den *Front National* von ihrem nun bald neunzigjährigen Vater, den sie freilich schon vor Jahren entmachtet hatte und so erst die Brücke zwischen dem (nicht überwundenen) alten Rechtsradikalismus und dem neuen Rechtspopulismus hergestellt hat.

Zutreffend ist aber der Hinweis auf maßgebende Frauen neben Dänemark auch für Norwegen mit Siv Jensens »Fortschrittspartei«. Wegen deren Einbindung als Finanzministerin in eine konservative Regierung der Ministerpräsidentin Erna Solberg (eine sozialdemokratische Regierungschefin gab es langjährig mit Gro Harlem Brundtland dort schon in den 1980er Jahren) ließe sich aber fragen, ob das nicht ähnlich wie bei der SVP die Ergänzung einer rechtsbürgerlichen Positionierung mit rechtspopulistischen Propagandamethoden zur Ausweitung des Wählerspektrums ist.

Neben der – vor 1990 politisch rechtsaußen kaum vorhandenen – Frauenbeteiligung (in den USA ließe sich die *Tea Party*-Ikone Sarah Palin als

23 Bezeichnend ist, dass aus dem Fazit des sich auch um Popularisierung bemühenden Sozialwissenschaftlers Oliver Nachtwey (»Abstiegsgesellschaft«) zum relativen Wahlerfolg von Jeremy Corbyn: »Linke Politik kann einfach sein: For the many, not the few. Mit Demokratie gegen das Establishment« (URL: https://twitter.com/onachtwey?lang=de [eingesehen am 09.06.2017]), beim Journalisten Jakob Augstein (URL: http://www.spiegel.de/politik/deutschland/martin-schulz-jeremy-corbin-oder-emmanuel-macron-als-vorbild-kolumne-a-1151686.html [eingesehen am 12.06.2017]) in »leichter Bearbeitung« dieses wird: »Linke Politik wendet sich an die vielen, nicht die wenigen. Gute Politik ist immer populistische Politik.« (Nur) Letzteres ist tatsächlich eine (nichts als) populistische Behauptung.

24 Jana Hensel, Sind Frauen die besseren Rechtspopulisten?, in: Zeit Online, 23.07.2017, URL: http://www.zeit.de/gesellschaft/zeitgeschehen/2017-07/rechtspopulismus-frauen-marine-le-pen-frauke-petry [eingesehen am 30.08.2017].

25 Allerdings tritt neben ihr gemäß der in Anm. 16 genannten Studie auch Beatrix von Storch als ebenso fleißige Netzwerkerin hervor, freilich ohne Eignung als Parteichefin, die in Ansätzen bei Petry noch vorhanden gewesen sein mochte.

Vizepräsidentschaftskandidatin 2008 und Unterstützerin Trumps ergänzen) ist für den *neuen* Rechtspopulismus auch Folgendes kennzeichnend: Jedenfalls in den kulturell liberaleren Ländern bildet sogar ein familiärer Migrationshintergrund (beim Niederländer Geert Wilders) oder Homosexualität (offen beim ermordeten Niederländer Pim Fortuyn und bei Alice Weidel[26], der AfD-Spitzenkandidatin neben dem altkonservativen Neupopulisten Alexander Gauland) keinen ausschließenden Hinderungsgrund mehr für eine führende Position.

Gleichwohl sind – in Wertvorstellungen traditionell disponierte – Männer in der Wählerschaft vieler rechtspopulistischer Gruppierungen deutlich überrepräsentiert. Dafür ist weniger Trump ein aussagekräftiges Beispiel, weil auch seine republikanischen Vorgänger ein massives Frauendefizit aufgewiesen haben. Nur der *Kandidat* Trump war die große Überraschung; seine Wahl hingegen resultierte wesentlich aus in den USA stärker einzementierten Parteilagerabgrenzungen und äußerst knappe Ergebnisse produzierenden Sondereffekten in einigen deindustrialisierenden *Rustbelt*-Staaten, weswegen die vornehmlich journalistisch zu oberflächlich gelesene Meinungsforschung mit doch relativ geringen Fehlermargen das Ergebnis jedenfalls für nicht wahrscheinlich hielt.[27] Im *Rustbelt* hatte Barack Obama seinen zweimaligen Erfolg noch u.a. durch einen auf diese Wählersegmente zielenden Vizepräsidentschaftskandidaten Joe Biden (»Bin Laden dead, General Motors alive«) abgesichert. In Frankreich wiederum ist hinsichtlich eines inzwischen fehlenden Defizits an Frauenstimmen ein in dieser Form singulärer Marine-Le-Pen-Effekt anzunehmen, die als Person jenseits der politischen Tochter-Erbfolge eben keine traditionelle Frauenrolle mehr verkörpert.

Insbesondere die außergewöhnlichen, bis über zwanzig Prozent hinausreichenden Landtagswahlergebnisse der AfD 2016 hatten einen klaren »Gender Gap« in Richtung Männerstimmen.[28] Eine neuere Erhebung von Anfang 2017 beziffert gegenüber 48 Prozent aller Befragten den Männeranteil auf sechzig Prozent der AfD-Wählerschaft.[29] Noch wirkungsmächtiger als in Deutschland wurde das rechtspopulistische Frauendefizit bei der Präsidentenwahl in Österreich, wo der FPÖ-Kandidat Hofer, allein die ca. sechzig Prozent Männerstimmen gerechnet, bereits im Juni 2016 gewählt gewesen wäre, hingegen der (Ex-)Grüne Van der Bellen damals sechzig Prozent der Frauenstimmen erhielt.[30]

Dass aber die AfD dennoch bislang ein wesentlich anderer Fall ist als die FPÖ in nun schon über zwanzig Jahren, zeigt der ausgeprägte Profilwechsel nach ihrer Gründungsphase mit dem Euro-gegnerischen Schwerpunkt. Wenn diese frühe AfD mit dem Etikett »Wettbewerbspopulismus« bedacht wurde,[31]

26 Die auch teilweise immer noch eher das wirtschaftsliberale, primär eurogegnerische Erbe aus der AfD-Ära Lucke vertritt, wenn sie ganz im Sinne der FDP-Rechten und des CDU-Wirtschaftsflügels die Frage nach »sozialer Gerechtigkeit« so beantwortet: »Der Steuerzahlergedenktag erinnert uns jährlich daran, wie Leistungsanreize durch zu viel Umverteilung gestört werden«; o.V., Was die Parteien unter sozialer Gerechtigkeit verstehen, in: Spiegel Online, 31.07.2017, URL: http://www.spiegel.de/wirtschaft/soziales/soziale-gerechtigkeit-was-union-spd-fdp-gruene-linke-und-afd-unter-sozialer-gerechtigkeit-verstehen-a-1159573.html [eingesehen am 31.07.2017]. Die AfD-Wählerschaft liegt in der Zustimmung zur Aussage: »Weniger staatliche Regulierung der Wirtschaft«, nahe der FDP-, aber fern der CDU/CSU-Anhängerschaft; Ferdinand Otto, Vereinsmeier mit Durchschnittslohn, in: Zeit Online, 31.07.2017, URL: http://www.zeit.de/politik/deutschland/2017-07/spd-waehler-themen-bundestagswahl [eingesehen am 31.07.2017].

27 Umfassendste Analyse mit Entkräftung zahlreicher voreiliger und falscher Behauptungen in der frühen Berichterstattung zum unerwarteten Wahlausgang: o.V., An Evaluation of 2016 Election Polls in the U.S., in: aapor.org, URL: https://www.aapor.org/Education-Resources/Reports/An-Evaluation-of-2016-Election-Polls-in-the-U-S.aspx [eingesehen am 30.08.2017].

28 Wichtige Hintergrundinformationen in dieser Göttinger Studie: Alexander Hensel u.a., Die AfD vor den Landtagswahlen 2016. Programme, Profile und Potenziale, Frankfurt a.M. 2016, URL: https://www.otto-brenner-shop.de/uploads/tx_mplightshop/AP20_AFD.pdf [eingesehen am 30.08.2017].

liegt diesem Urteil wohl eher die verbreitete Gleichsetzung popularisierter Einzelaspekte mit dem antipluralistischen Gesamtprofil des neuen Rechtspopulismus zugrunde. Schon die Namensgebung passte dazu nicht, denn »Alternative« nahm antithetisch Bezug auf die behauptete Alternativlosigkeit der Regierungspolitik in der Ära Merkel und war mit der Repräsentationsüberlast von Wirtschaftsprofessoren zunächst sozusagen ein gegenelitäres Projekt.

Exponenten wie deren Europa-Abgeordneter Hans-Olaf Henkel beanspruchten (zuvor) einen sehr elitär und darin weniger demokratie- als marktkonform daherkommenden »Mut zur Unpopularität«. Solche marktradikalen Akzente, die gerade auch Henkel als BDI-Präsident (1995–2000) medienwirksam verbreitete, dürften in der politischen Teilumsetzung und vor allem durch die so erzeugte soziale Verunsicherung kurz vor und nach dem Jahr 2000 wohl mit dazu beigetragen haben, dass heute die Vierzig- bis 49-Jährigen signifikant am häufigsten AfD-Wähler sind – zumal sie damals im prägenden Alter von Anfang zwanzig bis Anfang dreißig häufiger keinen guten Berufsstart fanden.[32]

Auch der konservativ-marktliberale Ex-Parteichef Bernd Lucke zeigte sich rechtspopulistischen Tendenzen fern, wenn er sich in einer Talkshow von der – Wilders abzufangen trachtenden – Textbotschaft des rechtsliberalen niederländischen Premiers Mark Rutte an die Adresse von Zuwanderern: »Benimm dich normal oder geh weg«, distanzierte: »Das ist wirklich völliger Populismus«, denn »hier werden wirklich Vorurteile geschürt über Flüchtlinge und Migranten«. Es war der als »Quartalspopulist« und im Politikerleben insgesamt eher als Macht-Technokrat einzuschätzende ehemalige bayerische Ministerpräsident Edmund Stoiber, der kopfschüttelnd Lucke zurechtwies mit der Rutte-apologetischen Behauptung, dies sei »mit Sicherheit der große Mehrheitswille der Länder in Europa«[33]. Manche fließenden Übergänge von Etablierten zu (vermeintlich) Anti-Elitären werden auch erkennbar, wenn berücksichtigt wird, dass sich Rutte von 2010 bis 2012 von Wilders tolerieren ließ, der mit seiner formalen Konstruktion der Einmannpartei gar die Extremvariante eines Gegen-Elitismus jenseits pluraler Parteiendemokratie verkörperte.

IV.

Letztlich ist es wohl eine Pointe der Popularisierbarkeit des neuen Rechtspopulismus, dass er in einer wesentlichen Dimension als eine antithetische Ergänzung des neuen entpolitisierenden Technokratismus interpretiert werden kann: »Schließlich suggerieren die Technokraten, es gäbe nur *eine* rationale *policy*, während ein Populist behauptet, es gäbe nur einen wahren Willen des

29 Vgl. Richard Hilmer u. a., Einstellung und soziale Lebenslage. Eine Spurensuche nach Gründen für rechtspopulistische Orientierung, auch unter Gewerkschaftsmitgliedern, Düsseldorf 2017, URL: https://www.boeckler.de/pdf/p_fofoe_WP_044_2017.pdf [eingesehen am 30.08.2017], S. 27; der mit 24 Prozent gegenüber gesamtgesellschaftlich 18 Prozent deutlich überrepräsentierte Arbeiteranteil relativiert sich übrigens durch Verknüpfungen: Arbeiter sind häufiger Männer (Frauen eher Angestellte), außerdem disponiert einfachere bis mittlere Bildung (bis hin zu mittlerer Reife) mehr als höhere zur AfD-Präferenz.

30 Vgl. Gerald Gartner, Wer wen gewählt hat, in: derstandard.at, 22.05.2016, URL: http://derstandard.at/2000037398941/Wer-wen-gewaehlt-hat [eingesehen am 22.05.2017].

31 Siehe David Bebnowski u. Julika Förster, Wettbewerbspopulismus. Die Alternative für Deutschland und die Rolle der Ökonomen, Frankfurt a. M. 2014, URL: http://www.demokratie-goettingen.de/content/uploads/2014/03/2014_03_27_AfD_Papier.pdf [eingesehen am 30.08.2017].

32 Vgl. Hilmer u. a.; deutlich weniger AfD-Neigung haben die 18- bis 29-Jährigen und moderater auch die über Sechzigjährigen.

33 URL: https://www.youtube.com/watch?v=_ycQTxvxTKM [eingesehen am 30.08.2017] (nach 51 Minuten).

Volkes«; also sind beide »ihrer inneren Logik nach antipluralistisch«[34] – und genügen damit nicht einem anspruchsvolleren Demokratieverständnis. Während bspw. eine allzu sehr technokratisch entrückte Euro-Rettungspolitik den populistischen Vorwurf der volksfernen Entdemokratisierung nährte, dient wachsender Populismus der technokratischen Entpolitisierung umgekehrt als Legitimation für demokratische Engführung auf begrenzte Wahlakte und regierungsgeleitete Engführung des Parlamentarismus, dem auf diese Weise Legitimation in der Wahlbevölkerung entzogen wird. Das gerade in Zeiten von Großen Koalitionen prekäre Gegenmittel erwähnte Habermas in einem Interview: »Die politische Polarisierung müsste sich wieder *zwischen* den etablierten Parteien um sachliche Gegensätze kristallisieren.«[35]

Wenn der Wiener Politiktheoretiker Oliver Marchart nun kritisch von einem verbreiteten »liberalen Antipopulismus« spricht, »weil hier der Versuch gemacht wird, jegliche Form einer popularen Politik zu delegitimieren«, ist das eine begrifflich nachvollziehbare Unterscheidung, die zu einer weiteren Schlussfolgerung führt: »Wenn aber zutrifft, dass Populismus an sich noch keinen bestimmten ideologischen Inhalt hat, dann ist auch die pauschale Kritik am Populismus inhaltslos.«[36]

Auch das lässt ratsam erscheinen, keinen diffusen Begriff des Populismus zu verwenden, sondern zunächst den (neuen) Rechtspopulismus in den Blick zu nehmen. Dessen machttechnokratische Skrupellosigkeit hat jüngst der langjährige Haider-Vertraute Stefan Petzner ganz ohne Reue enthüllt. Auf die Interview-Frage, wie er heute zum 2008 plakatierten Slogan »Kärnten wird tschetschenenfrei« stehe, antwortete Petzner ganz offen: »So wie damals: Ich habe den Slogan gemacht, weil ich gewusst habe, dass er funktioniert. Wäre ich etwa Wahlkampfmanager in Deutschland gewesen, hätte ich ihn nicht gemacht. Denn dort ginge so ein Plakat nach hinten los und würde Stimmenverluste bedeuten. Und war ich als Mensch jemals dafür, eine gesamte Volksgruppe des Landes zu verweisen? Nein, war ich nie. Populismus war mein Job. Und den habe ich eben versucht so gut es geht zu erfüllen.« Da ist es dann fast schon etwas beruhigend, wenn dieser frühere, joberfahrene verbale FPÖ-Mittäter hinzufügt: »Die Leute in der AfD-Spitze verhalten sich wie Amateure. Die Marke AfD ist inzwischen derart beschädigt, dass es zwar wohl für den Einzug in den Bundestag reichen wird, mehr aber auch nicht.«[37]

34 Müller, S. 115.

35 Jürgen Habermas, Für eine demokratische Polarisierung. Wie man dem Rechtspopulismus den Boden entzieht, in: Blätter für deutsche und internationale Politik, H. 11/2016, S. 35–42, hier S. 38 f.

36 Oliver Marchart, »Die Kritik am Populismus ist inhaltslos«, in: derstandard.at, 09.08.2017, URL: http://derstandard.at/2000062428651-629/Die-Kritik-am-Populismus-ist-inhaltslos [eingesehen am 09.08.2017].

37 Leila Al-Serori u. Oliver Das Gupta (Interview mit Stefan Petzner), »Die Leute in der AfD-Spitze verhalten sich wie Amateure«, in: sueddeutsche.de, 22.08.2017, URL: http://www.sueddeutsche.de/politik/ex-rechtspopulist-stefan-petzner-die-leute-in-der-afd-spitze-verhalten-sich-wie-amateure-1.3635261 [eingesehen am 22.08.2017].

Prof. Dr. Detlef Lehnert, geb. 1955, ist Professor für Politikwissenschaft und Historiker in Berlin.

WENN DAS ZEREMONIELL ZU POLITIK WIRD

HONECKERS BESUCH IN DER BUNDESREPUBLIK IM SEPTEMBER 1987

Ξ Jürgen Hartmann

Offizielle Besuche von Staatsoberhäuptern oder Regierungschefs sind klassische Instrumente der Diplomatie. Sie dokumentieren den aktuellen Stand der Beziehungen zwischen zwei Staaten und geben Anstöße zum weiteren Ausbau. Um solche Besuche möglichst konfliktfrei zu halten, werden sie einem komplexen Regelwerk unterworfen, dem Zeremoniell, bei Besuchen meist Protokoll genannt. Die Grundsätze des Besuchszeremoniells, allen voran die Prinzipien der Souveränität und der Gleichbehandlung, werden weltweit respektiert. Sie zu verletzen gilt als unfreundlicher Akt, der die Beziehungen belastet. Sämtliche technischen Details eines konkreten Besuches hingegen, wie Zeitplan, Größe der Delegation, Zahl der zu überreichenden Orden, Dresscodes etc., werden von Fall zu Fall ausgehandelt.

Ganz anders war das bei dem Besuch des Staats- und Parteichefs der DDR, Erich Honecker, in der Bundesrepublik vom 7. bis 11. September 1987. Die Formen und Gesten des Zeremoniells wurden zu Inhalten, ja zur Hauptsache. Jede mit dem Besuch verbundene zeremonielle Handlung wurde sorgfältig – und meistens wohl zum ersten Mal – auf ihren symbolischen Gehalt hin geprüft und auf höchster politischer Ebene entschieden. Selbst das verhinderte freilich konträre Interpretationen im Nachhinein nicht.

Gleichwohl: Bei keinem offiziellen Besuch seit Bestehen der Bundesrepublik spielte das Zeremoniell eine so zentrale Rolle. Nie zuvor waren die politischen Gegensätze von Gast und Gastgeber so offenkundig und heftig, nie zuvor wurde das Protokoll zur Sichtbarmachung dieser Gegensätze so gezielt eingesetzt wie gerade bei diesem Besuch. Denn in der Tat ging es nicht um die feierliche Besiegelung irgendwelcher Abkommen oder Verträge, die es auch gab. Schon gar nicht ging es um die Demonstration eines funktionierenden

Verhältnisses zwischen zwei Staaten. Es ging um nichts mehr und nichts weniger als um das Selbstverständnis der Bundesrepublik einerseits, der DDR andererseits.

ZWEIERLEI FORMBEWUSSTSEIN

In den beiden deutschen Staaten hatte sich das Staatszeremoniell in unterschiedlicher Weise entwickelt. In der Bonner Republik musste das Staatszeremoniell, wie vieles andere auch, erst seinen Platz finden. Das war kein leichtes Unterfangen, denn nach zwölf Jahren zeremoniellen Übermaßes und Missbrauchs herrschte eine verbreitete Abneigung gegen alles, was auch nur im Entferntesten an kaiserlichen Pomp oder nationalsozialistische Masseninszenierungen erinnerte. Die Weimarer Republik hatte weitestgehend auf jedes staatliche Zeremoniell verzichtet. Da, wo es unverzichtbar war, gab es glücklose Fehlgriffe – ob nun beim Staatsbegräbnis für Friedrich Ebert oder bei der Suche nach einem neuen Reichsadler oder in der Frage der Reichsflagge[1].

Auch in der staatsrechtlichen Literatur fand das Staatszeremoniell kaum statt.[2] Dennoch brauchte man es, zunächst für den diplomatischen Verkehr. Hier markiert der Staatsbesuch des äthiopischen Kaisers Haile Selassi 1954 den vorsichtigen Neubeginn, bei dem sich Bundeskanzler und Bundestagspräsident noch auf dem Bahnsteig des Bonner Bahnhofs, auf dem der kaiserliche Sonderzug eintreffen sollte, hörbar um den Vorrang stritten. Niemals jedoch gestand man dem Zeremoniell mehr zu, als das Dekor und den Rahmen für staatliche Anlässe zu liefern.

Bei dieser Funktionsbeschreibung blieb es,[3] obwohl im Laufe der Jahre Päpste, Kaiser, Könige und Chefs kommunistischer Parteien die Bundesrepublik besuchten und ein ihrem internationalen Rang entsprechendes Zeremoniell beanspruchten. Immerhin hatte sich dadurch im internationalen Verkehr ein allgemein akzeptierter Standard herausgebildet, der nach und nach auch auf sonstige Staatstätigkeiten wie Parlament, Militär, Kanzleiwesen ausstrahlte. Da man im Grundgesetz keine Grundlage für diese Formen zu finden glaubte, berief man sich, ungeachtet aller damit zu übernehmenden Lasten, auf Traditionen.

Hinzu kam im kulturellen Diskurs der Bonner Republik eine allgemeine Vernachlässigung der Form gegenüber dem Inhalt, vergleichbar der Dominanz des Informel in der Kunst, sodass eine ernsthafte Auseinandersetzung mit dem staatlichen Zeremoniell nicht zustande kam. In den 1960er Jahren war sogar eine breite Tendenz zur Abschaffung jeglichen Zeremoniells erkennbar, die in den Kirchen und in den Universitäten auch durchaus erfolgreich

1 Vgl. dazu Jürgen Hartmann, Staatszeremoniell, Köln 2007, S. 272 ff.

2 Eine bemerkenswerte Ausnahme macht Eckart Klein, Kommentierung zu Art. 22 GG, in: Kommentar zum Bonner Grundgesetz (Bonner Kommentar), 1982.

3 So etwa auf den heute nicht mehr aktuellen Web-Seiten des Auswärtigen Amtes und des Bundesinnenministeriums zu Protokoll.

war, während es beim Staat unterblieb, die militärische Ehrenformation bei Staatsbesuchen durch »nichtmilitärische Formen der Ehrerweisung« zu ersetzen[4]. Und auch wenn sich in den Bundesländern mit der Zeit eigene zeremonielle Vorstellungen entwickelten, die Farbe und Vielfalt in die stereotypen Abläufe von Staatsbesuchen brachten, blieb es in der Bundesrepublik, trotz gelegentlicher Forderungen nach mehr Formbewusstsein,[5] bei der weitgehend unreflektierten und bisweilen abschätzigen Wertung der Funktionen des Zeremoniells.

In der DDR hingegen kannte man das Unbehagen gegenüber inhaltsleeren Ritualen und einem durch die Vergangenheit belasteten Zeremoniell nicht. Vielmehr erlaubte es das außerordentlich strenge Zeremoniell der Moskauer Führung und der Roten Armee, Bezüge zur Revolution von 1917/18 herzustellen. Im gängigen Handbuch zum diplomatischen Protokoll der DDR hieß es: »Das diplomatische Protokoll ist – auf einen kurzen Nenner gebracht – eines der Mittel zur Durchsetzung der Ziele und Aufgaben der Außenpolitik, mit dessen Hilfe auf die Entwicklung der Beziehungen zu anderen Staaten aktiv eingewirkt wird.«[6]

In den Verhandlungen zur Vorbereitung des Besuches von Erich Honecker stießen diese beiden zueinander unverträglichen Auffassungen zum Zeremoniell aufeinander. Die kontroverse Diskussion dieser Fragen nicht nur in den Amtszimmern und in den Konferenzsälen, sondern auch in einer breiten Medienöffentlichkeit, machte deutlich, dass es sich beim Zeremoniell nicht nur um verstaubte Formen oder eine Spielwiese für Diplomaten und Soldaten handelte, sondern um eine vermittels staatlicher Symbole geführte politische Kommunikation. Rückblickend wird man sagen können, dass das Staatszeremoniell mit diesem Ereignis ein neues, anderes Verständnis und Ansehen gewonnen hat: als ein Instrument der hohen Politik.

Das Zeremoniell des Honecker-Besuchs und sein Zustandekommen hat Karl-Rudolf Korte 1998 in seinem Werk über die Deutschlandpolitik der Regierung Kohl unter der Überschrift »Kohls Gespür für die Macht«[7] beschrieben und dabei aus den Akten des Bundeskanzleramtes, der Stiftung Archiv der Parteien und Massenorganisationen der DDR (SAPMO) und aus zahlreichen Interviews mit Zeitzeugen viele Einzelheiten berichtet. Schon die Kapitel-Überschrift deutet aber an, dass das Zeremoniell dabei fast ausschließlich als Funktion des zentralen Forschungsinteresses des Autors, der Deutschlandpolitik und der Formen des Kohl'schen Regierungshandelns, gesehen wurde. Das wird der Bedeutung des Zeremoniells allerdings nicht gerecht; zumal, wenn es in den Augen vieler Beobachter und erst recht aus der Sicht der DDR das Hauptanliegen des Besuches war.

4 Vgl. Plenarprotokoll 10/244, Deutscher Bundestag, Stenographischer Bericht, 244. Sitzung, Bonn, Freitag, den 7. November 1986, S. 18930.

5 Zu diesem Aspekt vgl. Karl-Heinz Bohrer, Die Ästhetik des Staates, in: Merkur, Jg. 38 (1984), H. 423, S. 1–15, hier S. 5; Ders., Ästhetik und Politik sowie einige damit zusammenhängende Fragen, in: Merkur, Jg. 40 (1986), H. 451, S. 719–724, hier S. 721; Ders. Die Ästhetik des Staates revisited, in: Merkur, Jg. 60 (2006), H. 689, S. 749–755, hier S. 749; Paul Kirchhoff, Gesetzgebung braucht Form und Stil, in: Frankfurter Allgemeine Zeitung, 04.09.2002.

6 David Dreimann, Das diplomatische Protokoll. Aufgaben, Mittel, Methoden und Arbeitsweise, Leipzig 1985, S. 10.

7 Karl-Rudolf Korte, Deutschlandpolitik in Helmut Kohls Kanzlerschaft. Regierungsstil und Entscheidungen 1982–1989, Stuttgart 1998, S. 324 ff.

Spätestens seit den Arbeiten von Gerd Althoff[8], Barbara Stollberg-Rilinger[9] und anderen weiß man, dass das Zeremoniell im Wesentlichen ein über Symbole geführter Kommunikationsprozess ist, im speziellen Fall zudem ein Akt politischer Kommunikation. Politische Machtpositionen und Ansprüche werden über Symbole begründet und kommuniziert. Im Umfeld seines 30. Jahrestages erscheint es daher reizvoll, das Zeremoniell dieses Besuches unter diesem Aspekt erneut zu betrachten. Zusätzlich zu den von Korte ausgewerteten Quellen sollen dabei die Akten des Politischen Archivs des Auswärtigen Amtes (PAAA) und des Ministeriums für Auswärtige Angelegenheiten (MFAA) als die eigentlich für das Zeremoniell zuständigen Behörden hinzugezogen werden.

EIN ZIELKONFLIKT

Mit dem Besuch verfolgte die DDR das politische Ziel, von der Bundesrepublik als Ausland mit eigener Staatsangehörigkeit und voller Souveränität anerkannt zu werden. Eine dahingehende mündliche oder schriftliche Äußerung eines westdeutschen Politikers war freilich nicht zu erwarten; dem stand das Wiedervereinigungsgebot der Präambel des Grundgesetzes entgegen. Die Führung der DDR glaubte indessen, dieses Ziel über die symbolische Sprache des Zeremoniells eines Staatsbesuchs für alle Welt sichtbar erreichen zu können. Auf dessen Ausgestaltung richteten daher ihre Unterhändler im Vorfeld des Besuches ihr Hauptaugenmerk.

Materielle Erwartungen zu Sachthemen hatte die DDR kaum. In Honeckers Gesprächsunterlagen tauchen zwar die bei jeder passenden Gelegenheit vorgebrachten vier Geraer Forderungen von 1980 auf,[10] doch blieb davon in den eigentlichen Gesprächen nur der Wunsch nach einer Grenzfeststellung an der Elbe übrig. Weder die Auflösung der Erfassungsstelle für Gewaltverbrechen der DDR in Salzgitter noch die Respektierung der DDR-Staatsbürgerschaft oder die Umwandlung der Ständigen Vertretungen in Botschaften wurde angesprochen.

Genau umgekehrt war die Gewichtung der politischen Interessen, welche die Bundesregierung mit dem Besuch verband. Sachthemen standen im Vordergrund. Man wollte die Dinge benennen, die einer Verbesserung der deutsch-deutschen Beziehungen im Wege standen: Mauer, Schießbefehl, Menschenrechte. In dem üblichen gemeinsamen Kommuniqué war das nur unzureichend und mit Kompromissformeln unterzubringen; vielmehr musste ein dazu geeigneter Moment des Zeremoniells gefunden werden. Erreichen wollte man zudem für die Menschen in Ost und West Erleichterungen im Verkehr miteinander. Ansonsten beschränkten sich die Verhandlungen seitens

8 Gerd Althoff, Zur Bedeutung symbolischer Kommunikation für das Verständnis des Mittelalters, in: Frühmittelalterliche Studien, Jg. 31 (1997), H. 1, S. 370–389.

9 Barbara Stollberg-Rilinger, Symbolische Kommunikation in der Vormoderne, Begriffe – Forschungsperspektiven – Thesen, in: Zeitschrift für historische Forschung, Jg. 31 (2004), H. 4, S. 489–527.

10 Siehe Vermerk vom 30. Juni 1987, Bl. 32, MFAA ZR 3956/90.

der Bundesrepublik darauf, alle Statusfragen auf dem Niveau des Grundlagenvertrages von 1972 zu belassen und über die Symbolik des Zeremoniells keine anderen Lesarten zuzulassen.

Die Unterzeichnung dreier Abkommen[11] sollte dem Besuch zu einem unstreitigen Inhalt verhelfen und dem finanziellen Aufwand für den Besuch zur haushaltsrechtlichen Rechtfertigung dienen. Immerhin waren vom Bundesfinanzminister für den Besuch außerplanmäßige Mittel in Höhe von 3,1 Millionen Mark zu bewilligen.[12]

EINLADUNG UND TERMIN

Nachdem Bundeskanzler Willy Brandt mit dem Vorsitzenden des Staatsrates der DDR, Willi Stoph, 1970 in Erfurt und Kassel zusammengetroffen war, war sein Amtsnachfolger Helmut Schmidt im Dezember 1981 Honeckers Gast am Werbellinsee und in Güstrow gewesen. Dort hatte Schmidt am 13. Dezember 1981 die Einladung an Honecker ausgesprochen, der Bundesrepublik einen offiziellen Besuch abzustatten. Diese Einladung erbte Bundeskanzler Kohl im Herbst 1982. Er tat sich offensichtlich schwer damit.[13] In seiner ersten Regierungserklärung vom 13. Oktober 1982 erwähnte er sie nicht. Doch schon im November 1982 teilte er Honecker in einem persönlichen Brief mit: »Ich halte an dieser Einladung fest. Sobald der Zeitpunkt für beide Seiten geeignet erscheint, sollten wir nicht zögern, einen Termin zu verabreden«[14]. Bei einer Begegnung am Rande der Trauerfeierlichkeiten für den sowjetischen Parteichef Juri Andropow im Februar 1984 erneuerte Kohl die Einladung mündlich. Bei dem wenig später stattfindenden Begräbnis des auf Andropow folgenden Parteichefs Konstantin Tschernenko im März 1985 trafen Kohl und Honecker erneut zu einem Gespräch zusammen – wenngleich unklar ist, ob dabei über die Einladung gesprochen wurde.

Zunächst jedoch mussten ohnehin erst auf östlicher Seite bestehende Schwierigkeiten ausgeräumt werden. Wohl auf sowjetischen Druck hin sagte Honecker wegen des Streites um die Aufstellung der Mittelstrecken-Raketen am 29. April 1983 einen Besuch für dieses Jahr ab.[15] Für eine sodann ins Auge gefasste Visite im Jahr 1984 waren die Vorarbeiten in Bonn schon weit gediehen. Der Bundesminister im Bundeskanzleramt Philipp Jenninger hatte bereits weitgehende Festlegungen getroffen. Trier war zum Ort des Besuchs bestimmt worden; für Bonn dagegen war lediglich ein Mittagessen weit außerhalb der Stadt vorgesehen. Der Besuchsplan und der Entwurf für ein gemeinsames Kommuniqué lagen Ende August vor; doch am 4. September 1984 wurde die offizielle Absage durch den Ständigen Vertreter der DDR in Bonn, Ewald Moldt, überbracht.[16]

11 Es ging um Abkommen über die Zusammenarbeit auf den Gebieten der Wissenschaft und Technik, über die weitere Gestaltung der Beziehungen auf dem Gebiet des Umweltschutzes und über den Informations- und Erfahrungsaustausch auf dem Gebiet des Strahlenschutzes.

12 Siehe Schreiben BMF II C 2 GD 0100–9/878 vom 3. August 1987, PAAA 167.644 Bd. 545.

13 Vgl. Korte, S. 326.

14 Helmut Kohl, Erinnerungen 1982–1990, München 2005, S. 85.

15 Vgl. ebd., S. 166.

16 Vgl. Korte, S. 206.

Für die Jahre 1985 und 1986 sind die Gründe für das Ausbleiben des Besuchs nicht ganz klar. Bei einem Besuch von Egon Bahr soll Honecker diesem erklärt haben, er habe im Umfeld der Bundestagswahlen im Januar 1985 nicht den Wahlkämpfer für Helmut Kohl hergeben wollen.[17] Die Bemerkung kann aber auch zur Vertuschung anderer Gründe dienen, denn die Moskauer Führung zeigte sich in jener Zeit unzufrieden mit Alleingängen Honeckers. Zudem ist eher unwahrscheinlich, dass Wahlkämpfe in dem politischen Kalkül Honeckers einen hohen Stellenwert besaßen.

Bevor es zu einer Zusage kam, musste aber noch ein anderes Hindernis aus dem Weg geräumt werden. Bei westdeutschen Staatsanwaltschaften lagen mehrere Strafanzeigen gegen Erich Honecker vor, meistens wegen Tötungsdelikten an der Berliner Mauer oder am Grenzstreifen. Es hätte also passieren können, dass sich Honecker beim Verlassen seines Flugzeugs einem Staatsanwalt gegenübergesehen hätte, der ihm einen Haftbefehl präsentiert. Die Bundesrepublik erkannte auch nach dem Grundlagenvertrag die DDR nicht als Ausland an. Deren Staatsoberhaupt kam daher nicht in den Genuss der vom Völkerrecht gewährten Immunität. Diese musste eigens als innerdeutsches Recht geschaffen werden. Dazu änderte man den § 20 des Gerichtsverfassungsgesetzes und fügte einen neuen Absatz 1 ein, mit folgendem Wortlaut: »Die deutsche Gerichtsbarkeit erstreckt sich auch nicht auf Repräsentanten anderer Staaten und deren Begleitung, die sich auf amtliche Einladung der Bundesrepublik Deutschland im Geltungsbereich dieses Gesetzes aufhalten.«[18] Honecker und seine Delegation hatten also nichts zu befürchten.

Darüber, wie es dann weiterging, gibt es unterschiedliche Versionen.[19] Für die Zwecke dieser Untersuchung genügt jedoch, die Darstellung der Ereignisse zu übernehmen, die Wolfgang Schäuble in einer Pressekonferenz am 16. Juli 1987 mitteilte. Schäuble war im November 1984 Nachfolger Jenningers als Bundesminister für besondere Aufgaben und Chef des Bundeskanzleramtes geworden und hatte damit die Verantwortung für die Deutschlandpolitik und die Vorbereitung des Besuches übernommen.[20] Schon am 5. Dezember 1984 hatte Schäuble zum ersten Mal Alexander Schalck-Golodkowski getroffen.[21] Aus dieser Begegnung mit einer der schillerndsten Figuren der DDR entwickelte sich ein fester »Sonderkanal«, über den alle weiteren Vorbereitungen des Besuchs laufen sollten. In der erwähnten Pressekonferenz am 16. Juli 1987 gab Schäuble an, dass Honecker vom 7. bis 11. September zu einem offiziellen Besuch in die Bundesrepublik kommen werde. Dabei werde er am 7. und 8. September Gespräche in Bonn führen und anschließend Städte in Nordrhein-Westfalen, im Saarland, in Rheinland-Pfalz und in Bayern besuchen.

17 Vgl. Korte, S. 325, Fn. 5.

18 Gesetz vom 17. Juli 1984, BGBl. I., S. 990.

19 Vgl. Korte, S. 324 ff.

20 Zu den Zuständigkeiten für die Deutschlandpolitik siehe ebd., S. 23 ff.

21 Vgl. ebd., S. 213; Schalck-Golodkowski war Oberst im Ministerium für Staatssicherheit und Staatssekretär im Ministerium für Außenhandel. Als Hauptdevisenbeschaffer der stets daran knappen DDR verfügte er über erstklassige Netzwerke auf beiden Seiten. Er war es, der 1983 mit Franz Josef Strauß den Milliardenkredit ausgehandelt hatte. Eingehend zu ihm siehe: Deutscher Bundestag, 12. Wahlperiode, Drucksache 12/7600, Beschlussempfehlung und Bericht des 1. Untersuchungsausschusses nach Artikel 44 des Grundgesetzes. Beschlussempfehlung, 27.05.1994.

DER ORT DES ZEREMONIELLS

Datum und Stationen des Besuchsprogramms waren damit öffentlich festgelegt. Die weitere Zeitabfolge der Vorbereitungen, die naturgemäß immer dichter wurde, interessiert für eine Darstellung und Bewertung des Zeremoniells nicht mehr. Stattdessen rücken die einzelnen Gesten und Abläufe des Zeremoniells in den Vordergrund. Und das beginnt, wie es sich schon angedeutet hat, mit dem Ort des Zeremoniells. Die Bundeskanzler Brandt und Schmidt hatten peinlichst vermieden, Ostberlin aufzusuchen. Noch galt für Berlin das Viermächte-Statut, das Ostberlin als Hauptstadt der DDR nicht anerkannte. Der Besuch eines deutschen Bundeskanzlers in Ostberlin

wäre auf den Widerspruch der West-Alliierten gestoßen, von der DDR aber unweigerlich als völkerrechtliche Anerkennung ihrer Zwei-Staaten-Theorie ausgelegt worden.

Diese Überlegungen bewegten auch Bundeskanzler Kohl; daher seine anfänglichen Versuche, Bad Kreuznach, Trier oder Speyer als Hauptort zu bestimmen und Bonn nur als eine von mehreren Stationen eines solchen Besuchs einzubeziehen.[22] Auf jeden Fall wollte er vermeiden, mit einer Einladung Honeckers nach Bonn eine Gegeneinladung nach Ostberlin zu provozieren, die er vermutlich hätte absagen müssen. Außerdem konnte Kohl davon ausgehen, dass in einer anderen Stadt als der Bundeshauptstadt das unverzichtbare Zeremoniell weniger Aufsehen erregen würde und sich von der DDR-Seite weniger überzeugend als Symbol einer Anerkennung deuten ließe.

Zuvor, im Februar 1986, hatte man die öffentliche Wirkung und die protokollarischen Zumutbarkeiten des Honecker-Besuchs bei einem Besuch des Volkskammerpräsidenten, Horst Sindermann, getestet.[23] In der Rangordnung der DDR nahm dieser den vierten Platz ein, rangierte aber gewöhnlich an dritter Stelle, da Honecker die beiden ersten Plätze in Personalunion besetzte.[24] Sindermann hatte neben Bonn die Städte Düsseldorf, Wuppertal mit dem Friedrich-Engels-Haus, Trier mit dem Karl-Marx-Haus und Saarbrücken besucht. Mit Ausnahme von München war das exakt die für Honecker vorgesehene Reiseroute gewesen. Die Teilnahme an einer Bundestagssitzung auf der Diplomaten-Tribüne und ein Gespräch mit dem Bundespräsidenten waren dem Gast hingegen versagt geblieben; lediglich Bundestagspräsident Jenninger hatte ihn empfangen – allerdings nicht in seinem Präsidialbüro, sondern in seiner Amtsvilla. Spürbaren Widerstand gegen das Zeremoniell hatte es lediglich in der CDU/CSU-Bundestagsfraktion gegeben. Auf deren Empfindlichkeiten musste also auch bei dem Honecker-Besuch besondere Rücksicht genommen werden. Unter das Niveau des Sindermann-Besuchs konnte man hinsichtlich des Empfangs- und Begrüßungszeremoniells[25] bei Honecker nicht zurück. Die von Kohl vorgebrachten Alternativen konnte Schäuble diesem erfolgreich ausreden.[26] Gleichwohl ließ sich die Bestimmung von Bonn als Ort des Zeremoniells als eine Aufwertung der Einladung und zugleich als eine weitere Aufwertung der DDR in ihrer Eigenstaatlichkeit verstehen.[27]

STAATSBESUCH GEGEN ARBEITSBESUCH

Die nun folgenden Festlegungen zum Zeremoniell des Besuches hingen davon ab, wie der Besuch in das standardisierte international übliche Schema einzuordnen war.[28] Von Bundeskanzler Schmidt war Honecker zu einem offiziellen Besuch eingeladen worden. Das konnte sowohl einen Staatsbesuch als auch

22 Vgl. Korte, S. 334.

23 Vgl. ebd., S. 329 f.

24 Vgl. Ordnung Nr. 090/9/081 des Ministers für Nationale Verteidigung über Regeln des Protokolls in der Nationalen Volksarmee, Beschluss des Staatsrates der DDR vom 18. Januar 1987, S. 33.

25 Für die Bedeutung des Ortes eines Zeremoniells siehe auch Hartmann, S. 216 ff.

26 Vgl. Korte, S. 334.

27 So etwa ebd., S. 335.

28 Dazu Hartmann, S. 212; Martina Wohlan, Das diplomatische Protokoll im Wandel, Tübingen 2014, S. 211.

einen Arbeitsbesuch meinen. Die Einladung zu einem Staatsbesuch konnte aber nur vom Bundespräsidenten ausgehen. Eine solche lag nicht vor, sodass es nach westdeutschem Zeremoniell bei einem Arbeitsbesuch bleiben musste.

Honecker kam jedoch in doppelter Eigenschaft nach Bonn: Als Vorsitzender des Ministerrates der DDR war er Staatsoberhaupt der DDR;[29] in der Rangordnung der DDR[30] nahm er damit nur den zweiten Platz an der Spitze des Staates ein. Er war aber zugleich Generalsekretär des Zentralkomitees der Staatspartei SED und besetzte in dieser Eigenschaft den Spitzenplatz der staatlichen Rangliste. Diese Doppelfunktion Honeckers bereitete bei der Festlegung des Protokolls die größten Probleme, schon weil es in der bundesdeutschen Rangordnung[31] keine dem Generalsekretär entsprechende Position gab. Das übliche Schema der offiziellen Besuche unterschied lediglich zwischen Staatsoberhäuptern, Regierungschefs und Außenministern.[32] Bei einer Begegnung mit dem Staatsoberhaupt der Bundesrepublik wären sich also von Weizsäcker und Honecker zwar auf der gleichen Funktionsebene begegnet; Honecker hätte aber zumindest in seiner Heimat und international einen höheren staatlichen Rang innegehabt – er wäre als Ranghöherer einem Nachrangigen begegnet. Eine solche protokollarische Schieflage barg Gefahren, wenn etwa der Gast seinen höheren Rang in Reden und Gesten ausgespielt hätte.

Nun hatte es in der Bundesrepublik bereits zuvor Staatsbesuche von Staatsoberhäuptern aus Staaten des Ostblocks gegeben, die zugleich Generalsekretäre der jeweiligen Staatspartei waren. Anfangs hatte man das noch mit dem Hinweis, Parteifunktionäre könnten keinen Staatsbesuch machen, verdrängt. Angesichts einer Entwicklung im Völkerrechtsverkehr, der zufolge internationale Verträge auch von Generalsekretären »für die Regierung« unterzeichnet werden konnten,[33] und der etwa gleichzeitig erfolgenden Zunahme der Besuche aus Staatspartei-Ländern wurden den Parteichefs immer mehr Formen des Staatsbesuchs zugestanden. Der Besuch von Generalsekretär Gorbatschow im Jahre 1989 war schließlich von einem Staatsbesuch nicht mehr zu unterscheiden.[34]

Daher verwundert auch nicht, dass Schalck-Golodkowski Schäuble am 19. Mai 1987 das Programm des für Anfang Juni 1987 vorgesehenen Besuchs des bulgarischen Staats- und Parteichefs Todor Shiwkow präsentierte und für Honecker Gleichbehandlung einforderte.[35] Dieser Besuch war in der Tat als Staatsbesuch mit allen dazu erforderlichen Attributen vorgesehen. Er entsprach dem, was man zuvor Leonid Breschnew oder Nicolae Ceauşescu an Zeremoniell zugestanden hatte.[36] Eine Gleichbehandlung mit Shiwkow konnte Schäuble seinem Gesprächspartner aber auf keinen Fall zugestehen,

29 Vgl. Dieter Schröder, Die Bestimmung des Staatsoberhauptes der sozialistischen Staaten im Völkerrechtsverkehr, in: Archiv des Völkerrechts, Jg. 26 (1988), H. 2, S. 169–180.

30 Vgl. Dreimann, S. 57; Ordnung Nr. 090/9/081, S. 33.

31 Vgl. Hartmann, S. 125.

32 Vgl. ebd., S. 231.

33 Dazu Schröder, S. 175 ff.

34 Vgl. Hartmann, S. 232.

35 Vgl. Korte, S. 333.

36 Vgl. Hartmann, S. 232.

hätte sie doch die vorbehaltlose Anerkennung der DDR als eigenständiger und souveräner Staat bedeutet. Schäuble brachte stattdessen eine Zwischenform von Staatsbesuch und Arbeitsbesuch ins Gespräch, die man aus Gründen der Zweckmäßigkeit für die mit größerer Regelmäßigkeit stattfindenden Arbeitsbesuche von Staatsoberhäuptern mit Exekutivfunktionen entwickelt hatte[37] und etwa bei Besuchen des amerikanischen Präsidenten oder des französischen Staatspräsidenten anwendete. Gegenüber dem formellen Staatsbesuch entfielen dadurch die für einen Staatsbesuch unverzichtbare Einladung durch den Bundespräsidenten, die Flugeskorte, das Salutschießen, die Ehrenwache, der Ordensaustausch, der Empfang im Rathaus der Hauptstadt und die Eintragung in das Goldene Buch, die Vorstellung des diplomatischen Corps und die Kranzniederlegung am Ehrenmal.

Hierauf einigte man sich offenbar, denn in der Kabinettsitzung vom 26. August 1987 gab Schäuble die Sprachregelung aus, es handele sich protokollarisch um den Arbeitsbesuch eines führenden Politikers auf Einladung des Bundeskanzlers. Da dieser Besucher zugleich Staatsoberhaupt sei, werde er entsprechend der internationalen protokollarischen Usancen behandelt.[38] Das stiftete freilich mehr Verunsicherung als Klarheit. Der »führende Politiker« ist keine Kategorie unserer verfassungsrechtlichen Ordnung. Er hat als solcher keinen Rang und keinen Anspruch auf Ehrenbezeugungen. In einem *Spiegel*-Interview vom 25. August 1987 hatte Schäuble von einem »hochrangigen Politiker« gesprochen.[39] Beides war verbal kaum kommunizierbar und hätte daher sichtbar gemacht werden müssen. Damit waren der Bundesregierung die Zeremoniellfragen von der DDR aufgezwungen worden. Immerhin war es gelungen, die von Schalck-Golodkowski zum Protokoll vorgebrachten Maximal-Wünsche der DDR deutlich zurückzuschrauben; von einem Staatsbesuch konnte füglich nicht mehr die Rede sein.

Dass die Führung der DDR das anders sehen würde, war zu erwarten. In einem erst nach der Wende bekannt gewordenen Bericht Honeckers an das Politbüro des Zentralkomitees der SED vom 15. September 1987 heißt es: »Das Stattfinden des Besuches und die durchgesetzte politische und protokollarische Behandlung des Genossen Honecker als Staatsoberhaupt eines anderen souveränen Staates dokumentieren vor aller Welt Unabhängigkeit und Gleichberechtigung beider deutscher Staaten, unterstreichen ihre Souveränität und den völkerrechtlichen Charakter ihrer Beziehungen.«[40]

Weil nicht geklärt war, ob nun ein Generalsekretär oder ein Staatsoberhaupt Gast der Bundesrepublik sei, gab es keine einheitliche Anrede des Gastes. Bundeskanzler Kohl sprach ihn konsequent als Generalsekretär an und machte damit deutlich, dass er ihn nicht als zweites deutsches Staatsoberhaupt

37 Vgl. Hartmann, S. 215.

38 Vgl. Korte, S. 343.

39 Siehe o.V., »Ein schwieriges und delikates Ereignis«, in: Der Spiegel, 24.08.1987.

40 MFAA ZR 3341/90; mit leichten Abweichungen im Aufbau abgedruckt in Hans-Hermann Hertle u. a., Der Staatsbesuch. Honecker in Bonn: Dokumente zur deutsch-deutschen Konstellation des Jahres 1987, Berlin 1991, Dokument 2, Blatt XCIII.

anerkenne. Ebenso verhielt sich Ministerpräsident Johannes Rau.[41] Der Bundespräsident redete Honecker mit beiden Funktionsbezeichnungen gleichzeitig an: »Herr Generalsekretär, Herr Vorsitzender des Staatsrates«. Offenbar um damit keine falschen Schlüsse zu provozieren, begrüßte er ihn außerdem mit einer eigentlich nichtssagenden Wendung: »als Deutscher unter Deutschen«[42]. Beide Funktionsbezeichnungen benutzte auch der bayerische Ministerpräsident Franz Josef Strauß,[43] wohingegen ihn Ministerpräsident Bernhard Vogel »nur« als Staatsratsvorsitzenden ansprach[44] und damit dem Staatsamt den Rang vor dem Parteiamt gab.

DIE ANKUNFT AUF WESTDEUTSCHEM BODEN

Ein seit alters her wichtiger Ort des Zeremoniells ist der Ort der ersten Berührung des Gastes mit dem Boden des besuchten Landes. Das war früher die Landesgrenze; dort wurde der Staatsgast von einem hochrangigen Vertreter des Landesherrn begrüßt und feierlich zum Ort des Besuches geleitet. Einholung und Geleit, so nennt man die entsprechenden Gesten, waren Anlässe zur Prachtentfaltung und besaßen zum Teil rechtliche Qualität. Heutzutage kommt der Gast mit dem Flugzeug und hat seine erste Berührung mit dem Boden des Gastlandes auf der Betonpiste eines öden Flugplatzgeländes.

Nach wie vor wird einem Staatsbesucher aber bis zu diesem Ort Geleit gewährt. Dies geschieht heute durch Düsenjäger der Bundeswehr, die sich am Ankunftsort mit einem Überflugmanöver wieder vom Gast verabschieden. Ankunft und Aufenthalt auf dem Flugplatz werden heute meist als technischer Stopp *(stop-over)* verstanden, um vom Flugzeug in den Hubschrauber umzusteigen. Es kann aber auch eine »kleine Begrüßung« stattfinden, zumal dann, wenn es mit einer Wagenkolonne weitergehen soll. Eine große Begrüßung in Anwesenheit von Gastgeber und Ehrenformation findet auf einem Flugplatzgelände nur noch ausnahmsweise statt, etwa beim Besuch des Papstes.

Ein Ehrengeleit erhielt Honecker nicht. Von Berlin nach Köln/Bonn flog er mit einer IL 62 M der DDR-Fluggesellschaft Interflug über die damalige Tschechoslowakei, wohl um die alliierten Luftkorridore zu vermeiden. Er hätte freilich auch ohne Alliierte und ohne Drittland in die Bundesrepublik einfliegen können, direkt über die Ostsee. Dann wäre das nach westlicher Interpretation aber ein Inlandflug gewesen, was den Anspruch der DDR, im Verhältnis zur Bundesrepublik als Ausland zu gelten, infrage gestellt hätte. Auch der Rückflug am 11. September erfolgte über Prag. Auf dem Flugplatz Köln/Bonn entfiel das bei Staatsbesuchen auch bei kleiner Begrüßung vorgesehene Salutschießen. Allerdings gab es ein Ehrenspalier des Wachbataillons. Honecker wurde begrüßt vom Chef des Bundeskanzleramtes, Schäuble,

41 Vgl. Bundesministerium für innerdeutsche Beziehungen (Hg.), Der Besuch von Generalsekretär Honecker in der Bundesrepublik Deutschland. Dokumentation, Bonn 1988, ILS. 163.

42 Ebd., S. 21.

43 Vgl. ebd., S. 155.

44 Vgl. ebd., S. 143.

und von der Bundesministerin für innerdeutsche Angelegenheiten, Dorothee Wilms. Damit wurde mehr als deutlich, dass es sich bei dem Besuch nach Auffassung der Bundesregierung um eine rein innerdeutsche Angelegenheit handelte und Honecker kein ausländischer Gast war, der nach der Anwesenheit des Außenministers verlangt hätte. Vom Auswärtigen Amt, dem die Zuständigkeit für das Protokoll übertragen worden war,[45] war lediglich der Protokollchef anwesend, gleichsam als technisches Personal ohne politische Funktionen. Denkbar und konsequenter wäre gewesen, die technische Abwicklung dem im Bundesinnenministerium angesiedelten Inlandsprotokoll zu übertragen.

Vom Flughafen aus fuhren Honecker und seine Begleiter im Auto nach Bonn. Das Fahrzeug des Gastes trug rechts den ostdeutschen Stander. Einen westdeutschen Stander führte das Fahrzeug nicht, obwohl neben dem Gast auch Bundesminister Schäuble in diesem Fahrzeug Platz genommen hatte. So hielt man es auch bei allen anderen Fahrten. Es wurde eskortiert von sieben Motorradfahrern. Das war die für Arbeitsbesuche von Staatsoberhäuptern vorgesehene Zahl. Bei einem Staatsbesuch hätten es nach internationalem Brauch 15 Motorräder sein müssen. Diese Regel wurde auch bei allen weiteren Fahrten des Gastes, auch in den Bundesländern, beachtet – mit Ausnahme von Bayern und dem Saarland, die sich mit 15 Motorrädern offenbar anbiedern wollten. In beiden Bundesländern trug das Fahrzeug des Gastes zwei Stander: einen ostdeutschen und einen bayerischen bzw. saarländischen.

EMPFANG UND BEGRÜSSUNG IM BUNDESKANZLERAMT

Das ausgedruckte Besuchsprogramm fasst die nun folgende Szene, so knapp es nur eben ging, zusammen als »Begrüßung mit militärischen Ehren durch den Bundeskanzler der Bundesrepublik Deutschland«. Was dahinter steckte, war der an Zeremoniell reichste Teil des Programms, mit Begrüßung, Spielen der Hymnen durch das Stabsmusikkorps der Bundeswehr, Abschreiten der Ehrenformation und der wechselseitigen Vorstellung der Delegationen.[46] Diese zwanzig Minuten des fünftägigen Programms fanden das stärkste Echo in den Kommentierungen.

Ein fleißiger DDR-Korrespondent hatte die vor dem Bundeskanzleramt aufgezogenen Flaggen sorgfältig gezählt.[47] Es waren acht westdeutsche und acht ostdeutsche Flaggen. Ob das der allgemeinen Übung entsprach, lässt sich heute nicht mehr mit Sicherheit feststellen. Für Kohl jedenfalls war das Nebeneinander der beiden Flaggen »eine bittere Pille«[48]. Tatsächlich hatte ein Bürger der Bundesrepublik, der als politischer Häftling einige Zeit in Gefängnissen der DDR verbracht hatte, versucht, mithilfe des Bundesverfassungsgerichts

45 Dazu Vermerk vom 20. August 1987 des Referats 700 und undatierter Vermerk des Referats 210, PAAA 139.187.

46 Vgl. etwa das Besuchsprogramm für Shiwkow, Bonn 1987, Archiv des Verf., S. 13–16.

47 Vgl. o.V., Ankunft in der Bundeshauptstadt, in: Neues Deutschland, 08.09.1987.

48 Kohl, Erinnerungen, S. 547 u. S. 557.

das Zeigen der »Spalterflagge« zu verhindern. Doch das Gericht beschied ihm in einer Eilentscheidung, dass kein Verstoß gegen das Grundgesetz ersichtlich sei, der ihn in seinen Grundrechten verletze. Auf das Wiedervereinigungsgebot des Grundgesetzes könne eine Verfassungsbeschwerde nicht gestützt werden. Mit dem Problem der über das Symbol der Flagge geführten politischen Kommunikation setzte sich das Gericht indes nicht auseinander.[49]

Was das Bundesverfassungsgericht zur Flagge sagte, galt natürlich auch für die Hymne. Es war klar, dass man nicht den üblichen Text: »Das Stabsmusikkorps der Bundeswehr spielt die Nationalhymnen«, verwenden konnte. Eine Nation mit zwei Nationalhymnen: Das ging nach westlichem Verständnis nicht. Also schrieb man im Programm nichts und sprach ansonsten von »Hymnen«, was natürlich durchaus etwas anderes als die Nationalhymne sein konnte. Der Eindruck, den Flaggen und Hymnen hinterließen, war dennoch erheblich, so wie es Kohl stets befürchtet hatte. Die *Zeit* hatte schon am 4. September geurteilt, dass »nun, auf Bonner Boden, die Zweistaatlichkeit ein und derselben Nation optische und akustische Gestalt an[nimmt]. Erich Honecker ist am Ziel«[50]. Auch die Kommentare im SED-Zentralorgan *Neues Deutschland* verwiesen immer wieder auf diese Szene.

Die Ehrenformation war in Kompanie-Stärke angetreten[51] – Standard für Arbeitsbesuche von Staatsoberhäuptern. Nur wer genauer hinsah, bemerkte die kleinen Nadelstiche, die zusätzlich eingebaut waren. So kommandierte die Ehrenformation nicht deren Kommandeur, ein Oberstleutnant, sondern dessen Stellvertreter, ein Major. Er meldete dem Gast: »Exzellenz, ich melde Ehrenformation der Bundeswehr zu Ihrer Begrüßung angetreten«[52]. Auch den roten Teppich hatte man, wenn die Bilder nicht täuschen, im Kanzleramt wohl kürzer als sonst ausgerollt. Jedenfalls irrte Honecker plötzlich ziellos umher, und Kohl musste ihn regelrecht auf den rechten Weg zurückholen.[53] Zum Schluss dieses Programmpunktes erfolgte die übliche Vorstellung der Delegationen.[54] Außenminister Genscher war wiederum nicht anwesend – ein weiteres sichtbares Zeichen, dass kein Staatsbesuch vorlag.

DER BESUCH BEI BUNDESPRÄSIDENT VON WEIZSÄCKER

Schon 1985 hatte sich der Ständige Vertreter der DDR, Moldt, intensiv um eine Einladung durch den Bundespräsidenten bemüht und dazu Honecker einen Vermerk vorgelegt.[55] In einem Randvermerk an Außenminister Oskar Fischer hatte Honecker daraufhin verfügt: »Gen. O. Fischer – Gen. Moldt braucht keine weitere Sondierung vorzunehmen«[56]. Auch Schalck-Golodkowski hatte 1987 unter Hinweis auf den Shiwkow-Besuch Begrüßung und Empfang durch den Bundespräsidenten verlangt. Das hätte bedeutet, dass

49 Siehe BVerfG Beschluss vom 07.09.1987, 2 BvR 16/87.

50 Carl-Christian Kaiser, Ein Besuch, teutonisch überladen, in: Die Zeit, 04.09.1987.

51 Vgl. Markus Schnurpfeil, Kein ganz gewöhnlicher Auftrag, in: Das Parlament, 19.09.1987, S. 16.

52 O.V., Ankunft in der Bundeshauptstadt, in: Neues Deutschland, 08.09.1987.

53 Zu sehen in dem *ZDF*-Film von Susanne Stenner, Staatsbesuch beim Klassenfeind, D 2007.

54 Vgl. o.V., Ankunft in der Bundeshauptstadt, in: Neues Deutschland, 08.09.1987.

55 Siehe Vermerk vom 4. November 1985, MFAA ZR 3342/90.

56 Ebd.

die Ehrenformation in dreifacher Größe, als Ehrenbataillon, angetreten wäre. Das war ihm verweigert worden. Selbst einen Besuch des Bundespräsidenten hatte Kohl zunächst nicht zugestehen wollen.[57]

Aus protokollarischer Sicht war ein solcher Besuch jedoch Bestandteil des Standardprogramms selbst für Arbeitsbesuche eines Staatsoberhauptes. Es mag viele Gründe geben, die dagegen sprachen; einer davon war die Befürchtung, Honecker werde damit seinen Besuch zum Staatsbesuch aufwerten, zumal ihm sicherlich bekannt war, dass der Bundespräsident ihn quasi von Staatsoberhaupt zu Staatsoberhaupt empfangen wollte.

Man einigte sich schließlich auf ein einstündiges Gespräch unter vier Augen und ein daran anschließendes Mittagessen. Das von der DDR-Seite angelegte Gesprächsprotokoll[58] lässt nicht erkennen, dass der Bundespräsident auch nur eines der heißen innerdeutschen Themen angesprochen hat: weder Mauer, Stacheldraht und Schießbefehl noch die Menschenrechtsverletzungen in der DDR. Es enthält lediglich den Hinweis, »man müsse mit Berlin (West) in der Praxis weiterkommen«[59]. In den Augen Kohls war dies eine »einzigartige Entgleisung«[60]. Auch die Einladung von Außenminister Genscher zum Mittagessen bewegte sich am äußersten Rand der Regierungslinie, die jeden Eindruck einer Behandlung der DDR als Ausland vermeiden wollte. Die westdeutschen Befürchtungen sollten sich bewahrheiten. In seinem schon zitierten Bericht an das Politbüro erwähnte Honecker sein Zusammentreffen mit dem Bundespräsidenten vor allen anderen protokollarischen und inhaltlichen Ergebnissen. Erst im Anschluss daran kam er auf den Einladenden und Gastgeber des Besuches zu sprechen.

DIE TISCHREDEN

Zentraler Topos jedes offiziellen Besuches sind nach wie vor die beiden Tischreden. Üblicherweise enthalten sie in kondensierter Form wichtige Aussagen über den gegenwärtigen Stand und die angepeilte Zukunft der Beziehungen zwischen den jeweiligen Ländern.[61] Sie enden mit einem Toast auf das Wohl des Gastes/Gastgebers und auf das Wohl seines Landes.

Nachdem Kohl hatte erkennen müssen, dass es ihm nicht gelingen würde, die im Zeremoniell entfaltete Symbolik auf ein Maß zu reduzieren, das dem Gast nicht erlaubte, daraus auf ein Abrücken Bonns von den Grundsätzen seiner innerdeutschen Politik zu schließen, rückte er die beim Abendessen des ersten Besuchstages zu haltende Tischrede in das Zentrum seiner Bemühungen, den Besuch für eine politische Botschaft zu nutzen. Als Gegenleistung für sein Nachgeben in den Protokollfragen verlangte er, seine Tischrede und die des Gastes zur besten Sendezeit im Fernsehen der DDR auszustrahlen.

57 Vgl. Kohl, Erinnerungen, S. 547.

58 Siehe Anlage I MFAA 3341/90.

59 Ebd.

60 Kohl, Erinnerungen, S. 562.

61 Vgl. Hartmann, S. 228.

Offenbar stellten die verschiedenen Verhandlungsebenen der DDR diesen Wunsch zu keinem Zeitpunkt infrage. Auch wenn Kohl von Schwierigkeiten sprach, die den Besuch fast nicht hätten stattfinden lassen,[62] so findet sich in den einschlägigen Akten dazu kein Hinweis.[63] Rein formal betrachtet, handelte es sich ja auch um eine völlige Gleichbehandlung beider Redner – denn auch das westdeutsche Fernsehen übertrug beide Reden vollständig.

Das bereits vor Beginn des Besuchs abgestimmte gemeinsame Kommuniqué berührte mit Ausnahme der Frage der Menschenrechte kein wirklich heißes Thema, weder die Mauer noch den Schießbefehl oder die Reisefreiheit, obwohl sie im Vier-Augen-Gespräch wie in den Delegationsgesprächen durchaus angesprochen wurden. Zum Beispiel hatte Honecker umständlich dargelegt, dass es überhaupt keinen Schießbefehl gebe, der sich von entsprechenden Dienstvorschriften der Bundesrepublik unterscheide.[64] Andere Themen wurden in dem Gemeinsamen Kommuniqué zu Kompromissformeln abgeschliffen; jeder Dissens wurde dort zum »offenen Meinungsaustausch«.

All das konnte Kohl in seiner Tischrede ungehindert öffentlich machen und so den Eindruck, der durch die Symbolik des Begrüßungszeremoniells in der deutschen und internationalen Öffentlichkeit entstanden war, ausräumen. Auch die nicht wenigen Kritiker des Besuchs, nicht zuletzt in der CDU/CSU-Bundestagsfraktion, mussten eingefangen werden. So sprach Kohl vom Schießbefehl (»Waffen an der Grenze«), von der Mauer, die den Menschen im Wege stehe, von der Einheit der Nation, vom Auftrag der Präambel des Grundgesetzes, von der offenen deutschen Frage, von Berlin.[65]

Kohls Tischrede ist als Beweis dafür angeführt worden, dass die Sprache ein wichtiges Herrschaftsinstrument der Politik sei.[66] Das ist aber nur die Hälfte der Geschichte. Weil die Rede mittels Direktübertragung im Fernsehen beider Länder Sprache und Bild miteinander verknüpfte, erreichte Kohl ein viel größeres und vor allem auch anderes Publikum als das übliche Lesepublikum. Sein gesprochenes Wort besiegte die Macht der vorangegangenen Bilder mit deren eigener Waffe: mit der Macht der Bilder. Die »visualisierte Sprache« war es, die Kohl einen entscheidenden kommunikativen Vorteil verschaffte. Sie stand im Gegensatz zu dem meist überbewerteten Kommuniqué, das neben den Bildern keine Bedeutung erlangen konnte. In seinem Toast fasste der Bundeskanzler die Rede so zusammen: »Guter Wille, das glaube ich, kann viel Gutes bewirken – im Dienste an den Deutschen und für den Frieden in Europa und in der Welt. Darauf, und auf Ihr persönliches Wohl, Herr Generalsekretär, erhebe ich mein Glas.«[67] So sprach er von den Deutschen, ohne deren beide Staaten zu erwähnen. Das war für eine diplomatische Tischrede höchst ungewöhnlich.

62 Vgl. Helmut Kohl, Ich wollte Deutschlands Einheit, Berlin 1996, S. 13.

63 So auch Korte, S. 337.

64 Vgl. Kohl, Erinnerungen, S. 557.

65 Zur Entstehung der Rede siehe Korte, S. 351 ff. Beide Reden sind abgedruckt in: Bulletin des Presse- und Informationsamtes der Bundesregierung. Nr. 83. 10. September 1987, S. 705–707.

66 Vgl. Korte, S. 351.

67 Bulletin, S. 707.

Honecker, der mit unbewegtem Gesicht zugehört hatte, ging in seiner anschließenden Tischrede mit keinem Wort auf Kohls Rede ein, obwohl ihm diese vorab bekannt gemacht worden war. Er machte den Frieden zum Hauptthema der Rede, beließ es aber bei den bekannten Floskeln und Gemeinplätzen. Er betonte die Existenz zweier voneinander unabhängiger deutscher Staaten und empfahl Vernunft und Realismus für den Umgang miteinander. Seinen Toast widmete er der gedeihlichen Entwicklung der Beziehungen zwischen der Deutschen Demokratischen Republik und der Bundesrepublik Deutschland, einer Zukunft in gesichertem Frieden, dem Wohl des Bundeskanzlers und dem Wohl aller Anwesenden.

ERGEBNISSE AUS DER SICHT DER DDR

Ungeachtet der Tischreden: »Der Staatsbesuch Erich Honeckers im September 1987 in der Bundesrepublik markierte den Höhepunkt der internationalen Anerkennung der DDR«. Mit diesen Worten fasste eine von einer Forschungsgruppe des Zentralinstituts für sozialwissenschaftliche Forschung der Freien Universität in Berlin erstellte und im Oktober 1991 von der Presse- und Informationsstelle der FU herausgegebene Dokumentation die Ergebnisse des Honecker-Besuches zusammen.[68] Das klingt nach einem ungeschmälerten Erfolg der »Politik der Vernunft und des Realismus«[69].

Nicht nur die Kommentare des *Neuen Deutschland* scheinen dies zu bestätigen.[70] Auch ausländische Kommentatoren sahen die Dinge so. Friedrich Dürrenmatt kommentierte den Besuch mit den Worten, man habe der »inszenierten Beerdigung der deutschen Wiedervereinigung beigewohnt«[71]. Der polnische Beobachter Ryszard Wojna diagnostizierte in einem Zeitungsartikel: »In absehbarer Zeit steht die Wiedervereinigung Deutschlands nicht auf der Tagesordnung. Die Teilung Deutschlands hat sich vollendet. Der Besuch des Vorsitzenden des Staatsrates der DDR in Bonn ist dafür Affirmation«[72].

Auf internationaler Ebene entfielen bisherige Vorbehalte gegen einen offiziellen Besuch des DDR-Staatsoberhauptes. Da eine Verärgerung Bonns nicht mehr zu befürchten war, besuchte Honecker schon einen Monat später, vom 13. bis 15. Oktober 1987, die belgische Hauptstadt. Dort erhielt er eine Eskorte von 120 Berittenen und wurde vom Königspaar empfangen.[73] Als Rahmen seines Besuches in Paris im Januar 1988 gewährte ihm Frankreichs Staatspräsident François Mitterrand all das, was Kohl ihm verweigert hatte. Es war ein Staatsbesuch, getrüffelt mit protokollarischen Überhöhungen. Mitterrand holte Honecker persönlich am Flugplatz ab – eine Auszeichnung, die er nicht jedem Staatsgast gewährte. Korrespondenten schilderten ihren Eindruck, dass auf den *Champs-Élysées* deutlich mehr DDR-Flaggen flatterten als

68 Vgl. Hertle u. a., S. 11.

69 Erich Honecker, Ein Erfolg der Politik der Vernunft und des Realismus: Offizieller Besuch des Generalsekretärs des Zentralkomitees der Sozialistischen Einheitspartei Deutschlands und Vorsitzenden des Staatsrates der Deutschen Demokratischen Republik, Erich Honecker, in der Bundesrepublik Deutschland vom 7. bis 11. September 1987, Berlin 1987.

70 Vgl. o.V., Ein Erfolg der Politik der Vernunft und des Realismus, in: Neues Deutschland, 16.09.1987.

71 Zit. nach Manfred Rexin, Der Besuch. September 1987: Honecker in der Bundesrepublik, in: Aus Politik und Zeitgeschichte, H. 40–41/1997, S. 3–11, hier S. 11.

72 Zit. nach Peter Jochen Winters, Erich Honecker in der Bundesrepublik, in: Deutschlandarchiv, Jg. 20 (1987), H. 10, S. 1009–1016, hier S. 1009.

73 Vgl. Werner Micke u. a., Staatsoberhaupt der DDR in Brüssel herzlich willkommen geheißen. Erich Honecker und König Baudouin I. bekräftigen aktive Politik für Frieden, Sicherheit und Zusammenarbeit in Europa, in: Neues Deutschland, 14.10.1987.

Nationalfahnen bei anderen Besuchern.[74] Und als Sahnehäubchen schließlich eine – wie schon zuvor in Brüssel berittene – Eskorte der *Garde Républicaine,* ein nur den wichtigsten Staatsgästen vorbehaltenes Spektakel.

Doch zurück zu Honeckers Visite in der Bundesrepublik im September 1987. Bei näherem Hinsehen verweisen die obigen Beobachtungen darauf, dass die Tatsache des Besuches das wichtigste politische Ziel der DDR war. Dieses Ziel hat sie ohne Zweifel erreicht. Allein aus dieser Tatsache aber die ersehnte volle internationale Anerkennung seitens Bonn herleiten zu wollen, verbietet sich. Denn ihren Unterhändlern war nicht gelungen, den Besuch zu einem nach internationalen Standards qualifizierten Staatsbesuch aufzuwerten, der allein als volle Anerkennung hätte gedeutet werden können. Vielmehr musste die DDR hinnehmen, dass das Besuchszeremoniell hinter dem Zeremoniell eines Arbeitsbesuches von Staatsoberhäuptern zurückblieb.

ERGEBNISSE AUS DER SICHT DER BUNDESREPUBLIK

Die Bundesrepublik wiederum musste hinnehmen, dass auf ihrem Territorium der Flagge der DDR, deren Hymne und deren Staatsoberhaupt international übliche Ehrenbezeugungen zugestanden wurden. Sie konnte diese wohl unter dem für Staatsoberhäupter international üblichen Standard halten, konnte aber nicht verhindern, dass sie von der DDR und anderen anders gedeutet wurden.

Es gab Versuche, vor allem von Bundeskanzler Kohl, das notwendige Zeremoniell auf eine leichter verständliche Symbolik zu reduzieren, etwa durch die Wahl eines anderen Besuchsortes als der Hauptstadt oder durch die Streichung des besonders öffentlichkeitswirksamen Termins beim Bundespräsidenten; doch musste Kohl in fast allen Punkten nachgeben. Weil all das, was er Honecker nur in Vier-Augen-Gesprächen sagen konnte, im Zeremoniell und im gemeinsamen Kommuniqué überhaupt nicht oder bloß in diplomatisch verklausulierter Form zum Ausdruck kam, setzte er, um dieses auszugleichen, voll auf seine Tischrede und deren Direktübertragung im Fernsehen beider Länder. Damit konnte er einen Erfolg verbuchen, der die Wirkung des Empfangszeremoniells sichtbar und hörbar relativierte.

Auf der Positiv-Seite der Bundesrepublik wird man auch eine quasi als Vorleistung erbrachte Sympathie-Offensive der DDR verbuchen dürfen, die den Bürgern der DDR unmittelbar zugutekam. Am 17. Juli 1987 hatte der Staatsrat der DDR die Todesstrafe abgeschafft und eine allgemeine Strafamnestie erlassen, die auch politische Straftaten betraf. Außerdem wurde eine Berufungsinstanz gegen Entscheidungen des Obersten DDR-Gerichts errichtet.[75] Die Gespräche im Verlauf des Besuchs brachten zudem Erleichterungen bei

74 Vgl. Gerhard Kiersch, Glanz und Problematik einer Staatsvisite. Bedeutung des Honecker-Besuchs für Frankreich und die DDR, in: Dokumente, 44. Jg. (1988), H. 2, S. 142–147.

75 Vgl. Korte, S. 327 f.

den Reisemöglichkeiten; allein bei den Rentnerreisen und Reisen in dringenden Familienangelegenheiten stieg die Zahl von 1.760 im Jahre 1986 auf 7.800 im Jahre 1988.[76] Zu den protokollarischen Erfolgen der Bundesrepublik ist zu rechnen, dass bei den von Honecker ausgesprochenen Gegeneinladungen gegenüber dem Bundespräsidenten und dem Bundeskanzler keine Einzelheiten hinsichtlich des Ortes und des Zeremoniells festgelegt wurden. Honeckers Besuch sollte nicht als Präjudiz für einen Gegenbesuch gelten.

... UND DAS ZEREMONIELL?

Die Verhandlungen über das Zeremoniell wurden von westdeutscher Seite noch ganz nach altem Muster geführt. Rein protokollarische Fragen seien zweitrangig, es komme folglich mehr auf den Inhalt an als auf den Rahmen, die Besonderheit der Beziehungen sei keine Frage der Form, sondern der Substanz.[77] Dass dem nicht so war, zeigte sich am Zeremoniell gerade dieses Besuchs. Ohne Zweifel war es nämlich auch das Zeremoniell, das über Erfolg oder Nichterfolg des Honecker-Besuches entschied.

Wenn die DDR-Seite stets von einem Staatsbesuch sprach und die Parteizeitung *Neues Deutschland* den Begriff nicht oft genug in Fettdruck wiederholen konnte, so handelte es sich dabei um Propaganda mit der Absicht, eine Anerkennung der DDR durch die Bundesrepublik als eigener souveräner Staat mit den Formen des Staatsbesuches zu belegen. Wenn es auch im Westen verbreitet war, von einem Staatsbesuch zu sprechen,[78] so war daran die Bundesregierung nicht ganz unschuldig. Mit der Besuchsdefinition Schäubles (»führender Politiker«) schuf sie einen bis dahin unbekannten Besuchstypus, der weder verbal erklärt noch symbolisch sichtbar gemacht wurde. Und die wenigen sichtbaren Absenkungen des Protokolls wurden von der breiteren Öffentlichkeit nicht wahrgenommen.

Allerdings lässt sich nicht leugnen, dass es in der Bundesrepublik Bestrebungen gab, den Wünschen Honeckers deutlich weiter entgegenzukommen, als der Bundeskanzler und die Bundesregierung bereit waren. So ist in den Akten des früheren Ministeriums für Auswärtige Angelegenheiten der DDR ein Vermerk des Gesandten der Ständigen Vertretung der DDR über ein Gespräch mit dem Chef der saarländischen Staatskanzlei aufgetaucht, welcher der damaligen saarländischen Landesregierung kaum zur Ehre gereicht.[79] Den Aufzeichnungen des Gesandten zufolge empfahl sein Gesprächspartner, »die Einzelheiten des Zeremoniells bei der Ankunft und Abfahrt in Saarbrücken mit dem Bundeskanzleramt nicht zu besprechen, da es von dort her Versuche gäbe, bestimmte Besonderheiten durchzusetzen. Es sei ganz klar dass Gen. Honecker auf dem Flugplatz in Saarbrücken protokollarisch wie ein Staatsoberhaupt

76 Vgl. Korte, S. 676.

77 So der Leiter des Arbeitsstabes Deutschlandpolitik im Bundeskanzleramt in der Pressekonferenz vom 10. August 1987, S. 12; PAAA 139.187.

78 Vgl. Korte, S. 335; Simone Derix, Bebilderte Politik. Staatsbesuche in der Bundesrepublik 1949–1990, Göttingen 2009, S. 57 ff.

79 Siehe MFAA ZR 1600/90.

behandelt werde. In einigen Punkten gehe man sogar noch darüber hinaus. So werde bei der Begrüßung das gesamte Kabinett anwesend sein.«

Es ist nicht davon auszugehen dass solche Angebote die DDR-Seite sonderlich beeindruckt hätten. Ihrem wichtigsten Ziel, der völkerrechtlichen Anerkennung, brachten diese sie nicht näher. Sie waren insoweit gefahrlos. Mit der notwendigen Würde aber, die Kohl in der CDU/CSU-Fraktionssitzung vom 2. September 1987 gerade auch von den Bundesländern eingefordert hatte, hatte dies wenig zu tun.[80]

Wirkungsgeschichtlich fällt auf, dass nach mehr als hundertjährigem Schweigen alle wichtigen deutschsprachigen Veröffentlichungen zum Zeremoniell, von ganz wenigen Ausnahmen abgesehen, nach 1987 erschienen sind, also nach dem Besuch Honeckers und den ihn begleitenden Diskussionen über das Zeremoniell.[81] Das war möglich geworden, nachdem ein offenbar neues Interesse bei Autoren, Verlegern und Publikum entstanden war, und daran hatte der Besuch zweifellos einen großen Anteil. Nimmt man die größeren Ausstellungen zum Zeremoniell als Nachweis, so scheint das Interesse des Publikums in den letzten Jahren weiter gewachsen zu sein. Zu nennen wären da die Ausstellungen »Spektakel der Macht« 2008 in Magdeburg, »Eine Republik rollt den Teppich aus« 2008 in Brühl, »Flagge zeigen?« 2008 in Bonn, »Staatsgeschenke« 2009 in Völklingen oder »Zu Gast in Schlössern« 2016 in Niederschönhausen und Brühl.

Einige der symbolischen Gesten der zum Ende der DDR führenden Bürgerbewegung erscheinen heute ebenfalls als Reaktionen auf die Ereignisse von 1987. Denkt man etwa an das Bild der von ihren Staatssymbolen bereinigten Staatsflagge der DDR, so kommen einem die Bilder der beiden Staatsflaggen vor dem Bonner Kanzleramt und die darum entstandenen Diskussionen in den Sinn – und bei dem Ruf »Wir sind ein Volk« die vom DDR-Fernsehen verbreitete Botschaft Kohls von der Einheit der Nation, auf die Honecker seinerzeit die Antwort schuldig geblieben war.

Ohne Zweifel ist das Zeremoniell auch heute noch ein Herrschaftsinstrument. Darüber hinaus aber zwingt es den Herrscher selbst in ein starres System strenger Regeln und Pflichten. Es macht ihm, wie Sigmund Freud es ausdrückte, »das Leben zur Qual und zur Bürde und zwingt (ihn) in eine Knechtschaft, die weit ärger ist als die der Untertanen«[82]. Das Erlebnis dieser Ambivalenz des Zeremoniells blieb auch Bundeskanzler Kohl nicht erspart, der zwar alle das Zeremoniell des Honecker-Besuches betreffenden Entscheidungen an sich gerissen hatte,[83] sich aber dennoch – oder deshalb – als »ein Gefangener des Protokolls«[84] fühlte. Es war die, wenn man so will, »dunkle Seite der Macht«.

80 Siehe Protokoll der CDU/CSU-Fraktionssitzung am 2. September 1987, S. 9. ACDP 08-001-1082/3. Siehe zu dem besonderen Zusammenhang von Zeremoniell und Würde Hartmann, S. 61 ff.

81 Vgl. Hartmann, S. 51 ff.

82 Sigmund Freud, Totem und Tabu. Gesammelte Schriften, 10. Bd., Leipzig 1924, S. 53 ff.

83 Vgl. Korte, S. 373.

84 Kohl, Erinnerungen, S. 548.

Dr. Jürgen Hartmann, geb. 1939, Staatssekretär a. D., 1969 bis 1978 Protokollchef der Landesregierung von Rheinland-Pfalz. Autor des Handbuchs »Staatszeremoniell« (4. Aufl., Köln 2007); Präsident der Deutsch-Französischen Kulturstiftung.

INDES
ZEITSCHRIFT FÜR POLITIK UND GESELLSCHAFT

Herausgegeben von Prof. Dr. Franz Walter, Institut für Demokratieforschung der Georg-August-Universität Göttingen.

Redaktion:
Dr. Felix Butzlaff, Dr. Lars Geiges, Julia Bleckmann, Jöran Klatt, Danny Michelsen, Dr. Robert Lorenz, Dr. Torben Lütjen.

Konzeption dieser Ausgabe: Jöran Klatt, Michael Lühmann.

Redaktionsleitung:
Dr. Matthias Micus (verantw. i. S. des niedersächs. Pressegesetzes), Michael Lühmann, Marika Przybilla-Voß.

Redaktionsanschrift:
Redaktion INDES
c/o Göttinger Institut für Demokratieforschung
Weender Landstraße 14, 37073 Göttingen,
redaktion@indes-online.de
Online-Auftritt:
www.indes-online.de

Anfragen und Manuskriptangebote schicken Sie bitte an diese Adresse, möglichst per E-Mail. – Die Rücksendung oder Besprechung unverlangt eingesandter Bücher kann nicht gewährleistet werden.

INDES erscheint viermal jährlich. Bestellung durch jede Buchhandlung oder beim Verlag. Jahresbezugspreis € 71,– D / € 73,– A / SFr 88,90; ermäßigter Preis für Studierende/Auszubildende (gegen Bescheinigung, befristet auf drei Jahre) € 41,80 D / € 43,– A;
Einzelheftpreis € 20,– D / € 20,60 A.
Inst.-Preis € 133,– D / € 136,80 A.
Jeweils zzgl. Versandkosten. Preisänderungen vorbehalten. Die Bezugsdauer verlängert sich jeweils um ein Jahr, wenn nicht eine Abbestellung bis zum 1.10. erfolgt.

Verlag:
Vandenhoeck & Ruprecht GmbH & Co. KG, Theaterstr. 13, D-37073 Göttingen.

Anzeigenverkauf: Anja Kütemeyer
E-Mail: v-r-journals@hgv-online.de (für Bestellungen und Abonnementverwaltung) oder abo@indes-online.de

Alle Rechte vorbehalten. Das Werk und seine Teile sind urheberrechtlich geschützt. Jede Verwertung in anderen als den gesetzlich zugelassenen Fällen bedarf der vorherigen schriftlichen Einwilligung des Verlages.

ISBN 978-3-525-80022-5

ISSN 2191-995X

© 2017 Vandenhoeck & Ruprecht GmbH & Co. KG, Göttingen / Vandenhoeck & Ruprecht LLC, Bristol, CT, U.S.A.
www.v-r.de

Gestaltung, Satz und Lithografie:
SchwabScantechnik, Göttingen

BEBILDERUNG

Crisca Dünwald brennt für Farben, Formen und Schriften. Daher war es für sie eine große Freude, die Bebilderung der neuen *INDES*-Ausgabe zu übernehmen. Sie ist gelernte Mediengestalterin und studierte Werbung und Marktkommunikation in Stuttgart. Frei nach dem Motto »do more of what makes you happy« erfüllte sie sich in diesem Jahr einen Herzenswunsch und machte sich mit ihrem eigenen Gestaltungs-Atelier selbstständig. Ihre Mission ist es, Dinge zu verändern und dabei die unterschiedlichsten Gestaltungsprojekte in die Tat umzusetzen. Die hier abgebildete Bilderreihe entstand eigens für die *INDES*-Ausgabe 3/2017. Durch den Einsatz unterschiedlicher Typografie hat sie die Themen der einzelnen Artikel aufgegriffen und grafisch umgesetzt.

www.picri.de

BILDRECHTE

Porträt Luise Stoltenberg: Elena Beregow.
Porträt Alexa Hennig von Lange: Gene Glover.
Porträt Helmut Lethen: Mimi Pötz.
Illustration »Superhelden« S. 80; Bildmaterial: mariamichelle@pixabay.com
Illustration »Wellen« S. 96; Bildmaterial: hans@pixabay.com

Wolfgang Liebert, Christian Gepp, David Reinberger (Hrsg.)

Nukleare Katastrophen und ihre Folgen

30 Jahre nach Tschernobyl • 5 Jahre nach Fukushima

Über die Reaktorkatastrophen von Tschernobyl und Fukushima sowie ihre Folgen wurde bereits einiges an Fakten zusammengetragen. Das Verständnis des Geschehenen hat dabei immer Einfluss auf die Bewertung der Kerntechnologie und den gesellschaftlichen Umgang mit ihr. Dieser Band versammelt wesentliche Informationen über technisch und wissenschaftlich beschreibbare Zusammenhänge der Unfallabläufe und Folgen. Die damit verbundene Interpretation des Vorgefundenen und Berichteten wird der Leserschaft zur eigenen Urteilsbildung angeboten. Gleiches gilt für die Betrachtung wichtiger sozio-technischer Faktoren im Umgang mit der Kernenergie, unter Einschluss der staatlichen Regulation in Reaktion auf Fukushima. Da nach den beiden Reaktorkatastrophen der Blick nicht allein auf Tschernobyl und Fukushima gerichtet bleiben kann, wird ebenso grundsätzlichen Fragestellungen zur Kernenergienutzung nachgegangen: Welche Bedeutung haben große Reaktorunfälle? Wie geht es nach solchen Technikkatastrophen weiter? Welche Probleme sind mit der Kernenergienutzung verbunden? Welche Konsequenzen ziehen wir? Das Buch stellt Material für diese Reflexionen zur Verfügung, die uns alle angehen.

2016, 346 S., 13 s/w Abb., 42 farb. Abb., 9 s/w Tab., 2 farb. Tab., 1 s/w Foto, 1 farb. Foto, kart., 44,– €, 978-3-8305-3642-0

eBook PDF 39,99 €, 978-3-8305-2120-4

BWV | BERLINER WISSENSCHAFTS-VERLAG

Markgrafenstraße 12–14 | 10969 Berlin
Tel. 030 84 17 70-0 | Fax 030 84 17 70-21
www.bwv-verlag.de | bwv@bwv-verlag.de

Berliner Wissenschafts-Verlag

Die deutsche Einheit wird erstmals aus gesamteuropäischer Perspektive in den Blick genommen

Michael Gehler / Maximilian Graf (Hg.)

Europa und die deutsche Einheit

Beobachtungen, Entscheidungen und Folgen

2017. 848 Seiten mit 1 Schaubild, gebunden
60,– D
ISBN 978-3-525-30186-9

eBook: € 49,99 D / ISBN 978-3-647-30186-0

Der Band nimmt die deutsche Einheit aus gesamteuropäischer Perspektive in den Blick. Es werden in Länderstudien die jeweiligen Haltungen zum Einigungsprozess analysiert sowie ein Ausblick auf die Rolle des geeinten Deutschland in Europa geleistet.

V&R

Verlagsgruppe Vandenhoeck & Ruprecht | V&R unipress

www.v-r.de

Die Uni ist tot – es lebe die Uni!

Antiakademismus
Doppelheft 4–5/2017
192 Seiten
Print: € 18,00 /
E-Journal: € 15,00

25 Jahre
Mittelweg 36
Zeitschrift des Hamburger
Instituts für Sozialforschung

www.mittelweg36.de

VERLAG WESTFÄLISCHES DAMPFBOOT

Oliver Schwedes

Verkehr im Kapitalismus

2017 - 192 Seiten - 20,00 €
ISBN: 978-3-89691-098-1

Der Verkehr im Kapitalismus ist einer der größten CO2-Produzenten. Gleichzeitig ist er der einzige Sektor, in dem die Klimagasemissionen bis heute steigen, während etwa im Energiesektor oder den privaten Haushalten politische Erfolge erzielt wurden. Der Verkehrssektor scheint besonders zu sein und die politische Gestaltungsmacht ist dort offensichtlich geringer als in anderen gesellschaftlichen Bereichen.

Oliver Schwedes geht in seinem Buch der Frage nach, woran das liegt und was geschehen muss, damit der Verkehr in Zukunft im Sinne des Gemeinwohls gestaltet werden kann.

Helmut Krieger, Magda Seewald (Hrsg.)

Krise, Revolte und Krieg in der arabischen Welt

2017 - 178 Seiten - 20,00 €
ISBN: 978-3-89691-105-6

Warum konnten sich die Revolten von 2011 im arabischen Raum (bisher) nicht durchsetzen? Inwiefern lässt sich angesichts der Verwüstungen und Kriege überhaupt noch ein Leben in Würde, Freiheit und Gerechtigkeit verwirklichen?

Prononcierte Wissenschafter_innen und Aktivist_innen legen überzeugend dar, wie ökonomische Krisen, konterrevolutionäre Entwicklungen und Krieg im Laufe der letzten Jahre zu umfassenden Verwerfungen geführt haben. Verknüpft mit der Kritik an ‚westlichen' Erzählungen über die arabische Welt wird dabei der Raum für emanzipatorische Alternativen trotz Krise und Krieg ausgelotet.

WWW.DAMPFBOOT-VERLAG.DE

Direkte Demokratie – aber richtig

Eike-Christian Hornig

Mythos Direkte Demokratie

Praxis und Potentiale in Zeiten des Populismus

2017. 180 Seiten. Kart.
19,90 € (D), 20,50 € (A)
ISBN 978-3-8474-2134-4
eISBN 978-3-8474-1125-3

Die Debatte um direkte Demokratie in Deutschland wird von einem Mythos beherrscht. Besonders Rechtspopulisten und Bürgerproteste propagieren das Bild einer elitenfreien, sachlichen und demokratischeren Politik durch Volksrechte. Tatsächlich aber ist direkte Demokratie eng mit Interessengruppen und Parteien verbunden und auch die Schweiz taugt nicht als Vorbild.

Das Buch zeigt: Nur ein passgenaues obligatorisches Referendum kann in Deutschland Legitimation, Transparenz und Reformbereitschaft erzeugen.

www.shop.budrich-academic.de